高职高专公共基础课系列教材

职业发展与就业指导

主　编　冯志华

副主编　张丽娟　肖连军　彭院芳　胡宇彬

参　编　蒙娅娟　孔屹莎　陈　青　肖迪尔

　　　　张　权　谢毅哲　苏　磊

西安电子科技大学出版社

内 容 简 介

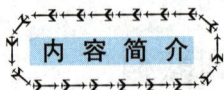

本书以教育部《大学生职业发展与就业指导课程教学要求》为指导,结合当前的就业形势,在把握好我国就业体制、政策的前提下,站在理论高度与实践要求的角度,对大学生职业生涯规划、就业形势、就业渠道、求职准备、求职技巧、就业程序、职业素养、创新创业等内容,结合真实案例进行了生动讲解。

本书可作为高职高专院校职业发展与就业指导课程的教材,也可供就业指导工作人员开展职业培训使用,还可作为各类求职者的自学参考书。

图书在版编目(CIP)数据

职业发展与就业指导/冯志华主编. —西安:西安电子科技大学出版社,2021.8
(2021.8 重印)
ISBN 978-7-5606-6144-5

Ⅰ.①职… Ⅱ.①冯… Ⅲ.①大学生－职业选择－高等职业教育－教材
Ⅳ.①G647.38

中国版本图书馆 CIP 数据核字(2021)第 147090 号

策划编辑　杨丕勇
责任编辑　杨丕勇
出版发行　西安电子科技大学出版社(西安市太白南路2号)
电　　话　(029)88202421　88201467　　　邮　编　710071
网　　址　www.xduph.com　　　　　　电子邮箱　xdupfxb001@163.com
经　　销　新华书店
印刷单位　咸阳华盛印务有限责任公司
版　　次　2021年8月第1版　2021年8月第2次印刷
开　　本　787毫米×1092毫米　1/16　印　张　13.5
字　　数　283千字
印　　数　6001～8000册
定　　价　47.00元
ISBN 978-7-5606-6144-5/G

XDUP　6446001-2
＊＊＊如有印装问题可调换＊＊＊

大学生是国家宝贵的人才资源，是充满活力、勇于创新的群体，是未来实现中华民族伟大复兴中国梦的主力军。建设人力资源强国，建设创新型国家，加快建设小康社会，实现经济又好又快发展，都需要一批又一批的高校毕业生及时进入经济建设的主战场。伴随着大学生就业制度的改革和我国高等教育的不断普及，大学生就业形势发生了新的变化。大学生就业问题越来越受到国家、社会、大学生家庭及大学生本人的高度重视。

教育部与人力资源和社会保障部要求高校按照"全程化、全员化、信息化、专业化"的要求，进一步提升就业指导和服务水平，将就业指导课程切实纳入高校教学计划。根据这一要求，我们组织多年从事就业指导教学和实践的教师共同编写了《职业发展与就业指导》一书，旨在为大学生制定职业发展规划并顺利就业提供有效的帮助。

本书从职业生涯规划讲起，系统阐述了大学生求职、就业和创业的相关知识，内容全面，通俗易懂，且配有丰富的案例和实践活动，集实用性、指导性、操作性于一体。具体而言，本书主要具有以下特色：

1. 内容全面，实用为主

本书以大学生就业指导为主要内容，以提高大学生就业能力为目标，以解决大学生就业过程中存在的问题为最终目的。本书在介绍大学生就业基础知识和基本方法的基础上，针对大学生在就业过程中遇到的困难，提供了切实可行的就业技巧等。希望大学生通过本书的学习，了解就业的基本知识，掌握职前准备、职业适应和职业发展的方法与技巧，不断提高自身综合素质，增强求职择业的竞争力，进而顺利适应社会并融入社会，努力实现职业理想。

同时，书中所选案例均是大学生在求职、创业过程中遇到的典型、真实的案例，既能帮助学生更好地理解相关知识，又对学生的职业生涯规划及就业、创业具有借鉴和指导意义。

2. 体例新颖，可读性强

为满足教学需要，本书依据"行动导向法""情景式探索活动法"等先进教学法进行内容安排，每章均设有"内容提要""知识目标""能力目标""经典实例""案例点评""能力训练"等栏目，让学生在活动中感悟和体会，使学生加深对知识的理解，不断提升自己的职业能力。

3. 微课点播，丰富课堂

本书配置了丰富的微课资源，学生只需要拿起手机"扫一扫"，就能看到丰富的视频资料，有助于增强学生对知识的感性认识，避免单纯讲解的枯燥和呆板，增强趣味性。

由于编者水平有限，书中疏漏与不当之处在所难免，敬请广大读者批评指正。

编　者

2021 年 4 月

目　录

职业规划篇

求　职　篇

就　业　篇

职业规划篇

第一章 规划职业生涯

【内容提要】

职业生涯规划就是针对个人职业选择的主观和客观因素进行分析和测定，确定个人的奋斗目标并为实现这一目标作相应规划的过程。对于个体来说，职业生涯规划的好坏不仅会影响到个人的职业发展，还将影响整个生命历程。本章主要介绍职业生涯规划的相关知识。

【知识目标】

① 理解职业生涯规划的含义；

② 了解职业生涯规划的类型和基本原则；

③ 明确大学生做好职业生涯规划的意义；

④ 熟悉职业生涯规划的基本理论。

【能力目标】

① 能分析实际情况中影响职业生涯规划的各种因素；

② 能运用各种专业测评方式进行职业测评。

引导案例——我的人生我做主

黄传书出生于山东省潍坊市昌邑县的一个小村庄，他先是考入德州经济学校电工专业，后自学法律专科，获得山东大学法律专科毕业证书，并于同年通过司法考试获得律师资格证书。之后他开始在山东大学旁听法律和日语，完成法律本科自学考试全部课程后考入山东大学法学院公费研究生，主攻民商法，研三时加盟北京某知名律师事务所，从事公司上市、并购与融资等业务，下一步的目标是从事私募投资或风险投资业务。

从一名电工专业的中专生到知名律师事务所的专业人才，黄传书实现了多个常人难以置信的跨越：中专生到研究生的跨越、工科到法学专业的跨越、蓝领到金领的跨越……

黄传书成功的秘诀在哪里？七个字：我的人生我做主。

中专生活开始后不久，黄传书看到他的政治老师武老师拿着律考书，不由想起自己父亲因不懂法律经商被骗的事情，于是问老师自己能否考律师，武老师说可以，他又问怎样才能考，得到的答案是取得本科文凭并通过司法考试。从此，一个明确的目标开始在他的头脑中生根：考律师。

他先报了一门自考课程——马克思主义哲学原理，结果顺利通过。在老师的指导下，他一次报了三门，又一次全部通过。于是他果断地终止了对电工课程的学习，全身心地致力于对自己人生目标的追求。本科考试、律考顺利完成后，他重新审视自己的目标，感到自己与社会对律师的要求依然存在不小的差距。于是，他又做出了一个出人意料的决定：继续充电。

到山东大学旁听，接触的是全国各地高考胜出的"天之骄子"和来自世界各地的青年精英，在歧视、蔑视的目光中，他顽强地成长并最终在高手云集的研究生考试中战胜曾经把他这个旁听生看做丑小鸭的"天之骄子"，成为山东大学法学院民商法专业的三个公费研究生之一。

在研究生学习阶段，他仍然没有放纵自我、随波逐流，而是在强化日常学习的同时仔细分析民商法专业今后的就业前景。他给自己确定了新的目标：从事律师非诉讼业务中的资本与证券运作类工作。为达到这一目标所做的努力，为他日后进军北京法律服务界奠定了坚实的基础。研二实习，他开始了北京之行，为将来的律师生涯做准备；研三，他加盟了北京某知名的律师事务所，从事公司上市、并购、融资等业务。

他的职业生涯理念：明确目标，制订计划，付诸行动，及时检查，定期调整；他的人生准则：日有所得，心中有数，持之以恒，学友互助；他的座右铭：苟有恒，何必三更眠五更起，最无益，莫过一日曝十日寒；他的人生信念：有志者，事竟成。

第一节　职业生涯规划概述

一、职业生涯规划的含义

职业生涯规划是指在对职业生涯的主客观条件进行测定、分析、总结的基础上，对自己的兴趣、爱好、能力、价值观、职业素质等进行综合分析与权衡，确定最佳的职业奋斗目标，并为实现这一目标做出行之有效的安排。简单地说，职业生涯规划就是规划从开始工作到退休的整个职业历程。

二、职业生涯规划的类型

按照规划的时间维度，职业生涯规划可分为短期规划、中期规划、长期规划和人生规划四种类型。

（1）短期规划，即两年以内的规划，主要是确定近期目标。

（2）中期规划，一般为2～5年内的职业目标和任务，是最常用的一种职业生涯规划。

（3）长期规划，即5～10年的规划，主要是设定较长远的目标，以及为实现此目标应采取的具体措施。

（4）人生规划，即整个职业生涯的规划，时间长达40年左右，主要是设定整个人生的发展目标和"阶梯"。

从字面上看，职业生涯规划从短期到中期，再到长期，直至整个人生规划，如同台阶一样一步步地发展。但在实际操作中，时间跨度太长的规划往往由于环境和个人自身的变化难以把握，而时间跨度太短的规划意义又不大，所以，一般人们把职业生涯规划的重点放在2～5年的中期规划，这样既便于根据实际情况设定可行目标，又便于随时根据现实的反馈进行修正或调整。

三、职业生涯规划的基本原则

1. 社会需求原则

职业是一种社会活动，它必定受到社会的制约，如果职业脱离社会需求，将很难被社会接纳。大学生进行职业生涯规划时要把握社会对人才的需求现状，以社会需求作为出发点和归宿点，这样的职业生涯规划才具有现实性和可行性。

此外，个人的职业发展与社会发展有着密切的关系。个人需要社会提供适宜发展的条件，满足个人的需要；同时，个人也必须为社会作出贡献，完成自己的社会义务。

2. 利益结合原则

利益结合原则即个人发展要与企业发展和组织发展相结合，应处理好个人与企业、个人与组织间的关系，寻找个人发展与企业发展、组织发展的结合点。

个人的职业发展，无论是就业还是自主创业，都离不开企业或其他社会组织。个人是在一定的组织环境和社会环境中发挥才干的，必须接受组织的现实状况，认可组织的目标和价值观念，并把自己的价值观念、知识技能和刻苦努力集中于组织的需要和发展上。因此，在进行职业生涯规划时应遵循利益结合原则，对自己进行恰当的定位。

3. 提升能力原则

职业生涯规划必须与提高综合能力相结合。知识经济时代是崇尚创新、呼唤创造力的时代。因此，在进行职业生涯规划时，应注重培养推陈出新、追求创意、以创新为荣的意识；要使自己具有广博的知识和开阔的视野；要树立终身学习的思想观念，不断更新知识结构，有针对性地"充电"，以适应瞬息万变的社会形势，跟上时代发展潮流；要注重个性发展，要用已有知识探索未知世界，解决新问题，创造新机会，努力成为社会的强者。

在此过程中，还应认识到个人智慧的局限性，认清团结协作的重要性，培养团队精神；在人际交往中培养良好的沟通能力，与他人友好合作。唯有如此，才能在职业生涯发展中不断提升自己的综合能力，才能更好地应对知识经济时代的各种挑战。

4. 时间梯度原则

人的生命是短暂的，职业生涯则更为短暂。时间梯度原则就是根据自己的短期目标和中长期目标，确立每一个目标的开始时间和结束时间，按期完成任务。如果没有明确的时间规定，就会失去职业生涯规划的意义。

5. 发展创新原则

发展原则包括两个方面的含义：一是综合考虑时间和地域因素，确定这个职业未来有无前途；二是要确定这个职业是否符合自己的兴趣，能否发挥自己的专长，自己在这个职业岗位上有无发展前途。

创新原则是指在职业生涯发展过程中不断创新，开拓新思路，使用新方法，发现新问题，制定新目标。

6. 综合评价原则

综合评价原则即对职业生涯进行全过程和全方位的综合评价。一个人的发展是分阶段的，发展目标也是分阶段完成的，因此要注意对阶段目标的进展和实现情况进行评价，适时进行反馈和调整，使职业生涯朝着正确的方向发展。同时，综合评价原则也可以促进个人在职业生涯、个人事务、家庭生活三方面协调发展。

四、大学生做好职业生涯规划的意义

1. 有利于大学生建立科学的择业观

一般来说，大学生的第一份职业通常只是父母的意愿、学校的推荐、社会单方面需求的结果，与大学生自身的条件（职业兴趣、职业能力）可能并不完全相符。而我们提倡的是科学择业，即求职者依照自己的职业期望和兴趣，凭借自身能力挑选职业，实现自身能力素质与职业需求的匹配和统一。

进行职业生涯规划可以帮助大学生认清自己的优势和劣势，使其客观地看待自己，树立科学的择业观，保持良好的择业心态，明确自己的发展方向，选择适合自身特点的职业，并在自己的工作岗位上脚踏实地地工作，不断地积累经验、完善自我，寻求职业生涯的更好发展，而避免不切实际地片面求高。

2. 有利于增强大学生应对社会竞争的能力

当今社会，竞争日益激烈，要在竞争中占领有利位置，就要找到一个适合自己发展的平台。职业生涯规划可以帮助大学生学会运用科学的方法，采取可行的步骤与措施，有针对性地学习及参加各种相关的培训和实践，充分发挥个人的长处，努力克服缺点，挖掘潜在的能力，不断增强自身的职业竞争能力，从而实现自己的职业目标与理想。

3. 有利于提高就业成功率

在双向选择、自主择业的背景下，大学毕业生很看重各种形式的人才交流会，这也是他们走向社会、选择职业的主要渠道之一。然而据统计，人才交流会对接成功率一般只有30％左右，造成这种现象的原因之一就是大学生职业生涯规划的缺失，即大学生对职业目标认识模糊，对自我缺乏认知。科学的职业生涯规划可以使大学生明确目标，有的放矢，选择适合自己的职位，提高求职成功率。

4. 有利于稳定就业，增强发展后劲

由于缺乏职业生涯规划的指导和长远打算，不少大学生年轻时只是随波逐流地换工作，以致到了30多岁还没有职业定位。这种缺少规划的更换工作，一方面难以在一个合适的领域内积累必要的工作经验，为今后的职业发展奠定坚实的基础；另一方面，频繁跳槽会影响自己职业的稳定发展。一个不具备应有的职业技能和经验，或是频繁跳槽的求职者很难得到用人单位的青睐。

经过职业生涯规划系统培训的大学生一般都有明确的职业定位，对择业往往都很慎重。只有这样才能在真正双选的基础上找到一个相对适合自己的职业，从而降低因人职不匹配而导致的离职率。

◤ 经典实例

何某的择业之路

在沈阳市的一次大型招聘会上，毕业于某名牌高校的何某向浙江一家汽车公司申请了一个机械工程师的岗位。他学的是机械专业，在大学期间各门功课都很优秀，毕业后的五六年时间里，担任过医药、空调、摩托车等产品的销售、品质主管，换了六七个工作，但是没有机械方面的工作经历。招聘者看了他的简历后认为，如果他毕业后稳定从事过机械方面的工作，则正是公司需要的人选，但是因为没有这方面的工作经验，公司无法录用他。

第二节　职业生涯规划的基本理论

职业生涯规划的理论发展至今，各种职业理论流派众多，以笔者的经验来看，如下几种理论得到了广泛认可。

一、外职生涯与内职生涯理论

许多人以为职业生涯规划就是找到一份好工作，或是换更好的工作，或是得到职位提升，或是增加工资，但这只是职业生涯规划的一部分。为了更好地理解职业生涯，这里先了解两个重要概念：外职业生涯和内职业生涯。

1. 外职业生涯

外职业生涯是指所从事职业的工作单位、工作地点、工作内容、工作职务与职称、工作环境和工资待遇等因素的组合及其变化过程。

外职业生涯的构成因素通常是由别人认可和给予的，也容易被别人否认和收回。外职业生涯因素往往与自己的付出不符，尤其是在职业生涯初期。有的人一生疲于追求外职业生涯的成功，但其内心极为痛苦，因为他们往往不了解，外职业生涯发展是以内职业生涯发展为前提条件的。

2. 内职业生涯

内职业生涯是指从事一项职业所需具备的知识、观念、心理素质、经验、能力、身体状况、内心感受等因素的组合及其变化过程。

内职业生涯各项因素的取得，可以通过别人的帮助而实现，但主要还是靠自己努力追求而得以实现。与外职业生涯的构成因素不同，内职业生涯的各构成因素内容一旦取得，别人便不能收回或剥夺。内职业生涯是真正的人力资本所在，提高内职业生涯而取得的工作成绩，会转化为外职业生涯。

内职业生涯发展是外职业生涯发展的前提，内职业生涯发展带动外职业生涯发展。内职业生涯在人的职业生涯成功乃至人生成功中具有关键性作用。因而在职业生涯的各个阶段，我们都应重视内职业生涯的发展。尤其是在职业生涯的早期和中前期，尤其对于尚未毕业的大学生，或者刚刚参加工作的新员工来说，一定要把对内职业生涯各因素的追求看得比外职业生涯更重要。

内职业生涯因素匮乏的人总是担心自己找不到好工作，找到工作后担心下岗名单中会有自己的名字，担心自己的企业被别的企业吞并，担心自己不能晋升，担心未来没有保证，担心自己不能胜任……内职业生涯因素丰富的人则会抓住每一次发展的机会，甚至能主动地为自己、为别人创造发展机会。

3. 内、外职业生涯的关系

如果用一棵树来比喻内、外职业生涯，那么树干、树冠、树叶、果实等就像外职业生涯，它一般是显而易见的；而树根就像内职业生涯，通常是看不见的。

每个人都希望自己的职业生涯之树苗壮挺拔、枝繁叶茂、郁郁葱葱、硕果累累，但这样一棵参天大树不是凭空长成的，地下的庞大根系给了它强有力的支撑，汲取并输送着大树所需的营养。正如内、外职业生涯的关系，二者相互促进、相互发展，也相互影响。

经典实例

博士的求职之路

有位留美归来的计算机博士，揣着一摞证件到电脑公司求职，但由于种种原因没有被录取。他思考后决定采取新的应聘策略：以一名普通打工者的面貌出现。他很快被一家公司录用。

作为一名电脑程序员，他由于成绩突出被老板提升为部门经理，这时他亮出了学士证书。经过一段时间，由于研发能力突出，频频有新的突破，老板又指定他为系统软件开发的负责人，这时他亮出了硕士证书，老板吸纳他进入公司的决策层。后来，老板又根据他的潜力，再次提拔他为公司副总经理并转让部分股权让他技术参股，他成为公司的老板之一，这时他亮出了博士证书。

这位计算机博士的经历，充分体现了内职业生涯对外职业生涯发展的贡献。

经典实例

打开你观念的抽屉

一天，报社的一位年轻记者去采访日本著名的企业家松下幸之助。

年轻人很珍惜这次采访机会，做了认真的准备。因此，他与松下幸之助先生谈得很愉快。采访结束后，松下先生亲切地问年轻人："小伙子，你一个月的薪水是多少？""薪水很少，一个月才一万日元。"年轻人不好意思地回答。

"很好！虽然你现在薪水只有一万日元，其实，你知道吗，你的薪水远远不止一万日元。"松下先生微笑着对年轻人说。

年轻人听后，感到有些奇怪：不对呀，明明我每个月的薪水只有一万日元，可松下先生为什么会说不止一万日元呢？

看到年轻人一脸的疑惑，松下先生接着道："小伙子，你要知道，你今天能争取到采访我的机会，明天也就同样能争取到采访其他名人的机会，这就证明你在采访方面有一定的潜力。如果你能多多积累这方面的才能与经验，这就像你在银行存钱一样，钱存进了银行是会生利息的，而你的才能也会在社会的银行里生利息，将来能连本带利地还给你。"

松下先生的一番话，使年轻人茅塞顿开。

许多年后，已经做了报社社长的年轻人，回忆起与松下先生的谈话，深有感慨：对于年轻人来说，注重才能的积累远比注重薪水的多少更重要，因为它是每个人最厚重的生存资本。

点评：

人物：年轻记者。

外职业生涯：

单位——报社。

职务——记者。

工资——每月1万多日元。

内职业生涯：

能力——有争取到采访名人的能力。

建立新观念——对于年轻人来说，注重才能的积累远比注重薪水的多少更重要，因为它是每个人最厚重的生存资本。

结果：内职业生涯发展（积累才能与经验）带动外职业生涯发展（成为报社社长）。

4. 内职业生涯是根本

随着市场经济的快速发展，市场竞争越来越激烈，市场竞争归根结底是企业人才的竞争。

那么什么样的人才才算是企业人才呢？是学历吗？是年富力强吗？是曾经就任过很高职位吗？是曾经有过大企业或先进企业的从业经历吗？是曾经取得过骄人的成绩吗？以上这些都是判断人才的指标，但还不够，甚至只是参考。因为有文凭不等于有文化，没文凭不等于没水平；年富力强不等于潜力大、能力强；有经历不等于有经验；有过成绩也不等于今后还能有成果。还记得外职业生涯的概念吗，上述都属于外职业生涯。外职业生涯可以作为判断人才的参考，而不能作为判断的绝对依据。人才最有价值之处是他的内职业生涯部分，当然还要考虑他的内职业生涯在本企业的环境中是否能生根发芽。

在内职业生涯里，还要做一些细分。如果说知识、经验等一些因素还需要在特定的环境才能发挥，就像阔叶植物一定要在温暖湿润的环境中才能生长，那么有些因素，如积极正面的心态、自信、执着的信念和终生学习的能力等，则仿佛是万能的种子，无论在怎样的环境中都能生根发芽。现在越来越多的企业认识到这一点，在招人、用人和选拔人才的时候，把更多的注意力放在备选人的这些"万能"因素上，而相对弱化既往的知识、经历和经验，所以才会有不拘一格降人才、大胆选拔，也才会有成功改换行业和成功改换职业。

二、霍兰德的职业兴趣理论

约翰·霍兰德是美国约翰·霍普金斯大学的心理学教授，美国著名的职业指导专家。他于 1959 年提出了具有广泛社会影响的职业兴趣理论。

职业兴趣理论认为，人格特质可以分为六种类型，即现实型（R）、研究型（I）、艺术型（A）、社会型（S）、企业型（E）、常规型（C）。为了便于描述，霍兰德将这六种人格类型放在一个正六边形的每一角（见图 1-1）。其中，相邻人格类型的共同点较多，相隔人格类型的共同点较少，相对人格类型的共同点最少。

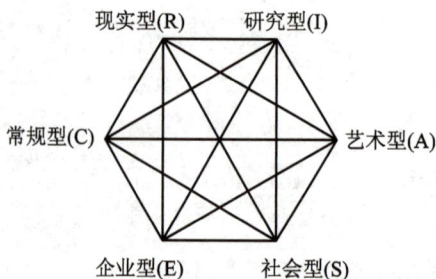

图 1-1　人格特质的六种类型

相应地，职业环境也可分为同样的六种类型，人格特质与职业的匹配如表1-1所示。

表1-1 人格特质与职业的匹配

人格特质	劳 动 者	适 合 职 业
现实型	① 愿意使用工具从事操作性工作； ② 动手能力强，做事手脚灵活，动作协调； ③ 不善言辞，不善交际	各类工程技术工作、农业工作，通常需要一定体力，需要运用工具或操作机器，如工程师、技术员、机械操作工、矿工、木工、电工、鞋匠、司机、农民、牧民和渔民等
研究型	① 抽象思维能力强，求知欲强，肯动脑，善于思考，不愿动手； ② 喜欢独立的和富有创造性的工作； ③ 知识渊博，有学识才能，不善于领导他人	科学研究和科学实验工作，如自然科学和社会科学方面的研究人员、专家；化学、冶金、电子、无线电、电视、飞机等方面的工程师、技术人员；飞机驾驶员、计算机操作员等
艺术型	① 喜欢以各种艺术形式的创作来表现自己的才能，实现自身的价值； ② 具有特殊艺术才能和个性； ③ 乐于创造新颖的、与众不同的艺术成果，渴望表现自己的个性	各类艺术创作工作，如音乐、舞蹈、戏剧等方面的演员、编导、教师；文学、艺术方面的评论员；广播节目的主持人、编辑、作者；绘画、书法、摄影、家具、珠宝、房屋装饰等行业的设计师等
社会型	① 喜欢从事为他人服务和教育他人的工作； ② 喜欢参与解决人们共同关心的社会问题，渴望发挥自己的社会作用； ③ 比较看重社会义务和社会道德	各种直接为他人服务的工作，如教师、保育员、行政人员、医护人员；衣食住行服务行业的经理、管理人员和服务人员等
企业型	① 精力充沛，自信，善交际，具有领导才能； ② 喜欢竞争，敢冒风险； ③ 喜爱权力、地位和物质财富	组织与影响他人共同完成组织目标的工作，如企业家、政府官员、商人、行业部门和单位的领导者、管理者等
常规型	① 喜欢按计划办事，习惯接受他人指挥和领导，自己不谋求领导职务； ② 不喜欢冒险和竞争； ③ 工作踏实，忠诚可靠，遵守纪律	与文件档案、图书资料、统计报表相关的各类科室工作，如会计、出纳、统计人员；打字员；办公室人员；秘书和文书；图书管理员、保管员、邮递员、审计人员、人事职员等

如果人格特质与职业环境重合，说明两者匹配性最佳；两者较为相近，说明个人经过努力可适应职业环境；两者重合度较差，说明个人很难适应职业环境。

三、MBTI 人格理论

MBTI 的全名是 Myers Briggs Type Indicator。它是一种迫选型、自我报告式的性格评估理论模型，用以衡量和描述人们在获取信息、做出决策、对待生活等方面的心理活动规律和性格类型。MBTI 理论模型奠基者是心理学家荣格与迈尔斯母女。

Carl Jung

Katherine Briggs   Isabel Briggs-Myers

MBTI 人格理论显示了人与人之间的差异，而这些差异产生于：

- 他们把注意力集中在何处，从哪里获得动力（外向、内向）
- 他们获取信息的方式（实感、直觉）
- 他们做决定的方法（思维、情感）
- 他们对外在世界如何取向（判断、知觉）

用字母表示如下：

- 精力支配：外向 E — 内向 I
- 认识世界：实感 S — 直觉 N
- 判断事物：思维 T — 情感 F
- 生活态度：判断 J — 知觉 P

MBTI人格理论

其中两两组合，可以组合成 16 种人格类型。

MBTI 人格理论有如下四个维度指标：

☞ EI 外向 — 内向

外向：从人际交往中获得能量

- 喜欢外出
- 表情丰富，外露
- 喜欢交互作用，合群
- 喜行动，多样性（不能长期坚持）
- 不怕打扰，喜自由沟通
- 先讲后想，易冲动、易后悔、易受他人影响

内向：从时间中获得能量

- 喜静、多思、冥想
- 谨慎、不露表情
- 独立、负责、细致、周到、不蛮干
- 不怕长时间做事，勤奋，怕打扰
- 先想后讲

☞ SN 实感 — 直觉

实感：通过五官感受世界，注重真实的存在，实际

- 用已经有的技能解决问题
- 喜具体明确
- 重细节（少全面性）
- 脚踏实地
- 做事有耐心，小心谨慎
- 可做重复性工作，不喜新，不喜展望

直觉：通过第六感洞察世界，注重应该如何，比较笼统

- 喜学新技能，喜提新见解
- 不重准确，喜抽象和理论
- 重可能性，讨厌细节
- 好高骛远，喜欢新问题
- 凭爱好做事，对事情的态度易变

☞ TF 思维 — 情感

思维：

- 分析，用逻辑客观方式做决策
- 坚信自己的观点正确，不考虑他人意见
- 清晰、正义、不喜欢调和主义
- 批判和鉴别力
- 守规则
- 工作中少表现出情感，也不喜欢他人感情用事

情感：

- 主观和综合，用个人化的、价值导向的方式做决策，考虑决策对他人的影响
- 和谐、宽容、喜欢调解
- 不按照逻辑思考
- 考虑环境
- 喜欢工作场景中的情感，从赞美中得到享受，希望获得他人的赞美

☞ JP 判断 — 知觉

判断：

- 封闭定向
- 结构化和组织化
- 时间导向
- 决断，事情都有正误之分
- 喜命令、控制，反应迅速，喜欢完成任务
- 不善适应

知觉：

- 开放定向
- 弹性化和自发化
- 探索和开放
- 好奇，喜欢收集新信息而不是做结论
- 喜欢观望，喜欢开始许多新的项目，但不完成
- 优柔寡断，易分散注意力

MBTI 是当今世界上应用最广泛的性格测试工具之一。它已经被翻译成近 20 种世界主要语言，每年的使用者多达 200 多万。据有关统计，世界前 100 强公司中已有 89％引入了 MBTI，用于员工和管理层的自我发展、提升组织绩效等各个领域。

MBTI 向我们揭示了性格类型的多样性和由此导致的不同个体之间行为模式、价值取向的差异性；性格类型深刻影响着我们观察事物的角度、思考问题的方式、决策的动机、工作中的行事风格，乃至人际交往中的习惯与喜好；不同性格的人在相同的境遇中或者面对相同问题时往往做出截然不同的反应，这很容易成为各种误解、矛盾的导火线，甚至引发信任危机，严重危害团队的合作与绩效——如何看待人与人的差异，在工作中求同存异？如何突破人际交往的"性格壁垒"，因人而异地开展交流与沟通？每一种性格类型都表现出独特的行为特征，为个人带来不同的能力优势与局限——怎样扬长避短，为最合适的人安排最合适的工作？每个人具有哪些能力优势与局限性？怎样根据性格类型找到最佳的职业定位、规划未来的职业发展？在一个团队中可能聚集着各种性格类型的成员，不同性格类型的碰撞与对话最终将合成整个团队的性格——领导者将如何优化团队成员的性格配置，组建一支精诚合作的高效团队？团队成员怎样才能更好地融入集体，避免性格冲突，提升工作绩效？MBTI 从性格类型入手，引导我们认识自己、理解他人，在工作中建立自信并相互信任，从而更富成效地开展合作，也为个人发展指明最佳途径。

四、舒伯的生涯发展理论

舒伯于 1953 年提出"生涯"的概念，他把生涯发展看成一个持续渐进的过程，由童年时代开始一直伴随个人的一生。

舒伯的生涯发展理论将生涯的过程分为成长阶段（0～14岁）、探索阶段（15～24岁）、建立阶段（25～44岁）、维持阶段（45～65岁）和衰退阶段（65岁以上）五个阶段（见图1-2），而生涯发展的过程在每个阶段都有其独特的职责和角色，以及不同的发展任务，且前一阶段发展任务的完成情况会影响下一阶段的发展。

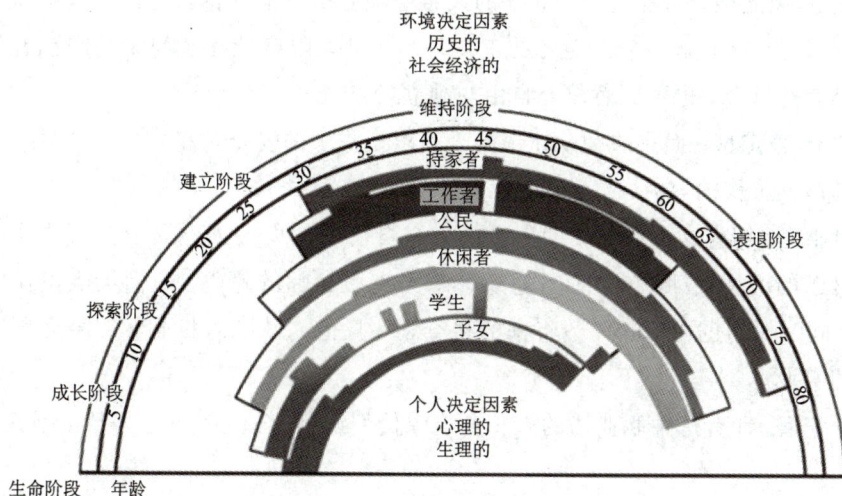

图1-2　舒伯的生涯彩虹图

从舒伯的生涯彩虹图中，我们可以看到生涯规划立体化了。从长度上看，它包括了一个人从生到死的全部生命历程；从空间上看，该过程并不局限于对职业角色的关注，同样重视非职业角色对一个人生涯的影响。舒伯认为，持家者、公民、休闲者、学生、子女、配偶、退休者等角色和工作者的角色都是一个人自我概念的具体表现。所谓"自我概念"，就是指个人对自己的兴趣、能力、价值观及人格特征等方面的认识和主观评价。一个人的自我概念在青春期以前就开始形成，至青春期较为明朗，并于成人期由自我概念转化为生涯概念。工作与生活满意的程度，有赖于个人能否在工作上、职场中以及生活中找到展现自我价值的机会。

五、施恩的职业锚理论

职业锚理论是由美国著名的就业指导专家埃德加·施恩教授提出的。施恩认为，职业生涯规划是一个持续不断的探索过程，随着一个人对自己越来越了解，这个人就会越来越明显地形成一个占主要地位的"职业锚"。这个所谓的"职业锚"是指当一个人不得不做出选择的时候，无论如何都不会放弃的职业中的那些至关重要的东西或价值观，即人们选择和发展职业时所围绕的中心，可以简单地理解为职业定位。

职业锚可分为以下八种类型：

（1）技术/职能型。拥有这种职业锚的人追求在技术（职能）领域的成长和技能的不断提高，以及应用这种技术（职能）的机会。他们喜欢面对来自专业领域的挑战，但不喜欢从事一般的管理工作，因为这意味着他们将要放弃在技术（职能）领域的成就。

（2）管理型。拥有这种职业锚的人追求并致力于工作晋升，倾心于全面管理，可以跨部门整合其他人的努力成果，他们想去承担整个部分的责任，并将公司的成功与否看成自己的工作。

（3）自主/独立型。拥有这种职业锚的人希望随心所欲地安排自己的工作方式、工作习惯和生活方式。追求能施展个人能力的工作环境，最大限度地摆脱组织的限制和制约。他们宁愿放弃晋升机会，也不愿意放弃自由与独立。

（4）安全/稳定型。拥有这种职业锚的人追求工作中的安全与稳定感，但并不关心具体的职位和具体的工作内容。

（5）创业型。拥有这种职业锚的人希望依靠自己的能力去创建属于自己的公司或创建完全属于自己的产品（或服务），而且愿意冒险并克服面临的障碍。他们可能正在别人的公司工作，但同时他们也在不断评估将来的机会，一旦他们感觉时机到了，便会自己走出去创建自己的事业。

（6）服务型。拥有这种职业锚的人一直追求他们认可的核心价值，如帮助他人、改善工作环境等。

（7）挑战型。拥有这种职业锚的人喜欢解决看上去无法解决的问题，战胜强悍的对手，克服无法克服的困难障碍等。对他们而言，参加工作或职业的原因是工作允许他们去战胜各种不可能。

（8）生活型。拥有这种职业锚的人希望将生活的各个主要方面整合为一个整体。正因为如此，他们需要一个能够提供足够的弹性让他们实现这一目标的职业环境。

课堂讨论

为了更好地明确自己的职业定位，可以尝试以下方法。首先拿出一张纸，仔细思考以下问题，并将要点记录在纸上：

（1）你在中学、大学时，主要在哪些知识上投入了巨大的精力？尤其是你的课外时间，主要用于学习哪些知识？

（2）如果同样付给你100万的年薪，并且你不会遭遇失败，你情愿选择做什么？

回答清楚以上问题，可以帮助你了解自己的职业锚。

第三节　职业生涯规划的影响因素

影响职业生涯规划的因素可以归为以下几类。

一、外部因素

（一）社会环境

1. 政治环境

政治环境主要包括社会政治制度、政治状况及社会法制的完备程度。我国政治制度稳定，法制完备，市场经济已初步形成并步入正轨，这为各种人才成长发展提供了前所未有的机遇，但同时人才竞争日趋激烈，大学生就业环境不容乐观，因此，大学生应在分析好社会现状的基础上，有针对性地做好职业生涯规划。

2. 经济环境

经济环境是影响职业选择和职业发展的重要因素，具体来说，经济环境方面的因素主要有以下几个方面：

（1）经济形势因素。经济形势的变化对职业的影响是最为明显且最为复杂的。当经济处于萧条时期，企业效益降低，对人力资源的需求减少，因而职业选择和职业发展的机会减少；当经济处于高速发展时期，企业处于扩张阶段，对人力资源的需求就会增加，职业选择和职业发展的机会也就随之增多。

（2）经济发展水平因素。在经济发展水平高的地区，企业相对集中，优秀企业也会比较多，个人职业选择的机会就比较多，因而就有利于个人的职业发展；反之，在经济落后的地区，个人职业选择的机会相对来说就比较少。

（3）收入水平因素。社会对人力资源的需求是一种派生需求，当人们的收入水平提高时，对商品消费的需求会增加，企业扩大生产，从而增加对人力资源的需求，职业选择和职业发展的机会增多；相反，职业选择和职业发展的机会减少。

3. 社会文化环境

社会文化环境包括教育条件和水平、社会文化设施等。在良好的社会文化环境中，个人能得到良好的教育和熏陶，从而为职业发展打下坚实的基础。

4. 教育环境

现代教育体制改革使更多的年轻人有接受高等教育的机会，这使得高学历人才迅速增多，高素质人才的竞争将更为激烈。另一方面，我国教育体制原来较为忽视职业技术教育，从而导致我国依然面临技术工人匮乏的问题，因此，掌握一至两项实用技术，成为高级蓝领，也是不错的职业选择。

（二）组织环境

组织环境主要包括组织外部环境和组织内部环境两个方面。

组织外部环境是指存在于行业之中、组织之外，组织不能控制但是能对组织决策和绩效产生影响的外部因素的总和，主要包括组织在本行业中的地位和状况及发展前景、所面对的市场状况、产品在市场上的发展前景、能够提供的岗位等。

组织内部环境主要包括：组织规模和组织结构；组织实力、声誉和形象；组织文化、组织氛围和人际关系状况；组织发展战略和发展态势；目前的产品、服务和活动范畴，市场发展前景；组织领导人与组织政策和组织制度；组织人力资源开发与管理状况，如人力资源需求、晋升发展政策、薪资和福利、教育培训、工作评估等；工作设施设备条件和工作环境等。

（三）家庭环境

家庭是个人成长的最核心的环境，任何人的性格和品质的形成及个人的成长都离不开家庭环境的影响。子女与父母的关系、家庭的社会经济地位、父母的管教方式、父母对子女未来职业的期待以及期待程度、父母的职业身份和父母的榜样作用等，均会在不同层面对大学生的职业生涯发展起到不同程度的影响作用，因此，我们经常看到教育世家、艺术世家、商贾世家等。但研究也表明，大学生个体自我认知程度越高，将自身兴趣与专业选择和职业生涯发展结合越紧密，则家庭因素对他的影响也就相对越小。

大学生在进行职业生涯规划时，一方面要考虑家庭的经济状况、家人期望、家族文化等因素对本人的影响；另一方面，个人在成长过程中，在不同时期也要根据自己的成长经历和所受教育的情况，不断修正、调整，最终确立职业理想和职业规划。正确而全面地衡量家庭情况才能有针对性地设计自己的职业生涯规划。

二、内部因素

（一）气质

气质是指人们心理活动的速度、强度、稳定性和灵活性等方面的心理特征，是神经类型特征在人的行为上的表现。一般来说，气质分为以下四种类型。

1. 胆汁质

胆汁质的人精力旺盛，热情直率，易激动暴躁，情绪体验强烈，神经活动具有很强的兴奋性，反应速度快却不灵活。他们能以极大的热情去工作，克服工作中的困难，但若对工作失去信心，情绪即会低沉下来。这类人适宜竞争激烈、冒险性和风险意识强的职业，如探险、地质勘探、登山和体育运动等。

2. 多血质

多血质的人活泼好动，性情活跃，反应敏捷，易适应环境，善于交际。他们工作能力较强，情绪丰富且易兴奋，但注意力不稳定，兴趣易转移。这类人对职业有较广的选择范围和机会，适合从事要求迅速灵活反应的工作，如导游、外交、公安、军官等，但不适宜从事单调机械的工作和要求细致的工作。

3. 黏液质

黏液质的人情绪兴奋性低，安静沉稳，内倾明显，外部表现少，反应速度慢，但稳定性强，偏固执、冷漠，比较刻板，有较强的自我克制能力，能埋头苦干，态度稳重，不易分心，对新职业适应慢，善于忍耐。这类人适合从事要求稳定、细致、持久性的职业，如会计、法官、管理人员、外科医生等，但不适宜从事具有冒险性的工作。

4. 抑郁质

抑郁质的人敏感，行动缓慢，情感体验深刻，观察力敏锐，易感觉到别人不易觉察的细小事物，易疲倦，孤僻，工作耐受性差，做事审慎小心，易产生惊慌失措的情绪，往往是多愁善感的人。这类人适合从事要求精细、敏锐的工作，如哲学、理论研究、应用科学、机关秘书等。

事实上，大多数人总是以某种气质为主，又附有其他气质。所以，大学生在职业选择中，一定要"量质选择"，找到适合自己气质类型的工作。

（二）性格

性格是个人对现实的稳定态度和习惯化了的行为方式中表现出来的个性心理特征。从广义上讲，性格是行为方式、心理方式、情感方式的总和，集中反映了一个人的心理面貌。

职业心理学研究表明，性格影响着一个人对职业的适应性，一定的性格适合从事一定的职业，同时，不同职业对从业者也有不同的性格要求。因此，大学毕业生在考虑或选择职业时，不仅要考虑自己的性格特点，还要考虑性格与职业相匹配。

性格与职业相匹配是指个人在选择职业时，应根据自己的性格来选择与个人性格相适应的职业。人们通常将人的性格分为外向型和内向型。一般来说，外向型性格的人更适合与人接触的职业，如管理人员、记者、教师、政治家、推销员等；内向型性格的人更适合有计划、稳定且与人接触较少的职业，如会计师、统计员、资料管理员、技术人员和科学家等。但在实际生活中，纯粹的外向或内向的人是很少的，绝大多数人是混合型。

（三）兴趣

兴趣是个体积极探究事物的认识倾向，这种倾向带有稳定、主动、持久等特征。当兴趣的对象指向某一职业时，就称之为职业兴趣。如果一个人对某种工作产生兴趣，在工作中就会具有高度的自觉性和积极性，就容易做出成就；反之，则会影响工作的积极性，有可能一事无成。爱因斯坦曾经说过："兴趣是最好的老师。"走自己的路，做自己喜欢的事情，选择自己感兴趣的职业，是当今社会最典型的择业观念。

兴趣与职业选择

大学生在择业过程中应适当考虑自己的兴趣和爱好，不能为了暂时的眼前利益而选择自己不感兴趣的职业，这样不仅不能充分施展自己的才能，甚至可能会贻误终生。即将毕业的大学生要对自己的兴趣进行客观分析，同时还要树立正确的人生志向，调整自己的兴趣爱好，适应社会的需要，争取找到适合自己兴趣的职业，最大限度地发挥自己的聪明才智。

当然，任何人的职业兴趣都不是与生俱来的，而是以一定的素质为前提，是在生活实践过程中逐步发生和发展起来的。如果一个人缺乏某种职业知识，或者根本不了解这种职业，那么他就不可能对这种职业感兴趣。因此，一个人只有广泛地了解职业知识，多参加相关的职业活动，才可能真正发现自己的职业兴趣所在。

📖 **拓展阅读**
·····························

对职业兴趣的认识误区

明确个人的职业兴趣是职业生涯规划的重要依据之一。大学生在寻找职业兴趣的过程中要避免以下几个错误观念。

1. 把简单的喜欢、感兴趣当作职业兴趣

有些人看了几本小说，就认为自己应当去从事作家职业；有些人喜欢打游戏，就觉得自己应该去学计算机。而当真正接触这些专业时，却发现并不合适。职业兴趣是与将来的工作相关的，只有想清楚自己要从事什么样的具体工作，并对工作的内容、职责、性质等有所了解，且乐于准备工作要求的知识技能时，才谈得上是真正的职业兴趣。

2. 从事自己感兴趣的工作，就意味着轻松愉快

做自己感兴趣的工作是快乐的，甚至可以激发工作热情，但不一定轻松。实际上，不管任何职业都要付出努力和辛劳才能取得成就、做出成绩。另外，有的时候坚持自己的职业兴趣，还要付出经济报酬和社会地位的代价，毕竟不是所有人都会对待遇高、地位高的职业感兴趣。

3. 不是自己感兴趣的工作就不做

能从事自己感兴趣的职业是每个人的理想，但职业选择除了兴趣以外，还要综合考虑性格、能力等问题，这也是理想与现实的差距和矛盾。有调查显示，有超过60％的大学生正在就读自己不喜欢的专业，有50％的职场人正在做着自己不感兴趣的工作。但由于各种原因，大家也只能面对现实。因此，很多人需要在现实中追求自己的理想，立足于现实，把自己不喜欢的工作做好，并在这个过程中培养兴趣，积累技能，寻找新的机会。

（四）能力

能力是指人们成功地完成某种活动所必须具备的个性心理特征，是人们在社会实践中所表现出的身心力量。能力是求职者开启职业大门的钥匙。个人只有选准了与自己能力倾向相吻合的职业才能如鱼得水，否则，就会影响职业活动的效率。

能力包括一般能力和特殊能力，不同的职业要求从业者有不同的能力。个人的职业能力通常可分为一般语言能力、数理能力、空间判断能力、察觉细节能力、书写能力、运动协调能力、动手能力、社会交往能力和组织管理能力等九个方面。例如：教师、播音员、记者等职业要求从业者有较强的语言能力；统计、测量、会计等职业要求从业者有较强的数理能力；而画家、建筑师、医生等职业对从业者的察觉细节能力要求颇高。

经典实例

李嘉诚的跳槽史

1946 年上半年，香港经济日益繁荣。然而李嘉诚却陷入了沉思——今后的路该怎样走？一条路，在舅父的荫庇下谋求发展，中南公司已成为香港钟表业的巨擘，收入稳定，生活安逸；另一条路要艰辛得多，充满风险，须再一次到社会上闯荡。

李嘉诚选择了后者，他喜欢做充满挑战的事。于是，他去了五金厂做推销员。自从李嘉诚加盟五金厂，五金厂的业务蒸蒸日上。然而，备受老板器重的李嘉诚，刚刚打开局面，就要跳槽。

李嘉诚去了一家塑胶制造公司。在现代人的眼里，这是一间小小的山寨式工厂。李嘉诚此举，一是受新兴产业的诱惑；二是塑胶公司老板的"怂恿"。李嘉诚在推销五金制品之时，就感受到塑胶制品的巨大威胁。李嘉诚清晰地意识到，要不了多久，塑胶制品将会成为价廉的大众消费品。塑胶公司的老板常常亲自出马推销，他到酒店推销塑胶桶时，与推销白铁桶的李嘉诚不期而遇。李嘉诚成了老板的手下败将，但其推销才能却深得老板赏识。老板对李嘉诚说："晚走不如早走，你总不会一辈子埋在小小的五金厂吧？看这形势，五金难有大前途。"而这正是李嘉诚所不愿见的。他离开舅父的公司出来找工作，只是作为人生的磨炼，而不是作为终身的追求。李嘉诚终于跳出了五金厂，开始销售塑料制品。李嘉诚说："别人做 8 个小时，我就做 16 个小时，起初别无他法，只能以勤补拙。"

仅一年工夫，李嘉诚就实现了他成为销售冠军的目标。老板拿出财务的统计结果，连李嘉诚都大吃一惊——他的销售额是第二名的 7 倍！18 岁的李嘉诚被提拔为部门经理，统管产品销售。两年后，他又晋升为总经理，全盘负责日常事务。那时李嘉诚才 20 出头，就做出了令人美慕的业绩。

取得这样的成绩，李嘉诚应该心满意足了吧？然而，在他的人生字典中没有"满足"二字。他再一次跳槽，重新投入社会，开始新的人生挑战。塑胶公司老板约李嘉诚到酒楼，设宴为他辞工饯行。席间，李嘉诚说了一句老实话："我离开你的塑胶公司，是打算自己也办一间塑胶厂。我难免会使用在你手下学到的技术，也大概会开发一些同样的产品。现在塑胶厂遍地开花，我不这样做，别人也会这样做，我会另外开辟销售路线。"李嘉诚怀着愧疚之情离开塑胶公司，这是他人生中的一次重大转折，他从此迈上了充满艰辛与希望的创业之路。经过几十年的打拼，李嘉诚创立的长江实业集团公司，生意已遍布全世界。

第四节　职业生涯规划的步骤

一、自我评估

自我评估就是对自己进行全面分析，通过自我分析来认识自己、了解自己，也就是"知己"。自我评估包括对自己的气质、性格、兴趣和能力进行评估。

弄清"我是谁"，是进行职业生涯规划的基础，也是职业生涯规划的难关。在对自己进行评估时，既要看到好的一面，又要看到不足的一面；既要对某一方面的特殊素质进行具体评估，又要对其他各方面的整体素质进行综合评估；既要考虑全面的整体因素，又要考虑其中占主导地位的重点因素。

在进行自我评估时，应以客观事实为基础和依据，使自我评估趋于客观、真实。此外，还应以发展、变化的眼光看待自己，不但对自己的现实素质做出适当、全面、客观的评估，而且应当着眼于未来的发展变化，预见性地评估自己将来的发展潜力和前景。

课堂讨论

你是一个什么样的人？至少询问 10 名同学，请他们用 5 个词来形容一下。

二、环境分析

每个人的人生目标是在符合社会这个大环境要求的前提下才能得以实现的，在制定职业生涯规划时必须十分清楚地分析环境，明确社会的价值取向，了解社会政治经济、科学文化、自然环境等方面的态势，才能使自己的职业生涯规划具有实际意义和可行性。

大学生要从分析家庭、社会环境和职业社会的需求出发，了解市场、行业发展趋势，认清环境为自己带来的有利与不利条件。只有对这些环境因素进行充分了解和深刻分析，才能做到在复杂的环境中避害趋利，使职业生涯规划具有实际意义。

三、确定目标

职业生涯目标是个人对未来职业生活的构想和规划。大学生应当确立明确的职业生涯目标，即明确自己毕业后准备从事什么行业、什么职业。在确定职业生涯目标时，大学生应当以社会发展的需求为客观依据，以自己的兴趣爱好和能力为主观依据。

一般来说，大学生应根据大学阶段的不同情况，确定不同的奋斗目标，具体如下：

（1）大学一年级：探索和了解。首先了解自己所就读的专业或者自己理想的专业近几年的就业状况；其次，多与老师、学长等进行交流，了解专业发展情况；再次，多参加学校的活动，增强自己的人际交往能力，发掘自己的潜力；最后，努力打好学习基础，使未来的学习生涯有一个良好的开端。

（2）大学二年级：基本定向。通过一年的学习生活，应该对自己的未来有一个相对确定的方向，如确定自己是考研深造还是就业，要根据不同的情况开展不同的学习生活。在大方向上，有意识地培养自己的能力和综合素质。

（3）大学三年级：努力和冲刺。这个时候，应该很清楚自己毕业后的去向，要考研、出国还是就业，并且为之努力拼搏。

（4）大学四年级：分化决定。首先要检验自己确定的方向是否明确；其次，要回头看看前三年的准备是否充分；再次，要根据自己的实际情况，积极利用学校提供的条件，扩大自己的目标成效。

拓展阅读

确定职业生涯目标的"SMART"简易原则

1. 目标必须是具体的（Specific）

这是指目标必须是清晰的，可产生行为导向的。例如，"学期末平均成绩在80分以上"就是一个具体的目标。

2. 目标必须是可以衡量的（Measurable）

这是指目标必须用指标量化表达。例如，上述"学期末平均成绩在80分以上"的目标，就对应着量化的指标"分数"。

3. 目标必须是可以达到的（Attainable）

这里有两层意思：一是目标应该在能力范围内；二是目标应该有一定难度。目标经常达不到的确会让人沮丧，但太容易达到的目标也会让人失去斗志。

4. 目标必须和其他目标具有相关性（Relevant）

这里的"相关性"是指与现实生活相关，而不是简单的"白日梦"。

5. 目标必须具有明确的截止期限（Time-based）

也就是说，目标必须是"基于时间"的目标，是指目标必须确定完成的日期。不但要确定最终目标的完成时间，还要设立多个小时间段上的"时间里程碑"，以便进行工作进度的监控。

四、选择职业生涯路线

职业生涯路线是指一个人选定职业后选择从什么途径去实现自己的职业目标。在职业发展道路中，每个人都有适合自身发展的路径，但彼此各不相同。我们必须做出选择，以便使自己的学习、生活和工作沿着设定的职业生涯路线或预定的方向前进。在选择职业生涯路线时，可以根据志向取向、能力取向和机会取向三个方面进行选择（见图1-3）。

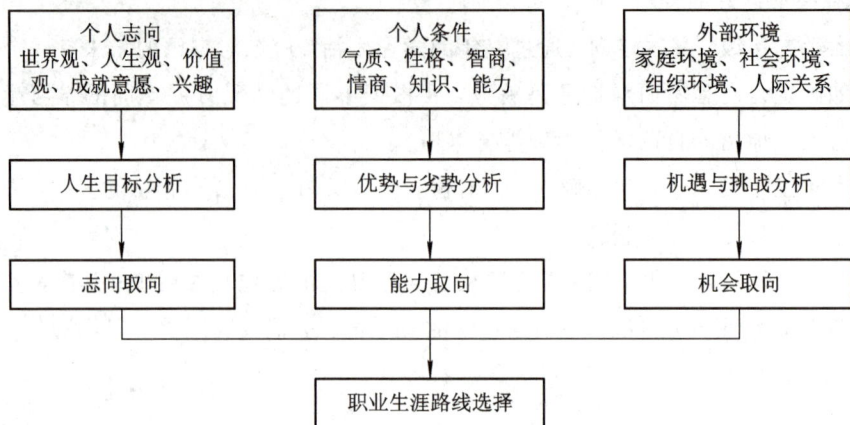

```
┌──────────────────┐   ┌──────────────────┐   ┌──────────────────┐
│     个人志向      │   │     个人条件      │   │     外部环境      │
│ 世界观、人生观、价值│   │ 气质、性格、智商、 │   │ 家庭环境、社会环境、│
│ 观、成就意愿、兴趣 │   │ 情商、知识、能力   │   │ 组织环境、人际关系 │
└────────┬─────────┘   └────────┬─────────┘   └────────┬─────────┘
         ↓                      ↓                      ↓
┌──────────────────┐   ┌──────────────────┐   ┌──────────────────┐
│   人生目标分析    │   │   优势与劣势分析   │   │   机遇与挑战分析   │
└────────┬─────────┘   └────────┬─────────┘   └────────┬─────────┘
         ↓                      ↓                      ↓
┌──────────────────┐   ┌──────────────────┐   ┌──────────────────┐
│     志向取向      │   │     能力取向      │   │     机会取向      │
└────────┬─────────┘   └────────┬─────────┘   └────────┬─────────┘
         └──────────────────────┼──────────────────────┘
                                ↓
                   ┌──────────────────┐
                   │   职业生涯路线选择 │
                   └──────────────────┘
```

图1-3　职业生涯路线选择图

五、职业生涯规划的实施

"千里之行，始于足下。"制定的规划再好，如果不实施，也是不可能实现既定目标的。这里所说的"实施"就是将完成目标的具体措施付诸行动，对大学生来说，主要包括学习、社会实践、技能培训等。例如，具体学习哪些技能、怎样提高能力、如何开发自己的潜能等，为将来走上工作岗位，实现自己的目标奠定坚实的基础。

六、反馈与修正

在人生的发展阶段，由于社会环境的巨大变化和一些不确定因素的存在，会使我们与原来制定的职业生涯规划有所偏差，这就需要对规划进行修正和适当的调整。

反馈与修正过程是个人不断认识自己的过程，也是不断认识社会的过程，是使职业生涯规划更加有效的有力手段。其内容主要包括以下几个方面：

（1）自我条件重新剖析，即在实践的基础上重新认识自己、分析自己，找到自己的优势与不足。

（2）生涯机会重新评估，即结合现实的组织环境和社会、经济环境，分析自己未来发展的空间及可能性。

（3）职业生涯目标修正，即根据实际情况，重新思考与确定自己的人生与职业发展目标，使其更加切合自己的情况，更加有利于自己的发展。

（4）调整生涯发展策略，即根据新的情况和目标，重新制定和调整生涯发展策略，强化自己的优势，弥补自己的不足。

（5）积极落实新的生涯规划方案，使之进入一个新的规划、实施、反馈与修正期。

第五节 职业生涯规划的调整

一、调整职业生涯规划的必要性

调整职业生涯规划的必要性主要体现在以下三个方面：

首先，职业生涯规划是一个动态的概念，需要不断根据内外的变化做出调整。职业生涯规划不是一劳永逸的，事物都是处在运动变化中的，职业生涯规划同样需要随着时间的推移进行相应的变化。大学生正处在对自己、对社会的逐步认识过程中，自身的价值观也正处于逐渐成熟的时期，加之现实的种种不确定因素，已经制定的职业生涯规划有时会因实际情况而有所偏差，这就需要及时对规划做出调整，从而保证个人的职业生涯顺利发展。

其次，职业生涯的不同阶段会面临不同的机遇和挑战。适时的调整可以让特定阶段的目标更现实可行。职业生涯目标是分阶段的，每个阶段都面临着无数不可预测的因素。由于自身和外部环境条件的变化，人们需要根据一定的期望或新的需要对规划进行调整。如个人计划的改变、家庭的突发事件、婚姻状况的变化等等，都会对个人有所影响，大学生们应该认识到如何调整目标、计划及行动，以适应种种变化。

职业发展目标

最后，职业生涯规划的调整有利于实现自我价值的最大化。进行职业生涯规划，是希望自己的时间得到最有效的利用，能力得到最大限度的发挥，自我价值得到充分的实现。人的一生中，其兴趣、能力及目标会随着年龄的增长而有所变化，随着个人知识、能力、经验、阅历及自信心等的增长，个人对自己的期望也越来越高，进而会对自己的职业生涯提出更高的要求，这个不断积累、不断提升的过程，有利于最大限度地实现自我价值。

二、调整职业生涯规划的时期

每个人职业发展的进程各不相同，其目标的实现程度也有所差别，每个人的职业生涯中，至少有四个时期会陷入"认不清发展道路"的迷雾中，此时就是需要对自己的职业生涯规划进行调整的时期。这四个时期分别是：

1. 第一个时期(14～22岁)

在这个阶段，个人承担学生与求职者的双重角色。主要的疑问是："我是谁？""我能做什么？"迷茫的主要原因是缺乏自信和社会经验。此时，可以通过不断的学习和进行知识积累，拓展视野；通过各种科学的方法和测评，深入了解自己、客观评估自己；通过向家人、老师及专业人士咨询，获取有价值的可行性建议，进而做出职业生涯规划。

2. 第二个时期(22～28 岁)

这一时期个人进入工作领域，逐渐熟悉组织文化，了解组织内情，建立初步的人际关系网后，开始衡量组织所提供的信息，如工作环境、职业种类、待遇等与自己的"职业梦想"是否匹配，开始偏重于提升或是更长远的发展。主要的疑问是："理想和现实不相符，我是不是需要重新选择？"迷茫的主要原因是个人的发展目标与组织提供的机会和职业道路不一致。

这一时期需要重新检查自己的职业目标，更进一步确定自己真正喜欢的行业和工作应该是怎样的，并调整下一职业发展阶段的目标和前景，适时地抓住下一个职业发展机遇。

3. 第三个时期(28～35 岁)

这是个人职业发展的重要阶段。在这个阶段，个人积累了比较丰富的经验，承担起工作的责任，发挥并发展自己的能力，为提升或进入其他职业领域打基础。这一阶段属于稳中求进的时期，主要的疑问是："是选择稳定的生活状态，还是选择继续提升或第二次创业？"

这一时期是最需要"充电"的时期，此时知道自己缺什么、要什么，所以迫切需要通过"充电"来提升自己。这一阶段会像海绵吸水一样吸收新的知识，因此这一时期可以安排继续学习的计划。

4. 第四个时期(35～45 岁)

这一时期主要的疑问是："接下去的岁月，应该做些什么？"有些人可能会成为管理者或咨询顾问；有些人可能仍然保持着自己原来的工作，继续钻研专业技术，保持技术权威地位；还有一些人，可能要被提升并承担更大的责任，可能要被组织转换到另一横向职业领域，有的还会离开组织。在机会面前，很多人不敢贸然决定，因为从心理上理解了人生的有限，而自己也开始重新衡量事业和家庭生活的价值。在 35～45 岁，会发生职业生涯危机，这正是人们通常说的"中年危机"。

"中年危机"是大部分上班族可能面对的问题，但正好也借此对自身未来生涯再做一次思考。这个过程需要综合考虑多方面的因素，如行业专业知识、经济能力、家庭负担状况、人脉积累、心理承受能力等等，进而确定自己未来时期的职业发展规划。

经典实例

施瓦辛格的职业规划

50 多年前，一个十多岁的穷小子，身体非常瘦弱，却在日记里立志长大后做美国总统。如何能实现这样宏伟的抱负呢？经过思索，他拟定了一系列目标。

做美国总统首先要做美国州长——要竞选州长必须得到雄厚的财力后盾的支持——要获得财团的支持就一定得融入财团——要融入财团最好娶一位豪门千金——要娶一位豪门千金必须成为名人——成为名人的快速方法就是做电影明星——做电影明星前得练好身体，练出阳刚之气。

按照这样的思路，他开始行动。某日，当他看到著名的体操运动主席库尔后，他相信练健美是强身健体的好点子。他开始刻苦而持之以恒地练习健美，他渴望成为世界上最结实的壮汉。三年后，凭借发达的肌肉，一身似雕塑的体魄，他囊括了各种世界级的"健美先生"称号。

22岁时，他踏入了美国好莱坞。在好莱坞，他花费了十年时间，利用自身优势，刻意打造坚强不屈、百折不挠的硬汉形象。终于，他在演艺界声名鹊起。当他的电影事业如日中天时，女友的家庭在他们相恋九年后，也终于接纳了这位"黑脸庄稼人"。

他的女友就是赫赫有名的肯尼迪总统的侄女。

2003年，年逾五十七岁的他，告别影坛，转而从政，成功竞选为美国加州州长。他的下一个目标就是美国总统。

他就是阿诺德·施瓦辛格。他的经历告诉我们：科学规划，行动有力，就能成功。

案 例 点 评

"我的人生我做主"是目前许多大学生的人生信条。然而，在职业生涯的航程中，并非每个人都能成为自己前程的主人。大学生们经过几年的学校学习，最终都要走出校园，开始自己人生的第一份工作，迈出职业生涯的第一步。为了能够尽快地融入社会，并在社会中充分展示自己，实现自己的理想和人生价值，制定一份合理的职业生涯规划就显得尤为重要。职场上有句名言："今天你站在哪里不重要，但是你下一步迈向哪里却很重要。"正确、合理地规划自己的职业生涯，是每一名大学生开启成功人生的第一步。

能 力 训 练

1. 阅读材料

假设在你度假的途中，你所乘坐的轮船突然发生了意外故障，必须紧急靠岸。这时候，轮船正好处于下列六个岛屿的中间，你希望选择哪一个岛屿靠岸？要知道，这些岛屿只能通过轮船与外界联系。而由于天气原因，今后至少半年内船只都无法出航，而且你还要等待境外的轮船运送人员和器材前来维修你所乘坐的轮船。因此一旦靠岸，你可能需要在这个岛上待很长一段时间（至少一年）。

A 岛：美丽浪漫的岛屿。岛上遍布美术馆、音乐馆，弥漫着浓厚的艺术文化气息。同时，当地的居民还保留了传统的舞蹈、音乐与绘画，许多文艺界的朋友都喜欢来这里找寻灵感。

I 岛：深思冥想的岛屿。岛上人迹较少，建筑物多僻处一隅，绿野平畴，适合夜观星象。岛上有多处天文馆、科博馆、图书馆等。岛上居民喜好沉思、追求真知，喜欢和来自各地的哲学家、科学家、心理学家等交流心得。

C 岛：现代井然的岛屿。岛上建筑十分现代化，是进步的都市形态，以完善的户政管理、地政管理、金融管理见长。岛上居民个性冷静保守，处事有条不紊，善于组织规划。

R 岛：自然原始的岛屿。岛上保留有原始的热带植物，自然生态保存完好，也有相当规模的动物园、植物园、水族馆。岛上居民以手工见长，自己种植花果蔬菜、修缮房屋、打造器物、制作工具。

S 岛：温暖友善的岛屿。岛上居民个性温和、友善、乐于助人，社区均自成一个密切互动的服务网络，人们多互助合作，重视教育，弦歌不辍，充满人文气息。

E 岛：显赫富庶的岛屿。岛上居民热情豪爽，善于企业经营和贸易。岛上的经济高度发展，处处是高级饭店、俱乐部、高尔夫球场。来往者多是企业家、经理人、政治家、律师等，衣香鬓影，夜夜笙歌。

① 你最希望选择哪一个岛屿靠岸？＿＿＿＿＿＿＿

② 假设你必须选择三个岛，你最想去的岛排在第一位，第二想去的排第二位，第三想去的排第三位，将这三个岛屿的字母代码从左到右列出来：＿＿＿＿＿＿＿

2. 岛屿解析

从你选择的岛屿中，可以看出你的性格特点、职业兴趣与能力，并得出对应的职业（见表 1－2）。

① 根据表 1－2，找出与你之前选择的三个岛屿代码相匹配的性格及职业有哪些。

② 上述性格及职业是否与你本人实际的兴趣和能力相匹配？若不匹配，则找出与你相匹配的职业与性格。

表 1-2 岛屿解析

岛屿	性格特点	职业兴趣与能力	对应职业
A	有创造性、非传统、敏感、容易情绪化、较冲动、不服从指挥	喜欢具备艺术修养、创造力、表达能力和直觉，并将其用于语言、行为、声音、颜色和形式的审美、思索和感受类的工作，并具备相应能力；不善于事务性工作	艺术方面（演员、导演、艺术设计师、雕刻家、建筑师、摄影师、广告制作人）；音乐方面（歌唱家、作曲家、乐队指挥）；文学方面（小说家、诗人、剧作家）
I	坚持性强、有韧性、喜欢钻研、好奇心强、独立性强	喜欢智力的、抽象的、分析的、独立的定向任务，具备智力或分析才能，并将其用于观察、估测、衡量、形成理论、最终解决问题的工作	科学研究人员、教师、工程师、电脑编程人员、医生、系统分析员
C	有责任心、依赖性强、高效率、稳重踏实、细致、有耐心	喜欢要求注意细节，精准，有系统，有条理，具备记录、归档、据特定要求或程序组织数据和文字信息条件的职业，并具备相应能力	秘书、办公室人员、记事员、会计、行政助理、图书馆管理员、出纳员、打字员、投资分析员
R	感觉迟钝、不讲究、谦逊、踏实稳重、诚实可靠	喜欢使用工具，需要基本操作技能的工作；对从事与物件、机器、工具、运动器材、植物、动物相关的职业有兴趣，并具备相应能力	技术性职业（计算机硬件人员、摄影师、制图员、机械装配工）；技能性职业（木工、厨师、技工、修理工、农民、一般劳动者）
S	为人友好、热情、善解人意、乐于助力	喜欢与人打交道的工作，能不断结交新朋友，从事提供信息、启迪、帮助、培训、开发或治疗等事务，并具备相应能力	教育工作者（教师、教育行政人员）；社会工作者（咨询人员、公关人员）
E	善辩、精力旺盛、独断、乐观、自信、好交际、机敏、有支配愿望	喜欢具备经营、管理、劝服、监督和领导才能，以实现政治、社会及经济目标的工作，并具备相应能力	项目经理、销售人员、营销管理人员、政府官员、企业领导、法官、律师

3.自我评估

第一步：我现在处于什么位置？（了解目前职业现状）

思考一下你的过去、现在和未来。画一张时间表，列出重大事件。

第二步：我是谁？（考查自己担当的不同角色）

在3～5张卡片上写下"我是谁"的答案。

第三步：我喜欢去哪儿？我喜欢做什么？（这有利于未来的目标设置）

思考你目前和未来的生活。写一份自传来回答三个问题：你觉得已经获得了哪些成就？你未来想要得到什么？你希望人们对你有什么样的印象？

第四步：未来理想的一年。（明确所需要的资源）

考虑下一年的计划。如果你有无限的资源，你会做什么？理想的环境应是什么样的？理想的环境是否与第三步吻合？

第五步：一份理想的工作。（明确理想的工作）

现在，通过可利用资源来获得一份理想工作。考虑你的角色、资源、所需的培训和教育。

第六步：通过自我总结来规划职业发展。（总结目前状况）

① 是什么让你每天感到心情愉悦？

② 你擅长做什么？人们对你有什么印象？

③ 为达到目标，你需要什么？

④ 在向目标进军的过程中，你会遇上什么阻碍？

⑤ 为达到目标，你目前该做什么？

⑥ 你的长期职业生涯目标是什么？

4. 规划演练

结合自身的实际情况，制定一份职业生涯规划书。

第二章

就业形势与就业观念

【内容提要】

随着我国经济的快速发展，经济体制改革的不断深化，高等学校的持续扩招，我国的大学生就业制度也经历了国家统包统分、过渡性的改革到当前的双向选择及自主择业几个阶段，高校毕业生就业难的问题日趋凸显。本章主要介绍当前大学生的就业形势，以及大学生应如何树立正确的就业观。

【知识目标】

① 了解当前的大学生就业形势；
② 理解树立正确的就业观对就业的重要性。

【能力目标】

① 能认清就业形势，并根据就业形势灵活就业；
② 树立正确的就业观，避免就业误区。

引导案例——大学生就业难多问几个为什么

★ 观念陈旧，意识不强

"为什么我在你们这里办理了人事代理，填了求职登记表，求职简历也留了下来，但还是没有找到工作？"工作人员每天都会遇到很多这样的疑问，一些大学生的就业观念陈旧，有的甚至以为现在还像以前"分配"工作一样，只要做了登记，就能找到工作。

"现在很多大学生找工作难，主要是因为一些大学生择业观念淡薄、对自己定位不明、缺乏吃苦耐劳的精神。同时很多人不自信，对自己所学专业没有一个清楚的认识，不知道该从事什么样的工作，找工作自然就很茫然。"工作人员讲到。

★ 一线岗位"冷"，技能人才缺

"前不久，有一个企业在我们这里招聘，只招一个文员有近40人报名，而销售人员的8个招聘名额却只有3个人报名。"工作人员说："这样的现象，我们经常遇到，求职者供给和企业的需求不平衡。"

"很多大学生认为，文员就是我们所说的'白领'，而销售就是'蓝领'，而且销售工作很多都是全国各地到处跑，很辛苦，而文员工作地点则相对比较固定，很多女孩子青睐文员工作，竞争当然就不会小。"某公司张经理讲道。就实际情况而言，很多企业还处于劳动密集型阶段，许多一线岗位却频频遭到求职者的"冷遇"。同时，一些行业的技能型人才相当紧缺。

★ 自主创业也是一条好出路

对于大学生就业的激烈竞争，某公司人事部马经理认为："大学生就业还有一个比较大的误区，就是认为只有找到了工作才算是就业了，实际上并不是这样，创业也是一条比较好的就业出路。"

王先生去年大学毕业后，没有急于找工作，而是和朋友一起创业，谈到自己的经历，他讲道："现在很多人一毕业就急着找工作，去年我去参加招聘会，看见现场人山人海，我就想，干脆创业算了。现在创业还有很多优惠，大学生应该转变一下观念。"

第一节　当前的大学生就业形势

21世纪前20年是我国调整产业结构、转变经济增长方式的关键时期，又是逐步完善社会主义市场经济体制的关键时期，就业总量压力巨大。随着高校毕业生的逐年增加，大学生面临的就业竞争愈加激烈，就业形势日益严峻。

一、就业结构的重大变化

随着工业化进程和经济结构调整步伐的加快，我国的就业结构发生了巨大变化并日趋合理。具体来说，我国就业结构变化呈现以下特点：

1. 第三产业成为增加就业的主要途径

自改革开放以来，我国二、三产业从业人员逐年攀升。从20世纪80年代后期起，第三产业劳动力不管是绝对数还是增长速度都高于第二产业，尤其是批发零售、餐饮业、社会服务业等行业增长较快。这些劳动密集型行业蕴藏着吸纳劳动力的巨大潜力，在新的时期，第三产业将持续成为增加就业的主要途径。

2. 非公有制经济成为吸纳就业的重要渠道

近年来，非公有制经济发展迅速。与此同时，从业人员也出现相同现象，即公有制从业人员日渐减少，非公有制从业人员大幅增长，就业结构发生较大变化。随着个体、私营企业的不断壮大，非公有制经济将继续成为今后就业者选择的重要渠道，成为增加国家就业机会的新增长点。

3. 劳动力逐渐向资本、技术密集型行业聚集

从制造业的发展趋势来看，劳动密集型的传统行业仍然是吸纳劳动力的主要行业，但传统行业从业人员比重不断下降，而资本、技术密集型行业的劳动力比重持续攀升，劳动力从传统行业向资本、技术密集型行业聚集。近年来，资本、技术密集型行业的劳动力数量出现增长趋势。

二、大学生面临的就业形势

近年来，全国高校毕业生人数屡创新高，就业形势不容乐观。2020 年全国高校毕业生达到历史新高 874 万。再加上留学归国人员及没有找到工作的往届毕业生，有将近 1000 万大学生同时竞争。

（一）客观形势

1. 毕业生数量大幅增长

近些年，高校的持续扩招使高校毕业人数逐年递增，毕业生供需矛盾突出成为大学生就业时面临的严峻问题。2001 年突破 100 万，2004 年突破 200 万，2005 年突破 300 万，2007 年突破 400 万，2008 年突破 500 万，2011 年突破 600 万，2016 年突破 700 万，2018 年突破 800 万……这是新世纪以来全国普通高校毕业生的一组关键数字。

由于高校毕业生数量逐年增长，加上国际经济环境的影响，毕业生的就业形势日趋严峻，就业竞争不断加剧，大学生就业难的问题越来越突出，成为家庭、学校、社会关注的焦点。

2. 我国经济发展新增的就业岗位极其有限

据统计，2011 年毕业的大学生中，有近 57 万人处于失业状态，10 多万人选择"啃老"，全年通过经济增长能够提供的新增就业岗位总数仅约为 1200 万个，而需要就业的人员总数超过 2500 万人；2012 年，全年通过经济增长能够提供的工业和服务业新增就业岗位突破 2500 万个，但城镇需要安排的就业人数就达到 2500 万，还有 900～1000 万的农村富余

劳动力需转移就业，因此大学生的就业形势依然不容乐观。

3. 应届毕业生不受青睐

近年来，部分企业出于工作效率及员工培训成本等方面的考虑，很少招收应届毕业生。一方面，应届毕业生工作经验不足，无法独立完成工作，需花费较高的培训成本；另一方面，应届大学生的工作心态不稳定，频繁跳槽，流失率高，可能给企业带来损失。

4. 热门专业人才过剩

很多大学生在入学选择专业时，往往热衷于高薪行业的相关专业，这就造成这些热门专业的学生数量增多。同时，一些具有专业特色的高校为追求综合发展，纷纷开设热门专业，使得热门专业的人才供大于求。而一些高校部分专业的教学资源不足，教师水平有限，造成这些热门专业的学生知识技能不精，缺乏市场竞争力，从而无法在热门行业中脱颖而出，求得理想的职业。

5. 就业机会不均等

当前，大学生主要是通过"自主择业""竞争择业"等途径来实现自身就业的。由于就业市场的法律法规尚不完善，而"自主择业"又存在着激烈的竞争，一些地区的"关系就业"成为普遍存在的现象。这干扰了就业市场"公平、平等、竞争、择优"的原则，造成虽然具有同等教育程度，但就业机会却常常因为家庭、经济背景、地域差异和名校效应而大有不同的现象。

此外，就业市场中的性别歧视也一直存在。尽管我国《劳动法》明确规定"妇女享有与男子平等的就业权利"，但实际上，很多优秀的女大学生通过降低自己的就业期望值获取的就业岗位与男生在岗位层次上还是存在着一定的差异，工资待遇与男生相比普遍较低，甚至出现了"同工不同酬"，女生遭遇拒绝、冷落等歧视现象。

经典实例

杨萍的求职遭遇

杨萍来自山西省吕梁市的农村，2017年初夏，她结束大专学习，做着迈入社会的准备：一离校，她就要按月偿还三年来近两万元的助学贷款，她迫切需要一份工作。在求职网站上，杨萍看到巨人教育公司正在招聘行政助理，岗位描述：负责安排主管的日程及处理文件，需熟练使用办公软件，具有一定的沟通、组织能力。杨萍认为自己符合要求，且对教育行业很有兴趣，便第一时间投了简历。"我特别想得到这份工作。"她说。

之后，杨萍又在巨人教育官方网站查到招聘邮箱，再次投递了一份简历。十几天过去了，她没有收到任何短信、电话或者是邮件的答复。半个月后，杨萍再次查看巨人教育的招聘启事时却发现，其中出现了仅限男性的条件。她向巨人教育集团重申她希望得到这个机会，但遭到拒绝。

（二）主观因素

1. 过分强调专业对口

有些大学生对自己所学的专业情有独钟，认为职业必须与所学的专业对口，过分地强调学以致用。具体表现为：寻找职业时优先考虑是否与所学专业对口，择业局限性大，因而往往遭遇失败；若从事职业与专业不对口，就觉得不理想、不踏实，上岗缺乏干劲。

经典实例

小刘的求职坚持

小刘是济南某高校外语专业的应届毕业生。她对自己的要求很高，英语已经达到专业八级的她一直想到外资企业工作。她告诉记者，除了专业以外的工作想都没想过，就连现在报考最火的公务员也从来没关注过，因为她觉得自己的专业适合对外方面的工作。简历投过不少，但工作经验的不足使得她一直没被录用。小刘说，她还会继续坚持下去，而且会坚持自己的专业。

2. 期望不合时宜

有些大学生认为自己历经"十年寒窗"，有知识、有能力、懂技术，择业时热衷寻找较为稳定、经济收入较高、地域条件较好、环境舒适的"实惠"企业，而事实上，他们的知识技能还远不能达到所期望职位的现实要求，因此出现"高不成，低不就"的现象。

3. 安于舒适，不愿到艰苦的地方就业

有些大学生出生在比较富裕的家庭，家庭经济收入比较稳定。学生本人在社会上经风沐雨的机会少，在意志上往往表现出脆弱、胆怯，在行动上往往表现为只愿去舒适、优越的岗位就业，宁肯待业，也不愿意到艰苦、单调的岗位就业。

4. 心境浮躁，行动盲从

有些大学生入校时成绩平平，学习中虽然努力拼搏，但专业成绩并不突出。通过几年的大学生活，虽然具备一些特长，但却有些华而不实。因此，当他们步入社会寻求职业时，就会表现出心境浮躁，不确定自己的择业方向与发展目标，甚至对前途感到迷茫，一时不知所措，因而频繁更换职业。

经典实例

小崔的跳槽心态

小崔是学计算机专业的，毕业后在一家计算机公司干了三个月，感到公司的销售业务量大、技术工作量小，学不到东西，于是跳槽到一家软件公司。

他以为这下有了学习的机会，结果项目拿不下，技术跟不上，工作中涉及的东西与自

己的专业关联不大，因而工作非常吃力，工作质量和进度都不能满足企业的要求。

老板很不满意地说："这是公司，不是培训班。"于是，小崔被老板炒掉了。

过了两个月，小崔才找到一家专搞弱电的公司，公司业务很丰富，电子、通信、计算机都用得上，其中由小崔和几个老员工负责局域网的安装。小崔在工作中看不惯的事很多，特别是单调重复的工作、紧张疲惫的加班和沉闷压抑的气氛，让小崔又有了想离开的念头。

第二节　树立正确的就业观念

一、保持积极心态，珍惜就业机会

就业本身就是一种竞争，在矛盾和困难面前，要保持积极的就业心态，主动适应，调整方向，把握自我；要通过不断学习来完善知识结构，提升自身素质，适应职业的要求；要珍惜所能获得的就业机会，切忌草率放弃或轻易跳槽；要做好从基层做起的心理准备，重视基础岗位上的经验积累，踏实地走好每一步。

二、重视实习的机会

实习是大学生积累社会经验的重要途径，它能够提高大学生的沟通能力、适应能力及解决问题的能力等。因此，大学生应充分把握实习机会，广泛地接触社会，努力大胆地尝试，以提前了解社会的方方面面，积累实践经验，锁定自己的兴趣点，进而有目标地去选择职业。另外，丰富的实习经验也可以增强自己在求职中的竞争力。

三、不片面追求专业对口

在当前的各类职业中，除部分专业性、技术性较强的岗位外，很多岗位并不一味强调专业对口。对于初入职场的大学生而言，除了学习专业知识之外，更重要的是培养自己的思维方式、发现问题和解决问题的能力，为从事其他工作奠定基础。因此，大学生在选择职业时可以根据自身的兴趣、特点等放宽视野，而不仅仅局限于自己的专业上。

四、调整薪资待遇的期望值

在求职过程中，不少大学生习惯将自己就读的学校、专业等与薪资待遇挂钩，这种陈旧、片面的理解往往造成很多大学生"高不成、低不就"，错失就业机会。面对当前的就业形势，准确定位、调整心态、把握机遇、瞄准长远发展才不失为一种可行的方法。对职场新人而言，经验的积累远比金钱的积累重要。

课堂讨论

就业初期的薪资待遇重要吗？应当如何看待？

五、要有创业的精神和准备

创业既是实现就业的一种行之有效的方式，也是实现大学生人生理想的一条捷径。当今时代的大学生要想实现人生价值，应有创业的精神和想法，在创业实践中学会学习、学会生存、学会创造。面对激烈的就业竞争，只要大学生能够转换思维、改变观念，就一定能在就业的困境中看到希望，就业之路也会越走越宽。

拓展阅读

心态、观念、行为——哈佛大学校长的就业三法则

哈佛大学校长德雷科·鲍克提出了"新世纪择业的三条法则"。

一、心态法则

每位求职者都希望找到一个既能发挥自己特长、待遇又很高的工作，然而在实际择业的过程中，这样两全其美的好事确实很难如愿。这其中的原因主要有以下几种：

（1）"小毛驴的犹豫"。许多人在择业时都会存在"小毛驴的犹豫"。一头小毛驴在干枯的草原上好不容易找到了两堆草，但是一再迟疑，不知道吃哪堆草更好，结果被活活饿死了。这个故事告诫我们：人的期望值不能太高，在选择时要痛下决心，绝不可以左顾右盼而坐失良机。

（2）"做梦娶美人"。这是求职者普遍存在的又一种现象：志大才疏，眼高手低，大事做不来，小事不肯做。这种人想干好工作、成就事业，只能是做梦娶美人尽想好事。

（3）"总想捡个大西瓜"。求职者往往在择业时挑肥拣瘦，到头来却两手空空，一事无成。因此，在择业前，应当把自己的专业特长与用人单位的实际需求结合起来，对照、衡量后再去择业。

二、观念法则

（1）看重工作发展前景胜于薪水。随着竞争的加剧和收入的普遍提高，个人的发展和前途已成为求职者关注的焦点。选择工作时，薪水不应再是毕业生择业的首要考虑因素，取而代之的应是个人发展和企业前景。

（2）先就业，后择业。尽管各国的经济形势有所不同，但对于求职者择业而言，受工作经验因素的制约，要想一开始就找到一份理想的工作，还有一定的难度，所以"先就业，后择业"的观念正开始流行。

（3）自己当老板。给别人打工，只能听老板的，有许多创意和抱负只能在胸口憋着。社会的发展为大家提供了许多便捷条件，不少人自立门户开起了公司。

（4）在工作中学习。职业发展需要的东西大多是可以在工作中获得的，因而那些体制完备、发展成熟，能够提供系统化、职业化、规范化学习的企业，成为求职者的首选。

三、行为法则

（1）"大格局"思考。再远大的目标也需要通过切实可行的办法来实现，因此要把眼光放长远，最大限度地激发自己充沛的活力来改变你的人生方向。

（2）对自己许下坚定的承诺。《自辟蹊径》一书的作者洛尔说："仅仅想要，甚至极想要，什么结果都不会有。除非你矢志要完成某事，并且做到实现它的必要步骤，你的志向才可能不致落空。"

（3）保持一颗"平常心"。如果你对工作现状不满意并且一时无法跳槽，那么就保持一颗"平常心"，将压力减到最低程度，并保留可贵的精力。

（4）丢弃"我是蓝领阶级"的悲情。你没上过哈佛，照样可以去图书馆或通过互联网学习并与他人交流从而建立正常的知识体系和人际关系网。

第三节　就业政策问答

一、基层就业政策问答

1. 什么是基层就业

基层就业就是到城乡基层工作。国家近几年出台了一系列优惠政策鼓励高校毕业生积极参加社会主义新农村建设、城市社区建设和应征入伍。一般来讲，"基层"既包括广大农村，也包括城市街道社区；既涵盖县级以下党政机关、企事业单位，也包括社会团体、非公有制组织和中小企业；既包含单位就业，也包括自主创业、自谋职业。

2. 国家鼓励毕业生到基层就业的主要优惠政策包括哪些

按照《国务院关于做好当前和今后一段时期就业创业工作的意见》（国发〔2017〕28号〕、《中共中央办公厅国务院办公厅印发〈关于进一步引导和鼓励高校毕业生到基层工作的意见〉的通知》（中办发〔2016〕79号〕、《中共中央组织部人力资源社会保障部等五部门关于印发高校毕业生基层成长计划的通知》（人社部发〔2017〕85号〕等文件规定，高校毕业生到基层就业的主要优惠政策有以下几个方面：

（1）完善工资待遇进一步向基层倾斜的办法，健全高校毕业生到基层工作的服务保障机制，鼓励毕业生到乡镇特别是困难乡镇机关事业单位工作。

（2）对高校毕业生到中西部地区、艰苦边远地区和老工业基地县以下基层单位就业、履行一定服务期限的，按规定给予学费补偿和国家助学贷款代偿（本专科学生每人每年最高不超过8000元，研究生每人每年最高不超过12000元）。

（3）结合政府购买服务工作的推进，在基层特别是街道（乡镇）、社区（村）购买一批公共管理和社会服务岗位，优先用于吸纳高校毕业生就业。

（4）落实完善见习补贴政策，对见习期满留用率达到50%以上的见习单位适当提高见习补贴标准，允许就业见习补贴用于见习单位为见习人员办理人身意外伤害保险，以及对见习人员的指导管理费用。

（5）将求职补贴调整为求职创业补贴，对象范围扩展到已获得国家助学贷款的毕业年度高校毕业生，以及贫困残疾人家庭、建档立卡贫困家庭高校毕业生和特困人员中的高校毕业生。

（6）艰苦边远地区基层机关招录高校毕业生可适当放宽学历、专业等条件，降低开考比例，可设置一定数量的职位面向具有本市、县户籍或在本市、县长期生活的高校毕业生。各地各高校要服务乡村振兴战略，引导毕业生到现代种业、农产品加工、农村电子商务等一、二、三产业就业创业，投身扶贫开发和农业农村现代化建设。结合城镇化进程和公共服务均等化要求，充分挖掘教育、劳动就业、社会保障、医疗卫生、住房保障、社会工作、文化体育及残疾人服务、农技推广等基层公共管理和服务领域的就业潜力，吸纳高校毕业生就业。

3. 国家对在基层工作的毕业生职业发展有哪些鼓励政策措施

按照《国务院关于做好当前和今后一段时期就业创业工作的意见》（国发〔2017〕28号〕、《中共中央办公厅国务院办公厅印发〈关于进一步引导和鼓励高校毕业生到基层工作的意见〉的通知》（中办发〔2016〕79号〕、《中共中央组织部人力资源社会保障部等五部门关于印发高校毕业生基层成长计划的通知》（人社部发〔2017〕85号〕等文件规定，在基层工作的毕业生职业发展的鼓励政策措施主要有以下几个方面：

（1）在干部人才选拔任用机制上，进一步强化基层工作经历的政策导向，向在基层工作的优秀高校毕业生倾斜。

（2）自 2012 年起，省级以上机关录用公务员，除特殊职位外，按照有关规定一律从具有 2 年以上基层工作经历的人员中考录。

（3）市地级以上机关应拿出一定数量职位面向具有基层工作经历的公务员进行公开遴选。

（4）省、市级所属事业单位面向社会公开招聘时，应拿出一定数量岗位公开招聘有基层事业单位工作经历的人员。有条件的地区，可明确具体公开遴选或招聘的比例。

（5）鼓励国有大中型企业建立健全人力资源管理激励机制，将在基层生产和管理一线表现优秀的高校毕业生纳入后备人才队伍，加大从基层一线选拔任用中层干部的力度。

（6）对具有基层工作经历的高校毕业生，在研究生招录和事业单位选聘时实行优先录取。

（7）高校毕业生在中西部地区和艰苦边远地区县以下基层单位从事专业技术工作，申报相应职称时可不参加职称外语考试或放宽外语成绩要求。充分挖掘社会组织吸纳高校毕业生就业潜力，对到省会及省会以下城市的社会团体、基金会、民办非企业单位就业的高校毕业生，所在地的公共就业人才服务机构要协助办理落户手续，在专业技术职称评定方面享受与国有企事业单位同类人员同等待遇，对于吸纳高校毕业生就业的社会组织，符合条件的可同等享受企业吸纳就业扶持政策。

（8）对到农村基层和城市社区从事社会管理和公共服务工作的高校毕业生，符合公益性岗位就业条件并在公益性岗位就业的，按照国家现行促进就业政策的规定，给予社会保险补贴和公益性岗位补贴。

4. 国家实施学费补偿和助学贷款代偿政策的主要内容是什么

按照《关于调整完善国家助学贷款相关政策措施的通知》（财教〔2014〕180 号）、《财政部、教育部关于印发〈高等学校毕业生学费和国家助学贷款代偿暂行办法〉的通知》（财教〔2009〕15 号）等文件规定，中央部门所属高校应届毕业生（全日制本专科、高职生、研究生、第二学士学位毕业生）到中西部地区和艰苦边远地区基层单位就业、服务期在 3 年以上（含 3 年）的，其学费由国家实行补偿。在校学习期间获得国家助学贷款（含高校国家助学贷款和生源地信用助学贷款，下同）的，补偿的学费优先用于偿还国家助学贷款本金及其全部偿还之前产生的利息。定向、委培以及在校期间已享受免除全部学费政策的学生除外。

目前，国家助学贷款资助标准已经调整为：全日制普通本专科学生（含第二学士学位、高职学生，下同）每人每年申请贷款额度不超过 8000 元，年度学费和住宿费标准总和低于 8000 元的，贷款额度可按照学费和住宿费标准总和确定；全日制研究生每人每年申请贷款额度不超过 12000 元，年度学费和住宿费标准总和低于 12000 元的，贷款额度可按照学费和住宿费标准总和确定。

国家助学贷款资助标准调整后，《财政部、教育部、总参谋部关于印发〈高等学校学生应征入伍服义务兵役国家资助办法〉的通知》（财教〔2013〕236 号）、《财政部、教育部、民政部、总参谋部、总政治部关于实施退役士兵教育资助政策的意见》（财教〔2011〕538 号）和

《财政部、教育部关于印发〈高等学校毕业生学费和国家助学贷款代偿暂行办法〉的通知》（财教〔2009〕15号）中有关学费补偿、国家助学贷款代偿和学费资助的标准，相应调整为本专科学生每人每年最高不超过8000元、研究生每人每年最高不超过12000元。学费补偿、国家助学贷款代偿和学费资助的其他事项，仍按原规定执行。

5. 国家实施补偿学费和代偿助学贷款的就业地域范围包括哪些

国家对到中西部地区和艰苦边远地区基层单位就业，并履行一定服务期限的中央部门所属高校毕业生，按规定实施相应的学费补偿和助学贷款代偿。这里涉及的地域范围主要包括以下几个地区。

（1）西部地区：西藏、内蒙古、广西、重庆、四川、贵州、云南、陕西、甘肃、青海、宁夏、新疆12个省（自治区、直辖市）。

（2）中部地区：河北、山西、吉林、黑龙江、安徽、江西、河南、湖北、湖南、海南10个省。

（3）艰苦边远地区：由国务院确定的经济水平、条件较差的一些州、县和少数民族地区（详情可登录中国政府网查询，网址为 http://www.gov.cn）。

（4）基层单位：① 中西部地区和艰苦边远地区县以下机关、企事业单位，包括乡（镇）政府机关、农村中小学、国有农（牧、林）场、农业技术推广站、畜牧兽医站、乡镇卫生院、计划生育服务站、乡镇文化站、乡镇劳动就业服务站等；② 工作现场地处以上地区县以下的气象、地震、地质、水电施工、煤炭、石油、航海、核工业等中央单位艰苦行业生产第一线。

6. 学费补偿和助学贷款代偿的标准和年限是多少

学费补偿、国家助学贷款代偿标准，本专科生每人每年最高不超过8000元，研究生每人每年最高不超过12000元。

本科、专科（高职）、研究生和第二学士学位毕业生补偿学费或代偿国家助学贷款的年限，分别按照国家规定的相应学制计算。在校学习的时间低于相应学制规定年限的，按照实际学习时间计算补偿学费或代偿助学贷款年限。在校学习时间高于相应学制年限的，按照学制规定年限计算。每年代偿学费或国家助学贷款总额的三分之一，三年代偿完毕。

7. 中央部门所属高校毕业生如何申请学费补偿和助学贷款代偿

（1）在办理离校手续时向学校递交《学费和国家助学贷款代偿申请表》和毕业生本人、就业单位与学校三方签署的到中西部地区、艰苦边远地区和老工业基地县以下基层单位服务3年以上的就业协议。

（2）在校学习期间获得国家助学贷款的，在与国家助学贷款经办银行签订毕业后还款计划时，注明已申请国家助学贷款代偿，如获得国家助学贷款代偿资格，不需自行向银行还款。

（3）高校负责审查申请资格并上报全国学生资助管理中心。

8. 地方所属高校毕业生到基层就业如何获得学费补偿和助学贷款代偿

按照《财政部、教育部关于印发〈高等学校毕业生学费和国家助学贷款代偿暂行办法〉

的通知》(财教〔2009〕15号)要求,各地要抓紧研究制定本地所属高校毕业生面向本辖区艰苦边远地区基层单位就业的学费补偿和助学贷款代偿办法。地方所属高校毕业生到基层就业是否可以获得学费补偿或国家助学贷款代偿,以及如何申请办理补偿或代偿等,请向学校所在地政府有关部门查询。

9. 到基层就业如何办理户口、档案、党团关系等手续

对到中西部地区、艰苦边远地区和老工业基地县以下基层单位就业的高校毕业生,实行来去自由的政策,户口可留在原籍或根据本人意愿迁往就业地区;人事档案原则上统转至就业单位所在地的县级政府人力资源和社会保障部门,由公共就业和人才服务机构提供免费人事代理服务;党团组织关系转至就业单位,在工作期间积极要求入党的,由乡镇级党组织按规定程序办理。

10. 中央有关部门实施了哪些基层就业项目

近年来,中央各有关部门主要组织实施了5个引导高校毕业生到基层就业的专门项目,即团中央、教育部、财政部、人力资源和社会保障部四部门从2003年起组织实施的"大学生志愿服务西部计划";中组部、人力资源和社会保障部、教育部等八部门从2006年开始组织实施的"三支一扶"计划;教育部、财政部、人力资源和社会保障部、中央编办四部门从2006年开始组织实施的"农村教师特岗计划";中组部、教育部、财政部、人力资源和社会保障部等部门从2008年起组织实施的"选聘高校毕业生到村任职工作";农业部、人社部、教育部等部门从2013年起组织实施的"农业技术推广服务特设岗位计划"。

11. 什么是"农村教师特岗计划"

2006年,教育部、财政部、人事部、中央编办联合颁发了《农村义务教育阶段学校教师特设岗位计划实施方案》,决定组织实施"农村教师特岗计划"。通过公开招募高校毕业生到西部"两基"攻坚县及县以下农村义务教育阶段学校任教,引导和鼓励高校毕业生从事农村教育工作,逐步解决农村地区师资力量薄弱和结构不合理等问题,提高农村教师队伍整体素质。

12. "农村教师特岗计划"的实施范围、对象、条件及程序有哪些

(1)实施范围:从2006年到2008年,"农村教师特岗计划"的实施范围以国家西部地区"两基"攻坚县为主(含新疆生产建设兵团的部分团场),包括纳入国家西部开发计划的部分中部省份的少数民族自治州,适当兼顾西部地区一些有特殊困难的边境县和少数民族自治县等。从2009年开始,"农村教师特岗计划"实施范围扩大到中西部地区国家扶贫开发工作重点县。

(2)招聘对象和条件:① 以高等师范院校和其他全日制普通高校应届本科毕业生为主,可招少量应届师范类专业专科毕业生;② 取得教师资格,具有一定教育教学实践经验,年龄在30岁以下的全日制普通高校往届本科毕业生;③ 参加过"大学生志愿服务西部计划"、有从教经历的志愿者和参加过半年以上实习支教的师范院校毕业生同等条件下优先;④ 报名者应同时符合教师资格条件要求和招聘岗位要求。

（3）招聘程序：① 公布需求；② 自愿报名；③ 资格审查；④ 考试考核；⑤ 集中培训；⑥ 资格认定；⑦ 签订合同；⑧ 上岗任教。

特岗教师实行公开招聘，合同管理。合同规定用人单位和应聘人员双方的权利和义务。招聘工作由省级教育、人力资源和社会保障、财政、编办等相关部门共同负责，遵循"公开、公平、自愿、择优"和"三定"（定县、定校、定岗）原则。

13. 什么是"三支一扶"

"三支一扶"是支教、支医、支农、扶贫的简称。2006 年 3 月，中共中央组织部、人事部、教育部、财政部、农业部、卫生部、扶贫办、共青团中央八部委下发了《关于组织开展高校毕业生到农村基层从事支教、支农、支医和扶贫工作的通知》（国人部发〔2006〕16 号），正式提出实施高校毕业生"三支一扶"计划，决定按照公开招募、自愿报名、组织选拔、统一派遣的方式，从 2006 年开始连续 5 年，每年招募 2 万名高校毕业生，主要安排到乡镇从事支教、支农、支医和扶贫工作。服务期限一般为 2 至 3 年。招募对象主要为全国普通高校应届毕业生。

2021 年 5 月 28 日，中共中央组织部、人力资源和社会保障部、教育部、财政部、水利部、农业农村部、国家卫生健康委、国家乡村振兴局、国家林草局、共青团中央决定，实施第四轮（2021—2025 年）高校毕业生"三支一扶"计划。

14. 什么是"大学生志愿服务西部计划"

大学生志愿服务西部计划由共青团中央牵头，教育部、财政部、人力资源和社会保障部共同组织实施。从 2003 年开始，每年招募 1.8 万名普通高等学校应届毕业生到西部贫困县的乡镇从事为期 1 至 3 年的教育、卫生、农技、扶贫，以及青年中心建设和管理等方面的服务工作。

15. 什么是"选聘高校毕业生到村任职"

2008 年，中组部、教育部、财政部、人力资源和社会保障部出台了《关于印发〈关于选聘高校毕业生到村任职工作的意见（试行）〉的通知》（组通字〔2008〕18 号），计划用 5 年时间选聘 10 万名高校毕业生到农村担任村党支部书记助理、村委会主任助理或团支部书记、副书记等职务。从 2010 年开始，扩大选聘规模，逐步实现"一村一名大学生村官"计划的目标。选聘的高校毕业生在村工作期限一般为 2 至 3 年。

16. 选聘到村任职的对象、基本条件及程序有哪些

（1）选聘对象：30 岁以下应届和往届毕业的全日制普通高校专科以上学历的毕业生，重点是应届毕业和毕业 1 至 2 年的本科生、研究生，原则上为中共党员（含预备党员），非中共党员的优秀团干部、优秀学生干部也可以选聘。

（2）基本条件：① 思想政治素质好，作风踏实，吃苦耐劳，组织纪律观念强；② 学习成绩良好，具备一定的组织协调能力；③ 自愿到农村基层工作；④ 身体健康。此外，参加人力资源和社会保障部、团中央等部门组织的到农村基层服务的"三支一扶""志愿服务西部计划"等服务期满的高校毕业生，本人自愿且具备选聘条件的，经组织推荐可作为选聘

对象。

（3）基本程序：一般按照个人报名、资格审查、组织考察、体检、公示、决定聘用、培训上岗等程序进行。

17. 什么是农业技术推广服务特设岗位计划

农业技术推广服务特设岗位计划由农业部牵头，人力资源和社会保障部、教育部和科技部共同组织实施。从 2013 年开始，每年招募一批普通高等学校应届毕业生，到乡镇或区域性农业技术推广机构从事为期 2 至 3 年的农业技术推广、动植物疫病防控、农产品质量安全服务等工作。

18. 参加中央部门组织实施的基层就业项目，服务期满后享受哪些优惠政策

根据中共中央组织部、人力资源和社会保障部、教育部、财政部、共青团中央《关于统筹实施引导高校毕业生到农村基层服务项目工作的通知》（人社部发〔2009〕42 号）等政策规定，参加中央部门组织实施的基层就业项目、服务期满的毕业生，享受以下优惠政策。

（1）公务员招录优惠。每年拿出公务员考录计划的一定比例，专门用于定向招录服务期满且考核称职（合格）的服务基层项目人员。服务基层项目人员也可报考其他职位。

（2）事业单位招聘优惠。鼓励在项目结束后留在当地就业，参加各基层就业项目相对应的自然减员空岗，全部聘用服务期满的高校毕业生。从 2009 年起，到乡镇事业单位服务的高校毕业生服务满 1 年后，在现岗位空缺情况下，经考核合格，即可与所在单位签订不少于 3 年的聘用合同。同时，各省（区、市）县及县以上相关的事业单位公开招聘工作人员，应拿出不低于 40％的比例聘用各专门项目服务期满考核合格的高校毕业生。

（3）考学升学优惠。服务期满后 3 年内报考硕士研究生初试总分加 10 分；同等条件下优先录取；高职（高专）学生可免试入读成人本科。

（4）国家补偿学费和代偿助学贷款政策。参加各基层就业项目的毕业生，符合规定条件的，可享受相应的学费补偿和助学贷款代偿政策。

（5）服务期满自主创业的，可享受税收优惠、行政事业性收费减免、小额贷款担保和贴息等有关政策

（6）按各基层就业项目服务年限计算工龄。服务期满到企业就业的，按照规定转接社会保险关系。

19. 高校毕业生到艰苦边远地区或国家扶贫开发工作重点县就业有什么优惠政策

按照《中共中央办公厅国务院办公厅印发〈关于进一步引导和鼓励高校毕业生到基层工作的意见〉的通知》（中办发〔2016〕79 号）文件规定，高校毕业生到艰苦边远地区或国家扶贫开发工作重点县就业享受的优惠政策主要包括以下几个方面。

（1）对到中西部地区、东北地区或艰苦边远地区、国家扶贫开发工作重点县县以下机关事业单位工作的高校毕业生，新录用为公务员的，试用期工资可直接按试用期满后工资确定，试用期满考核合格后的级别工资，在未列入艰苦边远地区或国家扶贫开发工作重点县的中西部地区和东北地区的高定一档，在三类及以下艰苦边远地区或国家扶贫开发工作

重点县的高定两档，在四类及以上艰苦边远地区的高定三档。

（2）招聘为事业单位正式工作人员的，可提前转正定级。转正定级时的薪级工资，在未列入艰苦边远地区或国家扶贫开发工作重点县的中西部地区和东北地区的高定一级，在三类及以下艰苦边远地区或国家扶贫开发工作重点县的高定两级，在四类及以上艰苦边远地区的高定三级。

（3）落实对乡镇机关事业单位工作人员实行的工作补贴政策，当前补贴水平不低于月人均200元，并向条件艰苦的偏远乡镇和长期在乡镇工作的人员倾斜。落实艰苦边远地区津贴增长机制。

二、企业吸纳政策问答

1. 国家对鼓励中小微企业吸纳高校毕业生有哪些政策措施

按照《国务院关于进一步做好新形势下就业创业工作的意见》（国发〔2015〕23号）、《国务院关于进一步支持小型微型企业健康发展的意见》（国发〔2012〕14号）和《国务院关于进一步做好普通高等学校毕业生就业工作的通知》（国发〔2011〕16号）等文件规定，中小微企业吸纳高校毕业生可享受的政策措施主要包括以下几方面。

（1）对招收高校毕业生达到一定数量的中小企业，地方财政应优先考虑安排扶持中小企业发展资金，并优先提供技术改造贷款贴息。

（2）对劳动密集型小企业当年新招收登记失业高校毕业生达到企业现有在职职工总数30%（超过100人的企业达15%）以上，并与其签订1年以上劳动合同的劳动密集型小企业，可按规定申请最高不超过200万元的小额担保贷款，并享受50%的财政贴息。

（3）高校毕业生到中小企业就业的，在专业技术职称评定、科研项目经费申请、科研成果或荣誉称号申报等方面，享受与国有企事业单位同类人员同等待遇。

（4）对小微企业新招用毕业年度高校毕业生签订1年以上劳动合同并缴纳社会保险费的，给予1年社会保险补贴。

2. 国家对引导国有企业吸纳高校毕业生就业有哪些政策措施

国有企业吸纳高校毕业生就业可享受的政策措施主要包括以下几方面。

（1）承担对口支援西藏、青海、新疆任务的中央企业要结合援助项目建设，积极吸纳当地高校毕业生就业。

（2）建立国有企事业单位公开招聘制度，推动实现招聘信息公开、过程公开和结果公开。

（3）国有企业招聘应届高校毕业生，除涉密等特殊岗位外，要实行公开招聘，招聘应届高校毕业生信息要在政府网站公开发布，报名时间不少于7天。对拟聘人员应进行公示，明确监督渠道，公示期不少于7天。

3. 企业招收就业困难高校毕业生享受什么优惠政策

按照《财政部、人力资源和社会保障部关于进一步加强就业专项资金管理有关问题的通知》(财社〔2011〕64 号)规定,对各类企业(单位)招用符合条件的就业困难高校毕业生,与之签订劳动合同并缴纳社会保险费的,按其为就业困难高校毕业生实际缴纳的基本养老保险费、基本医疗保险费和失业保险费给予补贴,不包括企业(单位)和个人应缴纳的其他社会保险费。

根据《就业促进法》有关规定,就业困难人员是指因身体状况、技能水平、家庭因素、失去土地等原因难以实现就业,以及连续失业一定时间仍未能实现就业的人员。就业困难人员的具体范围,由省、自治区、直辖市人民政府根据本行政区域的实际情况规定。企业(单位)按季将符合享受社会保险补贴条件人员的缴费情况单独列出,向当地人力资源和社会保障部门申请补贴。社会保险补贴申请材料应附符合享受社会保险补贴条件的人员名单及身份证复印件、《就业创业证》复印件、劳动合同等就业证明材料复印件、社会保险征缴机构出具的社会保险费明细(账单)、企业(单位)在银行开立的基本账户等凭证材料。经人力资源和社会保障部门审核后,财政部门将补贴资金支付到企业(单位)在银行开立的基本账户。

4. 企业为高校毕业生开展岗前培训享受什么优惠政策

按照《国务院关于进一步做好新形势下就业创业工作的意见》(国发〔2015〕23 号)、《财政部、人力资源和社会保障部关于进一步加强就业专项资金管理有关问题的通知》(财社〔2011〕64 号)等文件规定,企业新录用毕业年度高校毕业生并与其签订 6 个月以上期限劳动合同,在劳动合同签订之日起 6 个月内由企业依托所属培训机构或政府认定的培训机构开展岗前就业技能培训的,根据培训后继续履行劳动合同情况,按照当地确定的职业培训补贴标准的一定比例对企业给予定额职业培训补贴。

企业开展岗前培训前,需将培训计划大纲、培训人员名单及身份证复印件、劳动合同复印件等材料报当地人力资源和社会保障部门备案,培训后根据劳动者继续履行劳动合同情况向人力资源和社会保障部门申请职业培训补贴。申请材料经人力资源和社会保障部门审核后,财政部门按规定将补贴资金直接拨入企业在银行开立的基本账户。企业申请职业培训补贴应附培训人员名单、培训人员身份证复印件、《就业创业证》复印件、劳动合同复印件、职业培训合格证书等凭证材料。

对小型微型企业新招用高校毕业生按规定开展岗前培训的,各地要根据当地物价水平适当提高培训费补贴标准。

5. 高校毕业生到企业特别是中小企业就业可否在当地落户

按照国务院办公厅文件规定,要简化高校毕业生就业程序,消除其在不同地区、不同类型单位之间流动就业的制度性障碍。切实落实允许包括专科生在内的高校毕业生在就(创)业地办理落户手续的政策(直辖市按有关规定执行)。

省会及以下城市要放开高校毕业生落户的限制,简化有关手续。应届毕业生凭《普通高等学校毕业证书》、《全国普通高等学校毕业生就业报到证》、与用人单位签订的《就业协议书》或劳动(聘用)合同办理落户手续;非应届毕业生凭与用人单位签订的劳动(聘用)合同和《普通高等学校毕业证书》办理落户手续。

高校毕业生到小型微型企业就业、自主创业的，其档案可由当地市、县一级的公共就业人才服务机构免费保管。办理高校毕业生档案转递手续，转正定级表、调整改派手续不再作为接收审核档案的必备材料。

6. 流动人员人事档案如何保管

按照《关于进一步加强流动人员人事档案管理服务工作的通知》（人社部发〔2014〕90号）、《流动人员人事档案管理暂行规定》规定，流动人员档案具体包括：非公有制企业和社会组织聘用人员的档案；辞职辞退、取消录（聘）用或被开除的机关事业单位工作人员档案；与企事业单位解除或终止劳动（聘用）关系人员的档案；未就业的高校毕业生及中专毕业生的档案；自费出国留学及其他因私出国（境）人员的档案；外国企业常驻代表机构的中方雇员的档案；自由职业或灵活就业人员的档案；其他实行社会管理人员的档案。

流动人员人事档案管理实行集中统一、归口管理的管理体制，主管部门为政府人力资源和社会保障部门，接受同级党委组织部门的监督和指导。流动人员人事档案具体由县级以上（含县级）公共就业和人才服务机构及经人力资源和社会保障部门授权的单位管理，其他单位未经授权不得管理流动人员人事档案。严禁个人保管本人或他人的档案。跨地区流动人员的人事档案，可由其户籍所在地或现工作单位所在地的公共就业和人才服务机构管理。

高校毕业生到具有档案管理权限的机关、事业单位、国有企业就业的，由单位直接接收、管理档案。到无档案管理权限的单位（私营企业、外资企业等）就业的，可由各地公共就业和人才服务机构负责提供档案管理等人事代理服务。高校毕业生离校时没有就业的，档案可由学校统一发回原户籍所在地公共就业和人才服务机构保管。档案不允许个人保管。

从2015年1月1日起，取消收取人事关系及档案保管费、查阅费、证明费、档案转递费等名目的费用。各级公共就业和人才服务机构应提供免费的流动人员人事档案基本公共服务。

7. 什么是社会保险？我国建立了哪些社会保险制度

社会保险是指国家通过立法，按照权利与义务相对应原则，多渠道筹集资金，对参保者在遭遇年老、疾病、工伤、失业、生育等风险情况下提供物质帮助（包括现金补贴和服务），使其享有基本生活保障、免除或减少经济损失的制度安排。

《社会保险法》第二条规定，我国建立基本养老保险、基本医疗保险、工伤保险、失业保险、生育保险等社会保险制度，保障公民享有在年老、疾病、工伤、失业、生育等情况下依法从国家和社会获得物质帮助的权利。其中，基本养老保险制度包括职工基本养老保险制度、新型农村社会保险制度和城镇居民社会养老保险制度；基本医疗保险制度包括职工基本医疗保险制度、新型农村合作医疗制度和城镇居民医疗保险制度。

8. 用人单位应履行哪些社会保险义务？享有哪些社会保险权利

（1）社会保险义务：一是申请办理社会保险登记的义务；二是申报和缴纳社会保险费

的义务；三是代扣代缴职工社会保险的义务；四是向职工告知缴纳社会保险费明细的义务。

（2）社会保险权利：一是有权免费查询、核对其缴费记录；二是有权要求社会保险经办机构提供社会保险咨询等相关服务；三是可以参加社会保险监督委员会，对社会保险工作提出咨询意见和建议，实施社会监督；四是对侵害自身权益和不依法办理社会保险事务的行为，有权依法申请行政复议或者提起行政诉讼。此外，还有权对违反社会保险法律、法规的行为进行举报、投诉。

9. 参加社会保险的个人享有哪些权利

高校毕业生依法缴纳社会保险费后，享有以下权利。

（1）有权依法享受社会保险待遇。

（2）有权监督本单位为其缴费情况。

（3）有权免费向社会保险经办机构查询、核对其缴费和享受社会保险待遇权益记录。

（4）有权要求社会保险经办机构提供社会保险咨询等相关服务。

（5）对侵害自身权益和不依法办理社会保险事务的行为，有权依法申请行政复议或者提起行政诉讼。

此外，还有权对违反社会保险法律、法规的行为进行举报、投诉。

10. 高校毕业生从企业到机关事业单位就业后工龄如何计算

按照《国务院关于进一步做好普通高等学校毕业生就业工作的通知》（国发〔2011〕16号）等文件规定，高校毕业生从企业、社会团体到机关事业单位就业的，其按规定参加企业职工基本养老保险的缴费年限合并为连续工龄。

三、重点领域就业政策问答

1. 国家和地方重大科研项目包括哪些？哪些高校毕业生可以被吸纳为研究助理或辅助人员？签订的服务协议应包含哪些内容

按照《科技部、教育部、财政部、人力资源和社会保障部、国家自然科学基金委员会关于鼓励科研项目单位吸纳和稳定高校毕业生就业的若干意见》（国科发财〔2009〕97号）规定，由高校、科研机构和企业所承担的民口科技重大专项、973计划、863计划、科技支撑计划项目以及国家自然科学基金会的重大重点项目等，可以聘用高校毕业生作为研究助理或辅助人员参与研究工作。此外的其他项目，承担研究的单位也可聘用高校毕业生。吸纳对象主要以优秀的应届毕业生为主，包括高校以及有学位授予权的科研机构培养的博士研究生、硕士研究生和本科生。被吸纳高校毕业生需与项目承担单位签订服务协议明确双方的权利、责任和义务，但不是项目承担单位的正式在编职工。

签订的服务协议应包含：项目承担单位的名称和地址；研究助理的姓名、居民身份证号码和住址；服务协议期限；工作内容；劳务性费用数额及支付方式；社会保险；双方协商约定的其他内容。服务协议不得约定由毕业生承担违约金。

2. 科研项目服务协议的期限如何约定？履行期间是否可以解除协议

服务协议期限最多可签订三年，三年以下的服务协议期限已满而项目执行期未满的，根据工作需要可以协商续签至三年。

服务协议履行期间，毕业生可以提出解除服务协议，但应提前 15 天书面通知项目承担单位。

项目承担单位提出解除服务协议的，应当提前 30 日书面通知毕业生本人。研究助理被解除服务协议或协议期满终止后，符合条件的毕业生可按规定享受失业保险待遇。

3. 参与科研项目的高校毕业生户档如何迁转？服务协议期满后如何就业

毕业生参与项目研究期间，根据当地情况，其户口、档案可存放在项目承担单位所在地或入学前家庭所在地公共就业和人才服务机构。项目承担单位所在地或入学前家庭所在地公共就业和人才服务机构应当免费为其提供户口、档案托管服务。

协议期满，如果项目承担单位无意续聘，则毕业生到其他岗位就业。同时，国家鼓励项目承担单位正式聘用（招用）人员时，优先聘用担任过研究助理的人员。项目承担单位或其他用人单位正式聘用（招用）担任过研究助理的人员，应当分别依据《劳动合同法》、《国务院办公厅转发人事部关于在事业单位试行人员聘用制度意见的通知》（国办发〔2002〕35 号）等规定执行。

四、应征入伍政策问答

1. 国家鼓励大学生应征入伍，这里的"大学生"如何界定

这里的"大学生"指根据国家有关规定批准设立、实施高等学历教育的全日制公办普通高等学校、民办普通高等学校和独立学院，按照国家招生规定录取的全日制普通本科、专科（含高职）、研究生、第二学士学位的应（往）届毕业生、在校生和已被普通高校录取但未报到入学的学生。

征集的大学生以男性为主，女性大学生征集根据军队需要确定。

2. 大学生应征入伍征集工作由哪个部门牵头负责

高校所在地兵役机关会同有关部门进入高校开展征集工作，高校由学生管理部门或学校武装部门牵头负责，有意向参军入伍的大学生可向所在学校学工部（处）、就业中心、资助中心或武装部咨询有关政策。

3. 大学生应征入伍服义务兵役给予国家资助的内容是什么

高等学校学生应征入伍服义务兵役给予国家资助，是指国家对应征入伍服义务兵役的高校学生，在入伍时对其在校期间缴纳的学费实行一次性补偿或对获得的国家助学贷款（国家助学贷款包括校园地国家助学贷款和生源地信用助学贷款，下同）实行代偿；应征入伍服义务兵役前正在高等学校就读的学生（含按国家招生规定录取的高等学校新生），服役期间按国家有关规定保留学籍或入学资格，退役后自愿复学或入学的，国家实行学费减免。

4. 大学生应征入伍享受学费补偿、国家助学贷款代偿及学费减免的标准是多少

按照《关于调整完善国家助学贷款相关政策措施的通知》（财教〔2014〕180 号）、《财政部、教育部、总参谋部关于印发〈高等学校学生应征入伍服义务兵役国家资助办法〉的通知》（财教〔2013〕236 号）、《关于对直接招收为士官的高等学校学生施行国家资助的通知》（财教〔2015〕462 号）文件规定，高等学校学生应征入伍享受学费补偿、国家助学贷款代偿及学费减免的标准如下。

（1）学费补偿、国家助学贷款代偿及学费减免标准，本、专科生每人每年最高不超过 8000 元，研究生每人每年最高不超过 12000 元。

（2）学费补偿或国家助学贷款代偿金额，按学生实际缴纳的学费或获得的国家助学贷款（国家助学贷款包括本金及其全部偿还之前产生的利息，下同）两者金额较高者执行，据实补偿或者代偿。退役复学后学费减免金额，按学校实际收取学费金额执行。超出标准部分不予补偿、代偿或减免。

（3）获学费补偿学生在校期间获得国家助学贷款的，补偿资金必须首先用于偿还国家助学贷款。

（4）从 2015 年起，国家对直接招收为士官的高等学校学生实行国家资助，入伍时对其在校期间缴纳的学费实行一次性补偿或对获得的国家助学贷款（包括校园地国家助学贷款和生源地信用助学贷款）实行代偿。

5. 高校学生应征入伍服义务兵役都可以享受国家资助政策吗

在校期间已免除全部学费的学生，定向生、委培生和国防生，其他不属于服义务兵役到部队参军的学生，均不享受学费补偿和国家助学贷款代偿政策。

6. 大学生应征入伍服义务兵役享受学费补偿、国家助学贷款代偿和学费减免的年限如何计算

学费补偿、国家助学贷款代偿和学费减免的年限，按照国家对本科、专科（高职）、研究生和第二学士学位规定的相应修业年限据实计算。以入伍时间为准，入伍前已达到的修业规定年限即为学费补偿或国家助学贷款代偿的年限；退役复学后应完成的国家规定的修业年限的剩余期限即为学费减免的年限。复学后攻读更高层次学历不在减免学费范围之内。

专升本、本硕连读、中职高职连读、第二学士学位毕业生补偿学费或代偿国家助学贷款的年限，分别按照完成本科、硕士、高职和第二学士学位阶段学习任务规定的学习时间计算。

专升本、本硕连读学制在校生，在专科或本科学习阶段应征入伍的，以实际学习时间实行学费补偿或国家助学贷款代偿；在本科或硕士学习阶段应征入伍的，以本科已学习时间或硕士已学习时间计算，实行学费补偿或国家助学贷款代偿，其以前专科学习时间或本科学习时间不计入学费补偿或国家助学贷款代偿；中职高职连读学生学费补偿或国家助学贷款代偿的年限，按照高职阶段实际学习时间计算。

7. 大学生士兵退役后享受哪些就学优惠政策

（1）高职（专科）学生入伍经历可作为毕业实习经历。

（2）退役大学生士兵入学或复学后免修军事技能训练，直接获得学分。

（3）设立"退役大学生士兵"专项硕士研究生招生计划。根据实际需求，每年安排一定数量专项计划，专门面向退役大学生士兵招生。在全国研究生招生总规模内单列下达，不得挪用。

（4）将高校在校生（含高校新生）服兵役情况纳入推免生遴选指标体系。鼓励开展推荐优秀应届本科毕业生免试攻读研究生工作的高校在制定本校推免生遴选办法时，结合本校具体情况将在校期间服兵役情况纳入推免生遴选指标体系。在部队荣立二等功及以上的退役人员，符合研究生报名条件的可免试（指初试）攻读硕士研究生。

（5）将考研加分范围扩大至高校在校生（含高校新生）。退役人员在继续实行普通高校应届毕业生退役后按规定享受加分政策的基础上，允许普通高校在校生（含高校新生）应征入伍服义务兵役退役，在完成本科学业后 3 年内参加全国硕士研究生招生考试，初试总分加 10 分，同等条件下优先录取。

（6）退役大学生士兵专升本实行招生计划单列。高职（专科）学生应征入伍服义务兵役退役，在完成高职学业后参加普通本科专升本考试，实行计划单列，录取比例在现行 30％的基础上适度扩大，具体比例由各省份根据本地实际和报名情况确定。

（7）高校新生录取通知书中附寄应征入伍优惠政策。高校向新生寄送《录取通知书》时，附寄应征入伍宣传单，宣传单主要内容包括优惠政策概要、报名流程指南、学籍注册要求等。

（8）放宽退役大学生士兵复学转专业限制。大学生士兵退役后复学，经学校同意并履行相关程序后，可转入本校其他专业学习。

（9）具有高职（专科）学历的，退役后免试入读成人本科，或经过一定考核入读普通本科；荣立三等功以上奖励的，在完成高职（专科）学业后，免试入读普通本科。

（10）应征入伍的高校毕业生退役后报考政法干警招录培养体制改革试点招生时，教育考试笔试成绩总分加 10 分。

8. 应征入伍的高校应届毕业生离校后户口档案存放在哪里，如何迁转

被确定为预征对象的高校应届毕业生，回入学前户籍所在地应征的，将户口迁回入学前户籍所在地，档案转到入学前户籍所在地人才交流中心存放。在学校所在地应征的，可将户籍和档案暂时保留在学校。

高校应届毕业生批准入伍后，其户口予以注销，档案放入新兵档案。

9. 高校应届毕业生退役后户档迁移有何优惠政策

高校应届毕业生入伍服义务兵役退出现役后一年内，可视同当年的高校应届毕业生，凭用人单位录（聘）用手续，向原就读高校再次申请办理就业报到手续，户档随迁（直辖市按照有关规定执行）。

10. 没有参加网上报名预征的大学生是否可以应征入伍并享受有关优惠政策

未参加网上报名预征的大学生，在征兵期间需要补办网上预征手续。没有经过网上报名预征的大学生不享受有关优惠政策。

案 例 点 评

　　就业问题是社会普遍关注的话题，大学毕业生和其家长们更是心焦：读书耗费了经济和精力，找工作又面临巨大压力。如何化解难题，全社会都在努力。而作为毕业生本人，认清就业形势、认清自我显得尤为重要。要实现顺利就业，目前非常关键的一点就在于毕业生首先要转变就业观念，要有创业意识，全民创业方兴未艾，成功的事例也比比皆是，何况还有优惠政策；要有吃苦精神，不要嫌弃"苦脏累"等一线岗位；要善于学习，不死守自己专业，向缺口大的技能型人才转变。观念一转，就业路宽！

能 力 训 练

1. 主题辩论

　　（1）辩论主题：大学生应"先就业后择业"VS 大学生应"先择业后就业"。

　　（2）辩论背景：面对国内严峻的就业形势，高校毕业生供给紧缺的时代已经一去不复返了！随着高等教育"大众化"时代的来临，"精英教育"时代结束，高校毕业生就业将发生与"大众化"相适应的"质"的变化。高校毕业生从精英走向大众化，这是一个不以我们个人意志为转移的、历史性的转化。高等学校毕业生就业将在一个相当长的时间内处于"买方市场"，在社会需求总量增加不大的一段时期内，毕业生层次、相同专业毕业生之间、不同的培养质量和特色等方面的竞争将格外激烈。那么。大学生应该树立怎样的就业观，才能在日益汹涌的就业大潮中找到自己理想的岗位呢？

　　（3）辩论角度：

　　正方：① 资源配置角度；② 成本经济角度；③ 实践检验角度。

　　反方：① 资源浪费角度；② 就业成本角度；③ 人生价值角度；④ 诚信信誉角度；⑤ 人生态度角度。

　　（4）辩论结论：剖析自我，努力追求人生目标；更新观念，勇于面对新的挑战。

2. 政策搜集

　　搜集中央和地方有关大学生就业、创业的政策和相关规定，并与同学交流。

第三章

就业渠道

【内容提要】

当前，大学生就业形势严峻已是不争的事实，面对沉重的就业问题，须在分析大学生就业影响因素的基础上，明确问题所在，最终从多个渠道对大学生就业进行指导，以转变大学生的就业观念，提高就业竞争力，最终促进高校就业工作的开展。本章主要介绍直接就业渠道和政策性就业渠道。

【知识目标】

① 了解教师招聘考试、公务员考试的步骤和报考条件；

② 了解西部计划、特岗计划、"三支一扶"计划的含义和优惠政策，选调生的招考条件和优惠政策，以及应征入伍的条件、流程和优惠政策。

【能力目标】

① 掌握教师招聘考试的面试技巧。

② 结合自身实际情况积极探索适合自身的就业渠道。

③ 树立自愿到基层就业的观念。

引导案例——公考追求安全感

在大学生眼中，公务员是公认的"铁饭碗"。小李是热能与动力工程系的一名学生，他觉得自己是理科生，并不适合考公务员。在大学生招聘会上，他选择了一家能够近距离接触技术且职位与所学专业相匹配的企业。与其他企业的待遇相比，这家企业给的工资并不高。小李说："薪水不是最重要的，能够学到技术和最新的实践知识才是最重要的。"可是，只在那家企业待了一个月，小李便又回到校园。他说："工作时间太紧张了，每天除了在路上，就是在企业。我不想一出校门，就变成一个一直低头拉车，没有时间抬头看天的人。"随后，小李开始准备公务员考试。在他的班里，还有近20名同学准备公务员考试和各事业单位的招聘考试。同样备考的小高说："公务员这个职业比较稳定，工资和福利待遇虽然不是很高，但社会地位比较高。"

第一节　了解直接就业渠道

一、参加教师招聘考试

（一）教师招聘考试的步骤

（1）报名。考生在规定的时间内登录各地人事考试网，进行网上报名。例如，湖北考生应登录"湖北省人事考试网"，进入考生注册页面进行报名。

（2）缴费。报名信息提交成功的考生，根据公告要求进行缴费。各地缴费标准不一。缴费成功之后，报名信息不能更改。考生报名的确定以缴费成功为准。

（3）笔试。考生应根据各招聘单位发布的考试时间参加考试。一般情况下，中小学教师岗位的笔试科目为"教育综合知识"和相应学科的"学科专业知识"两科；幼儿园教师岗位的笔试科目为"幼儿教育综合知识"一科。

（4）面试。面试主要考查考生的教育教学水平和能力，一般采取试讲、说课等方式进行，原则上在笔试成绩公布后一个月内完成。

（5）资格审查。入围人员须在招聘单位规定的时间内持教育主管部门及招聘单位规定的相关材料原件和复印件到指定地点进行现场资格审查，审查合格者方可被聘用。资格审查贯穿于整个招聘过程。对于与招考条件不符或弄虚作假的考生，招聘单位将取消其聘用资格。

（6）聘用。招聘单位根据笔试和面试的总成绩从高分到低分确定拟聘人员。拟聘人员经体检、考查合格且公示无异议后，与招聘单位签订聘用合同，并办理聘用备案等相关手续。

（二）教师招聘考试的招考条件

凡符合下列招考条件的人员，均可参加教师招聘考试：

（1）遵守宪法和法律，拥护中国共产党的领导，思想素质好，热爱教师职业，认真贯彻教育方针，恪守教师职业道德，具有良好的品行。

（2）已取得相应层次的教师资格证书。

（3）身体条件符合各地教育部门的相关规定，如湖北省报考者的身体条件应符合《湖北省申请认定教师资格人员体检标准及办法》的规定。

（4）符合各招聘职位在学历、专业和年龄等方面的具体要求。

不同招聘单位的招聘要求有所不同，报考者应认真阅读并理解各地、各单位的招聘公告。

二、报考公务员

公务员是指依法履行公职、纳入国家行政编制且由国家财政负担工资福利的工作人员。要想成为公务员，就必须通过公务员考试。

我国的公务员考试分为中央国家机关公务员考试和地方公务员考试。中央国家机关公务员考试是指中央、国家机关及中央国家行政机关派驻机构、垂直管理系统所属机构录用机关工作人员和国家公务员的考试。地方公务员考试是指地方各级党政机关、社团等为招录机关工作人员和国家公务员而组织进行的各级地方性考试。

（一）公务员招考步骤

1. 发布招考公告

招考公告的内容包括招考单位、招考职位、招考专业、招考人数、报考条件、报名方式、考试科目及内容、报名时间及方式、考试时间及地点等。

2. 报名

报名方式有网上报名和现场报名两种方式。若采取网上报名的方式，则报考人员须先在网上填写相关资料，然后将这些资料打印出来，并在规定的时间内持相关证件，到指定地点进行资格确认。如果采取现场报名的方式，则报考人员应到指定的报名地点办理报名手续。办理手续时，报考人员一般应持以下报名材料：应届毕业生持本人身份证、学生证、应届毕业生就业推荐表、成绩单和近期正面免冠照片等；其他人员持本人身份证、户口簿、学历证书和有关证明材料、本人近期正面免冠照片等。

3. 考试

考试包括笔试和面试。笔试一般由招考单位统一命题、统一组织考试并阅卷评分。对笔试合格的考生，招考单位的人力资源和社会保障部门依笔试成绩高低顺序，按招考职位和拟录用人数的比例确定面试对象。不同招考单位的面试时间会有差异，各招考单位会在相关网站发布通知。

4. 体检和考核

对面试合格的考生，招考单位按笔试、面试成绩各占50％的比例计算总成绩，依总成绩高低顺序，按照招考职位拟录用人数等额确定体检、考核人选。体检不合格者，按成绩高低顺序依次补录。

5. 录用

招考单位根据考生总成绩高低顺序和体检、考核结果，择优拟定录取人选，报省人力资源和社会保障部门审批。

6. 试用期

对于新录用的国家公务员，试用期为 1 年。试用期满合格的，予以正式任职；不合格的，取消录用资格。

课堂讨论

什么样的人适合报考公务员？请展开讨论，相互交流，并说明理由。

（二）公务员招考对象与报考条件

我国招考公务员的工作分级进行。虽然中央国家机关公务员考试和地方公务员考试有所不同，但招考对象和报考条件大同小异。

1. 招考对象

招考对象为应届和历届毕业的专科生、本科生和研究生（定向培养生除外）等。

2. 报考条件

报考公务员的基本条件

报考条件具体要求如下：① 具有中华人民共和国国籍；② 年满 18 周岁；③ 拥护中华人民共和国宪法，拥护中国共产党的领导和社会主义制度；④ 具有良好的政治素质和道德品行；⑤ 具有履行职责的身体条件和心理素质；⑥ 具有符合职位要求的文化程度和工作能力；⑦ 法律规定的其他条件。

报考公务员，除应当具备上述条件外，还应当具备省级以上公务员主管部门规定的拟任职位所要求的资格条件。

（三）公务员考试的内容

1. 笔试

笔试（公共科目笔试）包括"行政职业能力测验"（以下简称"行测"）和"申论"两科。全部采用闭卷考试的方式。考试没有指定教材。

（1）行政职业能力测验。行政职业能力测验试题为客观性试题，考试时限为 120 分钟，满分为 100 分。行政职业能力测验主要测查与公务员职业密切相关的、适合通过客观化纸笔测验方式进行考查的基本素质和能力要素，包括言语理解与表达、数量关系、判断推理、资料分析和常识判断等部分。

（2）申论。申论试题为主观性试题，考试时限为 180 分钟，满分为 100 分。申论考试要求应试者对给定材料进行分析、概括、提炼和加工，以测查应试者的阅读理解能力、综合分析能力、提出问题和解决问题的能力及文字表达能力。申论材料通常涉及某一个或某几个特定的社会问题，要求应试者能够准确理解材料所反映的主要内容，全面分析问题所涉及的各个方面，并能在把握材料主旨和精神的基础上，提出自己的观点、思路或解决方案，准确流畅地用文字表达出来。

2. 面试

面试在公务员考试成绩中占有较大的比例。若应试者只参加公共科目笔试和面试，综合成绩如下：公共科目笔试总成绩占 50%，面试成绩占 50%，其计算公式为"（行测＋申论）/2×50%＋面试×50%"。若应试者除了参加公共科目笔试和面试外，还要参加专业科目考试，综合成绩如下：公共科目笔试总成绩占 50%，面试成绩和专业科目考试成绩共占 50%。例如，2019 年某机关单位特殊岗位的成绩计算方式如下：公共科目笔试总成绩×50%＋专业笔试成绩×15%＋面试成绩×35%。一般来说，进入面试环节的应试者的笔试分数都相差不大，甚至只相差 1 分或 0.5 分，因此，面试成绩格外重要，应试者要做好充分的准备才能突破重围。

拓展阅读

国家公务员考试与地方公务员考试的区别

一、从考试性质来说

国家公务员考试属于招聘考试，应试者在填报相应的职位，并通过笔试、面试和体检等录用考核后，一旦被录取便成为相应职位的工作人员；地方公务员考试有资格考试和招聘考试两种，绝大多数地方公务员考试采用的是招聘考试的方式，应试者选择职位并报名参加考试，被录取后直接成为招考单位相应部门的公务员。国家公务员考试和地方公务员考试各自独立进行，不存在隶属关系。应试者可根据自己的需要选择所要参加的考试，可同时报考国家公务员和地方公务员。

二、从招考对象来说

国家公务员考试面向全国招考，地方公务员考试主要面向当地的居民、在当地就读的大学生或本省生源的大学生，对于某些对技术要求或者学历要求比较高的特殊岗位，通常会面向全国招考。

各省市对参加考试的应届生的生源要求各不相同。一般来说，政府在招录公务员时对应届毕业生是给予照顾的。近几年，在公务员招考过程中，对参加了"西部计划"（即大学生志愿服务西部计划）、"特设岗位"（即针对已满服务期的四项基层服务人员而特别设置的岗位）、"三支一扶"（即支教、支农、支医和扶贫计划）和"青南计划"（即大学生志愿服务青南地区）等项目计划且服务期满的大学毕业生，给予 5～10 分的加分奖励。

三、从考试科目来说

国家公务员考试包括笔试（分为公共科目和专业科目）和面试。一般情况下，国家公务员考试和地方公务员考试的笔试科目为行测和申论，只是在题目设置上略有不同。通常，国家公务员考试的行测试题为 140 道，题量比地方公务员考试的行测试题多 20 道，难度也稍微大一些。与此同时，在地方公务员考试中，招考单位可能根据具体情况调整笔试科目。

例如，北京公务员考试的笔试科目是行测和公共基础知识；浙江省的是行测和综合基础知识。若要参加地方公务员考试，则应注意查阅招考单位公布的招考简章，以便有针对性地进行复习。

四、从考试时间来说

从 2002 年起，国家公务员招录工作的时间是固定的，报名时间固定在每年 11 月的第一个星期六，考试时间固定在每年 12 月的第三个星期六。

地方公务员考试的时间差异很大，而且每年的招考时间会有一些变动，部分省份每年有春、秋季两次考试。此外，地方政府还会组织一些关于选调干部到基层的考试，有些机关的用人部门还会单独招考。除了省级机关单位的公务员考试，各个非省会城市的机关单位也会组织一些考试，大学毕业生应留意招考单位的相关网站。

各类公务员考试的报考不受次数限制，只要时间上不冲突，毕业生可以参加多次公务员考试，如国家公务员考试、学校所在地的地方公务员考试、生源地的地方公务员考试，以及一些对生源没有限制的地方公务员考试等。

三、应聘企业单位

在市场经济和互联网科技快速发展的形势下，大学毕业生应聘企业职位的途径更加多样化。概括起来，主要有以下几种。

如何搜集就业信息

（一）到实习单位就业

实习单位提供的职位一般与毕业生的专业对口。通过实习，毕业生不仅可以进一步巩固所学的专业知识，还能通过实践锻炼实操能力，提高专业技能。在实习过程中与实习单位达成就业协议，是一种很好的就业方式，尤其是对医学类专业、师范类专业及走校企合作途径的毕业生来说。

现在大多数用人单位已经意识到，在实习活动中挑选优秀的毕业生，不仅可以给毕业生一个锻炼机会，还可以让单位自身有更充足的时间考查毕业生。一般情况下，被留用的毕业生通过实习对用人单位有了一定的了解，能够缩短入职后与用人单位的磨合期。因此，不少用人单位会优先选用在本单位实习过的毕业生。如果有条件，毕业生可以利用空余时间或寒暑假找一份实习工作，一方面可以锻炼自己的业务能力，另一方面可以增加工作经验，为毕业求职做准备。

（二）参加现场招聘会

1. 校园招聘会

学校就业指导部门是毕业生就业工作的职能部门，具体负责组织、指导和协调各院（系）毕业生的就业工作，经过多年的工作实践，与许多用人单位建立了稳定的合作关系。学校就业指导部门每年都会举办若干次大型综合性校园招聘会和小型专场校园招聘会。

校园招聘会的针对性较强，因为用人单位通常在了解学校的相关情况后，才有针对性地发出人才需求信息。参加校园招聘会的用人单位不会对毕业生提出工作经验方面的要求。参加校园招聘会的学生通常是本校学生，相对来说人数不算太多，应聘的成功率较高，特别是院(系)级的专场招聘会。

不少用人单位在校园招聘会期间还会举办宣讲会或供需洽谈会，毕业生可借此机会了解用人单位的招聘职位信息和企业文化。有些用人单位会在宣讲会上收集简历，甚至直接进行面试。

校园招聘会的相关信息一般在学校就业信息网和校内公告栏发布。毕业生一定要重视校园招聘会，主动参与，积极应聘。

2. 高校毕业生专场招聘会

为促进毕业生就业，培育就业市场，各省市通常会举办高校毕业生专场招聘会。这类招聘会一般由政府相关部门主办，各省市应届毕业生均可免费参加。这类招聘会的特点是参会的用人单位数量多、地域分布广，需求的专业种类和人数都比较多，能为毕业生提供较多选择，但前来应聘的毕业生也较多，竞争激烈。对于此类招聘会，毕业生应尽早入场，提前搜集需求信息，把握签约机会。

3. 行业专场招聘会

行业专场招聘会大多由教育部门与各行业主管部门联合举办。行业专场招聘会的特点是对与行业相关的专业人才需求量大，相关专业毕业生的求职成功率高。对于这类招聘会，相关专业的毕业生应积极参加。

4. 人才市场举办的招聘会

参加人才市场举办的招聘会也是实现就业的有效途径之一。各地人才市场举办的招聘会所提供的需求信息涉及范围较广，包括不同层次、不同行业的人才需求信息，很多用人单位要求求职者具有一定的工作经验。毕业生在参加此类招聘会前，应先弄清楚有哪些用人单位参加招聘，从中找出自己的目标单位和职位，到招聘会现场后直奔招聘单位所在场地，这样可以节省很多时间。

(三) 参加网络招聘会

近年来，网络招聘会已经成为毕业生求职的重要途径之一。国家发展改革委、人力资源和社会保障部、教育部和国务院国资委等部门还专门组建了"全国高校毕业生就业网络联盟"，每年都安排了相当数量的网络招聘会，各省市也有为数不少的网络专场招聘会。

网络招聘会的一个突出特点是"迅速"和"节省"，它可以实现资源共享，简化招聘程序，节约就业成本，提高就业效率。毕业生只需要登录相关招聘网站，就能根据用人单位的需求信息投递电子简历或进行视频面试等。

毕业生利用网络求职时，应针对不同的用人单位精心设计每份简历，并在有效时间内将电子简历发给用人单位，以提高求职的成功率。网上求职时，由于用人单位和求职者双方不见面，所以毕业生须在简历上突出自己的优势。当然，网上求职时，也要提防网络骗局。

全国高校毕业生就业网络联盟网络招聘会

全国高校毕业生就业网络联盟网络招聘会，是以全国大学生就业公共服务立体化平台为依托，以战略性新兴产业、高新技术产业、文化产业、现代服务业和现代农业等国家重点扶持行业为主要就业渠道，每年联合国务院国资委、人力资源和社会保障部、工业和信息化部、科技部、商务部和农业农村部等行业部委共同举办的公益性网络招聘会，深受广大用人单位与高校毕业生的欢迎。用人单位参加网络招聘会时须先注册，审核通过后方可自主发布招聘信息。毕业生参加网络招聘会时应先注册，填写完个人简历信息后，即可在线投递简历。

（四）借助社会关系求职

借助社会关系求职是一种传统的就业渠道。在就业市场上，许多用人单位采用熟人推荐的方式招聘员工，因为熟人推荐的人一般比较可靠，用人风险低，而且与常规招聘方式相比，招聘成本也相对较低。因此，毕业生应当积极地借助社会关系求职。

通常，可以为自己提供就业机会的社会关系成员如下：①家庭成员和亲属；②父辈的同学、同事及朋友；③老师、校友等。此外，部分求职者也可尝试拓展自己的人脉圈，并利用这些关系积极求职。

探 索 活 动

就业渠道探索

背景

在移动互联时代，随着新模式、新机制和新平台的不断涌现，新生代大学生在就业选择上呈现出多元化、网络化和娱乐化等特点：自主创业、考研深造、出国留学、线上开店、宅在家、"间隔年"（即毕业之后、工作之前，通过一次长期的旅行来体验不同的生活）和结婚成家等。毕业的去向更为多元：不管是就业、创业还是自由职业，互联网行业已经成为大学生就业的新高地，主播、网红、声优、化妆师和游戏测评师等成为大学生向往的新兴职业。

内容

通过实地走访、深入调查，探寻适合自己的就业渠道，并撰写调查报告。

要求

（1）在国家政策导向、产业结构及技术发生变革的大背景下，简要介绍新时代大学生的主要就业渠道及新兴的就业渠道。

（2）结合自己的个性特征、专业背景、兴趣爱好、家庭环境和生活经历等，分析各种就业渠道的利弊。

（3）列出适合自己的就业渠道，并说明理由。

评价

活动结束后，教师根据表3-1进行评分。

表3-1 探索活动评价表

评 分 标 准	分 值	实 际 得 分	备 注
积极参与探索活动	25		
实地调查，搜集的信息全面	25		
调查报告分析正确，条理清晰	25		
选出适合自己的就业渠道，且理由充分	25		
总分	100		

能 力 训 练

就业访谈

内容

访问不同类型的人物（如学长、亲友、专业领域的成功人士和社会知名人士等），了解不同人物的就业动机和就业渠道，了解其职业发展状况。

要求

（1）以小组为单位（3～5人一组），每组选出一个负责人，并明确成员分工。

（2）自行确定访谈对象2～3人。

（3）拟定访谈提纲，内容包括访谈对象的性格特征、教育背景、成长环境、就业动机、职业规划、就业过程、克服困难的经历、就业成功的经验和就业心得等。

（4）访谈结束后，每组成员撰写一份访谈报告，分析访谈对象就业成功的原因及经验，并说说自己从他们身上获得的启发。

（5）将报告内容制作成PPT，在课堂上以小组为单位进行分享。

第二节　知晓政策性就业渠道

一、参加西部计划

（一）西部计划的含义

西部计划是由共青团中央、教育部、财政部和人力资源和社会保障部于 2003 年根据国务院常务会议和全国高校毕业生就业工作会议精神联合组织实施的。该项计划从 2003 年开始实施，按照公开招募、自愿报名、组织选拔、集中派遣的方式，每年招募一定数量的普通高等学校应届毕业生或在读研究生，到西部基层开展为期 1～3 年的教育、卫生、农技和扶贫等志愿服务工作。

西部计划按照服务内容分为基础教育、服务"三农"、医疗卫生、基层青年工作、基层社会管理、服务新疆、服务西藏七个专项，主要包括推进农村共青团工作，全国农村党员干部现代远程教育试点工作，基层检察院、基层人民法院、基层司法援助和西部农村平安建设等方面的志愿服务工作。对于服务期满的志愿者，鼓励其扎根基层，或者自主择业和流动就业，并在其升学、就业方面给予一定政策支持。

（二）西部计划的优惠政策

参加西部计划的大学生志愿者除享受国家规定的高校毕业生就业优惠政策外，还可以享受以下政策优惠：

（1）服务期间，中央财政给予必要的生活补贴（含交通补贴和人身意外伤害、住院医疗保险）。其中，生活补助每月 1000 元/人，交通补贴每年发两次，按志愿者家庭所在地和服务地之间的实际里程发放。

（2）服务期间计算工龄，党团关系转至服务单位。志愿者本人要求户口和档案保留在学校的，按规定保留两年，在此期间，档案管理机构保管其档案并免收服务费用；本人要求将户口转回入学前户籍所在地的，公安机关按照规定为其办理落户手续，人力资源和社会保障部门、教育部门所属人才交流机构负责办理相关手续。志愿者服务期满并落实工作单位后，公安机关按有关规定为其办理户口迁移手续。

（3）服务期间可兼职或专职担任所在乡镇团委副书记、学校及其他服务单位的管理职务。

（4）服务期满考核合格者，报考研究生时给予加分，在同等条件下优先录取，具体规定在当年的研究生招生政策中予以明确。

（5）服务期满考核合格者，报考党政机关公务员时可适当加分，同等条件下优先录用，具体规定由省级公务员考试录用主管机关在当年招考公告中予以明确。

（6）服务期满将对志愿者做出鉴定，并存入其本人档案；考核合格者，为其颁发证书，作为志愿者服务经历和就业、创业的证明。

（7）服务单位应向志愿者提供住宿等必要的生活条件；用人单位在录用党政机关公务员和新增国有企事业单位专业技术人员、管理人员时，应优先录用志愿者。

（8）志愿者服务期为1年、服务期满考核合格的，授予"中国青年志愿服务铜奖奖章"；服务期为2～3年、服务期满考核合格的，授予"中国青年志愿服务银奖奖章"；表现优秀的授予"中国青年志愿服务金奖奖章"；表现特别优秀的，推荐参加"中国青年五四奖章""中国十大杰出青年""中国十大杰出青年志愿者""国际青少年消除贫困奖"等评选。

（9）西部计划志愿者在服务期间，志愿者保险由全国项目办统保，险种为西部计划志愿者综合保障险。

（三）如何成为一名西部计划志愿者

对于一名应届大学毕业生来说，能够参加西部计划，成为一名大学生志愿者是一件值得骄傲和自豪的事情。西部计划是面向所有应届高校毕业生或在读研究生进行公开招募的，只要是政治素质好、遵纪守法、品行良好、身体健康、自愿到西部发展的大学生都可以报名。全国所有的普通高等院校都设立了项目管理办公室，可以直接接受大学生的咨询和报名，并负责大学生资格审核和选拔录用工作。按照择优录取的原则，最后由大学生及大学生所在学校与省级项目管理办公室共同签订服务协议，之后，大学生就能正式成为西部计划的志愿者。

二、参加特岗计划

（一）特岗计划的含义

特岗计划是由教育部、财政部、人事部、中央编办从2006年开始联合实施的一项对西部地区农村义务教育的特殊政策。其目的是通过公开招聘高校毕业生到西部地区"两基"攻坚县、县以下农村义务教育阶段学校任教，引导和鼓励高校毕业生从事农村义务教育工作，创新农村学校教师的补充机制，逐步解决农村学校师资总量不足和结构不合理等问题，提高农村教师队伍的整体素质，促进城乡教育均衡发展。

（二）特岗计划的招聘程序

特岗计划实行公开招聘、合同管理，聘期为3年。合同规定用人单位和应聘人员双方的权利和义务。招聘工作遵循"公开，公平，自愿，择优"和"三定"（定县，定校，定岗）原则，按下列程序进行：① 公布岗位；② 自愿报名；③ 资格审查；④ 考试和考核；⑤ 体检；⑥ 确定招聘人选；⑦ 岗前培训；⑧ 教师资格认定；⑨ 签订协议；⑩ 上岗。

（三）特岗计划的招聘对象

特岗计划的招聘工作于每年4月份启动，7月底前完成。特岗计划的招聘对象如下：

（1）全日制普通高校师范类专业应届本、专科毕业生。

（2）全日制普通高校具备教师资格条件的非师范类专业应届本科毕业生。

（3）取得教师资格，同时具有一定教育教学实践经验、年龄在 30 岁以下且与原就业单位解除了劳动（聘用）合同或未就业的全日制普通高校往届本科毕业生。

报名者应同时符合教师资格条件要求和招聘岗位要求。参加西部计划、"三支一扶"计划支教服务且服务期满的志愿者，参加过半年以上实习支教的师范院校毕业生及生源地考生，在同等条件下优先录用。

（四）特岗计划的优惠政策

3 年聘任期间的优惠政策：① 执行国家统一的工资制度和标准，给予与当地正式教师同等的待遇，绩效工资不足的部分由地方财政承担；② 津贴和补贴由各地根据当地同等条件公办教师收入和中央补助水平综合确定；③ 提供必要的交通补助和体检费，按规定纳入当地社会保障体系。

3 年聘任期满后的优惠政策：① 鼓励特设岗位教师在服务期满后继续从事农村教育事业，对考核合格、自愿留在当地学校的特设岗位教师，当地政府负责落实工作岗位，纳入教师编制，工资发放纳入当地财政统发范围；② 重新择业的，各地政府为其重新选择工作岗位提供便利条件和必要帮助；③ 可推荐免试攻读教育硕士；④ 特设岗位教师 3 年聘期视同"农村学校教育硕士师资培养计划"要求的 3 年基层教学实践。

三、参加"三支一扶"计划

（一）"三支一扶"计划的含义

"三支一扶"计划即支教、支农、支医和扶贫计划。支教计划就是到师资紧缺的基层义务教育学校从事支教服务；支农计划就是到乡镇或农技服务部门从事支农服务；支医计划就是到乡镇卫生院从事支医服务；扶贫计划就是到乡镇从事扶贫开发项目服务，工作时限一般为 2 年。"三支一扶"计划的招募对象主要为全国普通高等学校应届毕业生。工作期满后，毕业生可自主择业，择业期间享受一定的政策优惠。"三支一扶"计划的目的在于为高校毕业生向基层单位落实就业问题提供具体的指导和保障。

（二）"三支一扶"计划的招募程序

（1）每年 4 月底前，省级工作协调管理办公室收集、汇总乡镇一级教育、农业、卫生和扶贫等基层岗位需求信息，并上报全国"三支一扶"工作协调管理办公室，同时面向全社会公开发布岗位需求信息。

（2）每年 5 月底前，各地根据招募计划和实际情况，采取考核或考试的方式进行招募。通过审核、体检确定人选后，省级工作协调管理办公室要组织"三支一扶"大学生签署《高校毕业生"三支一扶"计划申请书》。

（3）每年 6 月底前将"三支一扶"大学生名单上报全国"三支一扶"工作协调管理办公室备案。经过培训，每年 7 月底前派遣"三支一扶"大学生到服务单位报到。

（三）"三支一扶"计划的招募对象和条件

"三支一扶"计划的招募对象主要为全国普通高等学校应届毕业生，并且毕业生应具备以下条件：① 政治素质好，热爱社会主义祖国，拥护中国共产党的基本路线和方针政策；② 学习成绩合格，具有相应的专业知识；③ 具有敬业奉献精神，遵纪守法，作风正派；④ 身体健康。

（四）"三支一扶"计划的优惠政策

"三支一扶"服务期间，"三支一扶"大学生的工作、生活补贴标准参照本地事业单位从高校毕业生中新聘用工作人员试用期满后的工资水平确定。"三支一扶"大学生参加社会保险的相关费用，要纳入财政给予的工作、生活补贴范围。

"三支一扶"服务期满后的相关政策包括以下几个方面：

（1）原服务单位有职位空缺需要补充人员时，应优先考虑接收服务期满且考核合格的"三支一扶"大学生。县、乡各类事业单位有职位空缺需要补充人员时，也应拿出一定职位专门吸纳这部分大学生。

（2）服务期满自主创业的"三支一扶"大学生，可享受行政事业性收费减免、小额贷款担保和贴息等有关政策。应届毕业生自愿到国家需要的艰苦地区、艰苦行业做基层工作，服务达到国家规定年限并符合相应条件的，可享受国家助学贷款代偿政策。

（3）服务期满且考核合格的"三支一扶"大学生，报考党政机关公务员的，可以享受适当增加分数政策及其他优惠政策，并可被优先录用；到西部地区和艰苦边远地区服务 2 年以上，服务期满后 3 年内报考硕士研究生的，初试总分加 10 分，同等条件下优先录取。已被录取为研究生的应届高校毕业生参加"三支一扶"项目的，学校应为其保留学籍。

（4）服务期满且考核合格的"三支一扶"大学生，可以根据本人意愿回到原籍或者到其他地区工作，凡落实了接收单位的，接收单位所在地区应准予落户；进入国有企业单位的，由接收单位按照所任职务比照同等条件人员确定其职务工资标准，按服务期限计算工龄；今后晋升中高级职称时，同等条件下优先评定。

（5）高职（高专）毕业生参加"三支一扶"计划，服务期满且考核合格的，可免试入读成人高等学历教育专科起点本科。对已落实就业岗位的大学生，各级"三支一扶"办公室要按规定落实助学贷款代偿、工龄计算、服务年限视同社会保险缴纳年限等政策。

四、报考选调生

（一）选调生的含义

选调生是各省、区、市党委组织部门有计划地从高等院校选调品学兼优的本科及以上学历的应届毕业生、选拔具有 2 年以上基层工作经历的大学生村官到基层工作，并作为党政领导干部后备人选和县级以上党政机关高素质的工作人员人选进行重点培养的群体的简称。选调生选拔工作秉持"公平，平等，竞争，择优"的原则，采取本人自愿报名、院校党组织推荐、组织（人事）部门考试考核相结合的办法进行。

（二）参与选调的条件

根据中共中央组织部有关政策规定，选调生主要是全日制普通高校本科及以上学历的优秀应届毕业生。根据中央有关政策规定，近年来，参加基层服务项目、符合选调生条件的往届高校毕业生（如大学生村官、"三支一扶"大学生等）也可以报名参加。具体而言，参与选调的大学生应具备以下条件：

（1）思想政治素质好，拥护中国共产党的基本路线和方针政策，具有坚定、正确的政治方向和全心全意为人民服务的宗旨意识。

（2）事业心和责任感强，志愿到基层工作，勤奋敬业，乐于奉献。

（3）为中共党员（含预备党员）或学生干部。

（4）有一定的组织协调能力和语言文字表达能力，担任班级以上学生干部一年以上，所任学生干部包括班委会成员、团支部成员、学生会成员和学生党支部成员，不包括各类学会、协会和研究会等学生社团负责人。

（5）学习成绩优秀，基础知识扎实，必修课程无重修或补考（因特殊情况经批准缓考的不得超过两门），能如期毕业并取得相应的学历、学位证书。

（6）本科生必须是校级以上"三好学生""优秀学生部"或者二等奖以上"优秀学生奖学金"获得者，研究生必须是校级以上"三好研究生""优秀研究生干部"或者"研究生优秀奖学金"获得者。

（7）本科生一般不超过24周岁，硕士研究生一般不超过27周岁，博士研究生一般不得超过30周岁。

（8）身体和心理健康，能适应基层工作。

（三）选调生的优惠政策

（1）公务员招录优惠。国家每年拿出公务员考录计划的一定比例，专门用于定向招录服务期满且考核合格的选调生。服务期满后，选调生也可报考其他职位。

（2）事业单位招聘优惠。鼓励选调生在项目结束后留在当地就业，各基层就业项目的自然减员空岗，全部用于聘用服务期满的选调生。同时，各省（区、市）县及县以上相关的事业单位公开招聘工作人员时，应拿出一定数量的岗位（所占比例不低于40%），用于聘用各专门项目服务期满且考核合格的选调生。

（3）考学升学优惠。服务期满后3年内报考硕士研究生的，初试总分加10分，同等条件下优先录取；高职（高专）学生可免试入读成人本科。

（4）国家补偿学费和代偿助学贷款政策。参加各基层就业项目的选调生，符合规定条件的，可享受相应的学费补偿和助学贷款代偿政策。

（5）创业政策优惠。服务期满后自主创业的，可享受税收优惠、行政事业性收费减免、小额贷款担保和贴息等有关政策。

（6）其他优惠。各基层就业项目服务年限计算工龄。服务期满后到企业就业的，按照规定转接社会保险关系。

拓展阅读

选调生与公务员的区别

选调生属于公务员系统，报考选调生机会多、竞争小、起点高。选调生与公务员主要存在以下区别：

（1）报名条件不同。报考选调生除了应符合国家公务员的报名条件外，还应符合以下要求：① 是学生干部或者中共党员；② 有志于从事党政工作；③ 服从组织安排；④ 是本科及其以上学历的应届毕业生（部分省市准许"三支一扶"大学生报考）。简而言之，选调生的报名条件更为严格。

（2）培养方向不同。选调生的培养方向主要是党政领导干部后备人选和县级以上党政机关高素质的工作人员人选；硕士以上学历的选调生可以在 1 年内直接定为副科级，本科学历者在 2～3 年内定为副科级。公务员的培养方向是机关的普通工作人员，分为办事员、科员、副主任科员三类，新录用人员在第二年定科员二级。

（3）选拔程序不同。选调生由省级党委组织部门负责组织选拔，其人事关系放在组织部，而新录用的普通公务员的人事关系放在当地人力资源和社会保障局。

（4）培养和管理的措施不同。选调生一般到基层工作，组织部门将通过举办培训班，抽调人员到上级党政机关跟班学习，鼓励参加公开选拔、竞争上岗等得力措施，对选调生进行重点跟踪培养。新录用的公务员一般直接在省、市机关工作。

（5）见习期不同。选调生没有 1 年的见习期，而新录用的公务员有 1 年的见习期。

五、应征入伍

从 2010 年开始，部队每年从应届高校毕业生中征收义务兵。高校毕业生入伍服义务兵役，对于提高兵员素质，优化兵员结构，加快实施人才强军、科技强军战略，完善国防动员体系，增强大学生服务国防、服务国家和人民的责任意识，拓宽青年学生磨砺品质、丰富阅历、增强体魄、健康成长的途径，都具有十分重要的意义。

（一）应征入伍的条件

1. 学历条件

根据国家有关规定批准设立、实施高等学历教育的全日制公办普通高等学校、民办普通高等学校和独立学院，按照国家招生规定录取的全日制普通本科、专科（含高职）、研究生、第二学士学位应（往）届毕业生、在校生和已被普通高校录取但未报到入学的学生可以应征入伍。

2. 政治条件

征兵政治审查的内容包括应征公民的年龄、户籍、职业、政治面貌、宗教信仰、文化程度、现实表现、家庭主要成员和主要社会关系成员的政治情况等。征集服现役的大学生必须热爱中国共产党，热爱社会主义祖国，热爱人民军队，遵纪守法，品德优良，决心为抵抗侵略、保卫祖国、保卫人民而英勇奋斗。

3. 身体条件

应征入伍的大学生要身心健康、体魄强健，在身体方面应符合如下条件：

（1）身高。男性 160 厘米以上，女性 158 厘米以上。

（2）体重。男性不超过标准体重的 30%，不低于标准体重的 15%；女性不超过标准体重的 20%，不低于标准体重的 15%。标准体重＝（身高－110）千克。

（3）视力。大学生右眼裸眼视力不低于 4.6，左眼裸眼视力不低于 4.5。屈光不正，准分子激光手术后半年以上，无并发症，视力达到相应标准的，视为合格。

（4）内科。收缩压大于或等于 90 毫米汞柱（1 毫米汞柱＝133.3223684 帕斯卡），小于 140 毫米汞柱；舒张压大于或等于 60 毫米汞柱，小于 90 毫米汞柱；心率 60～100 次/分；等等。

4. 年龄条件

男性普通高等学校在校生年龄范围为 17～22 周岁，高职（专科）毕业生可放宽到 23 周岁，本科及其以上学历毕业生可放宽到 24 周岁。女性普通高等学校在校生和毕业生年龄范围为 17～22 周岁。

（二）应征入伍的预证时间

每年 12 月 31 日前，年满 18 岁的男性公民应当按照法律规定履行兵役登记义务。已经进行过兵役登记、有参军意向的，可直接参加网上应征报名。每年的兵役登记时间为 1 月 1 日至 6 月 30 日。每年的应征报名时间如下：上半年为 1 月 10 日至 2 月 15 日；下半年为 4 月 1 日至 8 月 15 日。

（三）应征入伍的流程

（1）网上报名预征。有应征意向的高校毕业生可在征兵开始之前登录"全国征兵网"（网址为 https：//www.gfbzb.gov.cn）进行报名，填写、打印"应届毕业生预征对象登记表"（以下简称"登记表"）和"高校毕业生应征入伍学费补偿国家助学贷款代偿申请表"（以下简称"申请表"），交所在高校征兵工作管理部门。

（2）初审、初检。毕业生离校前，在高校参加身体初检、政治初审，符合条件者确定为预征对象，高校协助兵役机关将"登记表"和"申请表"审核盖章发给毕业生本人，并完成网上信息确认。初审、初检工作最晚在 7 月 15 日前完成。

（3）实地应征。高校应届毕业生可在学校所在地应征入伍，也可在入学前户籍所在地应征入伍。

（4）高校应届毕业生在学校所在地应征的，各高校与兵役机关结合初审、初检工作同步进行体格检查和政治审查，在毕业生离校前完成预定兵工作，9 月初学校所在地县（市、区)人民政府征兵办公室为毕业生办理批准入伍手续。政治审查以毕业生本人现实表现为主，由其就读学校所在地的县(市、区)公安部门负责，学校分管部门具体承办，原则上不再对其入学前和就读返乡期间的现实表现情况进行调查。

（5）高校应届毕业生在入学前户籍所在地应征入伍时，应在 7 月 30 日前将户籍迁回入学前户籍地，持"登记表"和"申请表"到当地县级兵役机关参加实地应征，经体格检查、政治审查合格的，9 月初由当地县(市、区)人民政府征兵办公室办理批准入伍手续。

（四）应证入伍的优惠政策

为了鼓励高校毕业生应征入伍，国家对高校毕业生入伍服义务兵役的政策进行了完善。入伍大学生可享受以下五个方面的优惠政策：

（1）优先征集。高校应届毕业生入伍时，享受优先报名应征、优先体检政审、优先审批定兵、优先安排使用的待遇。

（2）学费补偿。由政府补偿学费或代偿国家助学贷款；家属按规定享受军属待遇。

（3）选用培养。高校毕业生士兵可优先选取为士官；符合条件的本科以上毕业生可选拔为军官；在报考军校方面，专科毕业生士兵可参加全军统一组织的本科层次招生考试，入有关军队院校学习；高校毕业生士兵参加优秀士兵保送入学对象选拔时，年龄放宽 1 岁，同等条件下优先列为优秀士兵保送入学推荐对象。

（4）考试升学。高校毕业生士兵退役后，参加政法干警招录培养体制改革试点考试的，教育考试笔试成绩总分加 10 分；3 年内参加硕士研究生考试的，初试总分加 10 分；立二等功及以上荣誉的，免试推荐入读硕士研究生；高职(专科)毕业生免试入读成人本科或经一定考核后入读普通本科。

（5）就业服务。高校毕业生士兵退役后报考公务员、应聘事业单位职位的，在军队服现役的经历视为基层工作经历，同等条件下优先录用或者聘用；退役后，按照国家规定发给退役金，由安置地的县级以上地方人民政府接收；退役后 1 年内可视同高校应届毕业生办理就业报到手续，户档随迁。

探 索 活 动

关于政策性就业渠道的讲座

目的

通过专家讲解，大学生可了解更多的就业政策，树立自愿到基层服务的就业观念，做出正确的就业选择。

任务

邀请学校负责就业指导工作的老师开展关于"政策性就业渠道"的讲座。

要求

（1）认真听取老师的讲解，向老师请教就业渠道方面的问题。

（2）讲座结束后，撰写一篇关于"政策性就业渠道的认知"的文章，并在班上与同学分享。

评价

活动结束后，教师根据表3-2进行评分。

表 3 - 2　探索活动评价表

评 分 标 准	分 值	实 际 得 分	备 注
认真听老师讲解	25		
所提问题与就业渠道的关联性强	25		
文章主题明确，语意清晰，表达流畅	25		
对政策性就业渠道的认知全面、深刻	25		
总分	100		

能 力 训 练

就业政策分享会

全班同学分为若干小组，各小组在课前搜集我国当前就业政策方面的资料，然后在课上展示搜集的资料，并与全班同学分享、交流自己对各种就业政策的理解，必要时可举例阐明就业政策对大学生就业的重要影响。

求 职 篇

第四章

求职准备

【内容提要】

职场如战场，是一场不见硝烟战火的打拼。"不打无准备之仗"，每一位想赢得最后胜利的求职者，只有做好充分的求职准备才能达成所愿。本章主要介绍求职应做的准备，包括求职材料准备、求职心理准备、就业信息准备等。

【知识目标】

① 了解求职所需准备的材料；

② 熟悉求职前应做的心理准备。

【能力目标】

① 学会书写求职信和简历；

② 学会在求职前做适当的心理调适；

③ 能够熟练地搜集、处理就业信息并加以科学利用。

引导案例——两份独特的求职材料

某大型企业集团公司人力资源部罗部长处保存着两份求职材料。一份是一位本科生的，做得很是精致、华美，每一页都贴着求职者的照片，有职业套装照、生活照，甚至泳装照。这份求职材料中介绍了求职者如何多才多艺，尽显其在校期间种种活动中取得的辉煌成绩。另一份是一位专科毕业生的，做得很朴实，连照片都是黑白的。材料中，除了介绍自己的专业和在学校取得的成绩外，还附上了每个假期的实习心得和自己撰写的对实习单位工作的建议及设想等原始资料复印件。

罗部长说，后一份求职材料让他耳目一新。虽然这位求职者对实习单位的建议及设想显得很幼稚，有些地方甚至有些可笑，但正是这些，展现了一位主动锤炼自己、有良好的工作心态、主动观察和思考问题、有独立见解、敢于梦想的年轻人。罗部长认为没有拒绝这种年轻人的理由，他当即拍板录用了这位年轻人。不到两年，这位只有大专学历的求职者成了该企业集团公司一个下属分公司的经理助理。他进入公司三年半后，又升职为公司最年轻的分公司经理，年薪 20 万。

第一节　求职材料的准备

求职材料是指毕业生为了求职成功而准备和使用的各种书面材料，包括求职信、简历及其他材料。

一、求职信

求职信是毕业生针对招聘岗位而向用人单位进行自我推荐的书面材料。求职信集介绍、自我推销和下一步行动建议于一身。写好求职信并重点突出自身背景材料中与未来雇主最有关系的内容，可提高应聘的成功率。

（一）求职信的书写格式

求职信的重点在于"荐"，在构思上一定要围绕"为何荐""凭何荐""怎样荐"的思路安排，其书写格式与一般书信大致相同，包括标题、称呼、正文、结尾和落款。

求职信

1. 标题

标题是求职信的标志和称谓，要求简洁、醒目、庄雅。用较大字体标注"求职信"三个字，要显得大方、美观。

2. 称呼

这里的称呼是指对用人单位或收件人的称呼，要正规、准确，书写时最好能准确、具体。但由于求职信往往是和用人单位之间的首次交往，毕业生未必对用人单位的招聘人员了解、熟悉，因此，在求职信中称呼"××领导"是可以的。

3. 正文

正文是求职信的核心部分，应当包括以下内容：

（1）简单自我介绍，即简要说明自己的身份。例如，"我是××大学管理学院电子商务专业 2019 届专科毕业生"。

（2）说明求职信息来源。为了师出有名，最好在求职信的开头说明求职信息的来源，这样既可使行文比较流畅，同时也暗示用人单位的招聘广告是有反馈的。例如，"本人在×年×月×日的《××报》上得知贵单位正在进行招聘活动，因此投信前来应聘"。

（3）说明应聘职位。在求职信的开头，应该说明所要应聘的职位，如"本人欲应聘网络维护工程师一职"或"相信本人能胜任报社记者一职，故前来应聘"等。

（4）说明能胜任该职位的理由。这是求职信的关键部分，主要是向对方表明自己的专业知识和工作经验，所取得的与该职位有关的一些成绩和自己所掌握的相关技能，以及与该职位相符的性格、特长、兴趣爱好和其他情况。

提示

需要注意的是，说明能胜任该项工作的理由，并不是经验和成绩的简单堆砌，一定要突出适合这项工作的特长和个性，尽量避免写与应聘无关的内容，更不能写那些与招聘条件"反其道而行之"的内容。例如，用人单位招聘的是"营销人员"，求职者却对自己的"内向、文静"大写特写，这样应聘自然就会失败。

（5）暗示发展前途及潜力。在求职信中不仅要向招聘者说明你的现状，更要说明你的未来，说明你是有培养价值的、可塑造的、有发展潜力的。例如，你若当过学生干部，可以向对方介绍在担任学生干部时取得了哪些成绩，这就表明了你有管理和组织方面的才能。

4. 结尾

一般的结尾都包括两个内容：一是盼回复，二是祝词。在一般的求职信中，表达希望对方答复或者获得面试机会所用的措辞几乎已成定式，如"我热切盼望着您的回复"或者"我希望能获得与您面谈的机会"。此外，正文后的问候祝颂虽然只有几个字，但也有着不可忽视的作用。可用"顺候安康""祝贵公司兴旺发达""此致敬礼"等词。

5. 落款

落款应署名并注明日期。需要注意的是，不管求职信是打印的还是手写的，署名都一定要手写。署名下方要完整地写上年月日，还应注明联系方式。

（二）撰写求职信的禁忌

1. 忌长篇大论

用人单位不会花很长时间来阅读求职信，篇幅太长会使用人单位产生厌烦心理，甚至认为求职者的概括能力不强。因此，求职信的内容应以简洁为原则，尽量在一页纸内完成。

2. 忌堆砌辞藻

即使你满腹经纶，也不要幻想用华丽的辞藻来打动招聘者。那种虽无豪言壮语，但读起来亲切、自然、实实在在的求职信反而能给用人单位留下深刻的印象。

3. 忌夸大其词

在措辞方面要留有余地，不要言过其实。如"我能适应各种工作""我将会给贵单位带来新的生机"之类的表述，只能给用人单位留下你刚出校门、还很幼稚的印象。

4. 忌缺乏自信

适度的谦虚是一种美德，也会使对方产生好感，但过分的谦虚则是不自信的表现。在写求职信时忌用"虽然我资历不够""虽然我不是名校的毕业生"等语句，因为用人单位关心的是你是否符合招聘岗位的要求。

5. 忌千篇一律

撰写求职信时要有自己的风格与特点，不能千篇一律、落入俗套。立意新颖、语言独特及思考多元化的求职信才能给对方造成强烈的印象，引起招聘者的注意，使自己赢得面试的机会。因此，一定要把自己的强项写出来，将自己的"亮点"展示出来。

6. 忌粗心大意

只有经过严格修改和反复推敲后的求职信才能收到良好的效果，因此，要重复翻看求职信，避免出现错别字和语法错误。资料也要齐全，切记要留下可随时联系上你的电话号码。

二、简历

个人简历是一个人生活、学习、工作的经历和成绩的概括集锦，其真正目的就是让用人单位全面了解自己，从而为自己创造面试的机会。个人简历是用人单位对求职者的第一印象，是用人单位对求职者进行分析、比较、筛选、决定是否录用的主要依据。

（一）简历的基本要素

1. 个人基本情况

简历中提供哪些信息是由求职者自己决定的，但有些信息是必不可少的，如姓名、出生年月、性别、家庭住址、政治面貌、身体状况、联系方式（电话号码和 E-mail）等。

2. 教育背景

教育背景包括毕业生的毕业院校、所学专业、学历、学位、所学的主要课程（把重点放在与申请的工作有特殊关系的课程上）等情况。

3. 求职意向

求职意向包括向往职业的地域、行业、岗位等方面的意向。

4. 本人经历

本人经历主要是指大学以来的简单经历，包括学习、社会职务或活动、义务性工作（志愿者）、社会性工作、社会实践，以及在这些工作中用到的工作技能等。

5. 知识、技能和品质

这部分主要包括知识结构、技能优势、外语和计算机水平及其他技能证书等。

6. 个人特长及所获荣誉

这部分包括个人兴趣、特长，在校获得的荣誉（如三好学生、优秀团员、优秀学生干部），以及参加各种竞赛所获奖项等。

7. 自我评价

自我评价主要是总结自己良好的个性品质，如学习能力、沟通能力、解决问题的能力、适应能力、好奇心或创新能力、团队合作精神、工作态度、责任心、敬业精神等。

（二）简历的形式

从形式上划分，简历可分为七种：完全表格式简历、半文章式简历、小册子式简历、提要式(节略式)简历、按年月顺序(时间顺序)式简历、功能式简历及创造式简历。

当然，这些形式互相之间可交叉重叠。下面就每种简历形式的主要特点作简单介绍。

1. 完全表格式简历

完全表格式简历综述了多种资料，易于阅读，通常适用于年轻、缺乏工作经验的求职者。求职者可简单列出所学课程、课外活动、业余爱好和工作经历等资料。

2. 半文章式简历

半文章式简历使用较少的资料表格设计，而使用几项长资料的记载，表格的数量和文字记载的长度可以变化，以适应求职者的长处。这种简历通常适用于经验丰富的求职者，因为详述的资料能比高度表格化的资料占据更多的篇幅。

3. 小册子式简历

小册子式简历是一种多页的、半文章式的活页格式简历。这种简历可以有 4 页、8 页，甚至 20 页。它的主要优点有两个：一是提供了一种可表述更多资料的便利工具；二是其封面上容纳了一份专门设计的求职信。但小册子式简历需要很多专门的技能去撰写、设计，因此一般用得不多。

4. 提要式(节略式)简历

提要式简历是一种摘要的简历，是在完成了一份较长的简历后摘编而成的。经历丰富的求职者会先写一份完整的简历来概括他的资历，然后再从完整的简历中摘出资历的要点。这种简历便成了他用得较多的简历，而详细的简历只有在招聘者要求时才提交出去。

5. 按年月顺序(时间顺序)式简历

这种简历通过按时间顺序排列资料及突出日期来强调时间。时间顺序通常从最近的时间开始往前推。如在工作经历一栏下，按时间顺序从最近的工作开始，然后是最近工作的前面一个工作，依此类推；在教育栏下，按时间顺序式简历也是如此，倒推排列。这种简历可以是完全表格式简历，或是半文章式简历，也可以是创造式简历。

6. 功能式简历

这种简历只强调工作的种类(功能)，而不含有任何特别的时间顺序。功能式简历的主要优点是能突出实际成就，缺点是招聘者不得不排出他们自己推算的时间顺序。如果严密的时间顺序对你不利，你便可使用功能式简历；如果你的职业进展已经有了进步，并且你想找的工作和你最近的工作一样，则可采用按年月顺序式简历。

7. 创造式简历

艺术界、广告界、宣传界和其他创造性领域的求职者在准备简历时往往会打破标准的简历形式。创造式简历可以充分发挥个人想象力，但也必须向招聘者提供他们需要的内容。它只能用于创造性行业，一般要避免用于银行业、商业、交通运输业和制造业等相对严谨的行业。

经典实例

简历新形式：报价单

今年刚从某高校新闻专业毕业的小程，通过自己的"明码实价"简历，拿到了某知名房地产公司的录用通知。她在简历中对自己的能力及不足进行了"明码标价"，乍一看，就像一个"价目表"。她笑着说："这一招助我一路拼杀，找到了现在非常满意的工作！"

★ **求职简历变报价单**

基本价值：3800元——作为一个全国重点大学的毕业生，求学路上耗费了父母大量的金钱和感情，因而需要足够的物质支持来回报家人和提供个人生活基本费用，并用于支付工作技能的进一步发展。

技能价值：－300元——明白自己作为一个新闻学专业的学生缺乏"一技之长"，所能干的工作不具有不可替代性，但在进入某单位经过一段时间的磨炼后，可以有所发挥。为了感激贵单位给予的这个"进门"的机会，认为应该减去300元的月薪。

性格价值：300元——开朗、活泼、幽默的性格能最大限度地使一个团体士气高昂，在愉快的氛围中保持工作的高效。

经验价值：－500元——深知自己的经验欠缺，没有独立地完成过一次完整的学术研究，也没有组织过大型的社会活动，但作为一个具有扎实的专业知识和较高的综合素质的社会新人，能很快完成从学生到职员的过渡。

……

和其他毕业生的简历相比，小程的简历更像一份报价单。她对自己的各项素质进行了具体而客观的评价，一共有10余项，分别给出了或正或负的价值数额。最后，她给自己评定的市场价值是4000元。

小程高兴地说："因为形式新颖，我投过简历的单位几乎都会让去我面试。"

★ **制胜仍需真才实学**

小程所在部门的万经理说："小程的简历给我们留下了良好的第一印象，这也非常符合我们对营销策划人才的要求。"但万经理表示，小程在后来的笔试及面试中表现出色，这才是她应聘成功的真正原因。

据了解，现在毕业生简历花样繁多。万经理表示，良好的自身素质、过硬的专业技能才是应聘成功的制胜法宝。

（三）撰写简历的原则

1. 简短

简历不要太长，一般应届毕业生的个人简历有一页A4纸即可。据调查，用人单位花在每份简历上的平均时间不到1.5分钟，要想在这短短的90秒内迅速抓住招聘者的眼球，简历不做到短小精练是不行的。

2. 清晰

简历应一目了然，确保简历的阅读者一眼就能看到他们需要的信息；要使用简单、清晰易懂的语言，而不要用一些高深莫测的语言；尽量不使用缩略语或学生中流行的时髦词汇；若打印，应选择合适的字体和字号。

3. 准确

简历中的错别字很显眼，并且会直接影响阅读者对应聘者的印象。一份简历能看出一个人的语言文字功底和修养，而招聘人员考查应聘者的文字能力、细心程度等内容就是从简历开始的。因此，表达清楚、准确、规范，是简历语言的基本要求。

4. 整洁

整洁的简历能使阅读者在看到内容之前就已产生好感，这样才能使之产生阅读的兴趣。因此，简历最好用打印机打印，而不要复印，并注意保持简历的干净整洁。

5. 真实

撰写简历时既不要夸张（自负），也不要消极地评价自己（过分谦虚），更不能编造。简历一定要用心设计，有些简历一看就知道是抄袭他人的，有些甚至是明显的张冠李戴。

经典实例

小王的面试为何失败

小王的身高是 171 cm，但他听说很多单位招聘时对身高都有要求，于是就在简历里的"身高"一栏填了"175 cm"。参加招聘会的时候，为了使自己的身高显得与简历相符，他特意穿了一双鞋跟比较高的皮鞋。招聘会上某知名企业正在招聘管理人员，待遇也不错，但就是要求身高在 175 cm 以上。

小王递上了自己的简历后，用人单位还专门强调了身高方面的要求，并问他是否确定自己的身高符合要求。为了通过第一关，小王说他绝对符合。过了几天，该单位通知他去面试，小王就坐汽车颠簸了几个小时来到位于郊区的该单位，结果面试的第一项内容就是测量身高。由于弄虚作假，小王在面试中就被淘汰了。

（四）撰写简历时的常见问题

（1）篇幅过长或过短。篇幅过长，显得内容不精练，表达不切题意，会让阅读简历的人失去耐心，从而失去面试的机会；篇幅过短，缺乏必要的信息，使招聘人员对求职者认识不全面，也会影响获取面试机会。

（2）条理不清。简历布局不合理，结构层次混乱，会增加阅读与理解上的困难。

（3）目标不明。没有明确的求职方向，也没有标明自己的特长、兴趣爱好等。

（4）不切实际。对自己的评价明显不合实际，太完美无缺，让阅读者产生怀疑；或对薪酬待遇提出过高的要求。

（5）版面设计不科学。如版面过于压缩，将行距与段间距压缩得太密，字体太小等。

（6）错别字及语法错误。在简历中出现错别字，有的甚至出现语法错误或逻辑错误。

（五）简历的投送方式

1. 本人直接送达

本人直接送达是指按照用人单位指定的时间将自己的简历直接送达给招聘者。采用此种方式能使求职者利用与招聘者初次面谈的机会展示自己，为自己在众多求职者中脱颖而出创造机会。

2. 快件或信函投寄

快件或信函投寄是指按照指定的时间、地点将自己的个人简历用信函或快件投寄到用人单位。在信函或快件的封面上要注明"应聘"字样和应聘职位，字迹要工整清楚。

3. 利用网络投送

利用网络投送是指通过电子信箱将个人简历发给用人单位。这种方式省时省力，节约应聘成本，是主要的简历投送方式。求职者最好选择在招聘者上班之前发送简历。

拓展阅读

让你的简历更出众

现在的情形是：在发布招聘信息的 1 小时后，已经有 150 多份简历塞满了人事经理的邮箱。你怎样才能脱颖而出呢？在这篇文章中，

简历不应只有一份

我们将介绍四个小技巧，以帮助你写一份结构条理清晰、令人印象深刻的简历。

一、使用标准化的字体

在大多数情况下，人事经理希望在大量简历中很快发现具备所需技能的人选。

无论你选择哪种字体，请保持字体风格的一致性，这样会让简历看起来更美观大方。多种字体会使页面看起来拥挤杂乱，会让人怀疑你的组织能力。不过，若你申请的是一项富有创造力的职位，例如平面造型设计，就不必拘于这些规则了，你可以充分展现你的创意。

二、将最重要的信息写在开头

如果一位人事经理要在很短的时间内（15～20 秒）阅读你的简历，他会将目光集中于简历的前半部分（有点类似于你阅读报纸的新闻提要）。他们希望能一眼发现合适的人选。如若不然，你的简历将被扔到一边，经理们会继续阅读下一封简历。将你最重要的专业技能和工作经验写在简历的突出位置，经历经验是简历的重点。建议把职责概括成一两句，侧重于做过的业绩上，多用数字。比如用 1 个月时间招聘到了 30 名新员工，开拓的新的招聘

渠道每年节省 15 万猎头费用等。

数数看，你的简历上有多少数据(业绩、用户数、节省成本、市场份额……)。

再数数简历上有多少形容词(勤奋、负责、向上、有团队精神…… 人人可自夸，所以形容词要来自第三者才有用)。每个数据加五分，每个形容词扣一分。

简历的小标题包括：联系信息、主要资质、工作经验、相关志愿工作与其他经历、教育背景以及奖励情况。

三、不要太死板

简历不仅仅展示了你的经验和技能，也展现了你的个性。在叙述已取得的成果时，你一定要自信、从容。简历要尽量写得开放、自然、专业且具有个性，这会让对方觉得你像久违的朋友。另外，要尽量表现出自己在专业领域的博学，并能引起对方的兴趣。千万不要让简历变成枯燥无味的文件。

四、定期整理你的简历

再次重申一下，好的简历应该格式整齐，有留白，让人赏心悦目。求职的信息要尽量写在一页纸上(如果你在专业领域有五年以上的工作经验，可以用两页纸)。绝对不要有错字、漏字或语法错误——否则你的简历将立即被扔进垃圾桶里。

好的简历是要经过长时间打磨的，记得常常检查你的简历，在适当的时候更新信息。任何一封求职申请都不会是最终版本，认真研究招聘的职位描述，和这个职位无关的内容不要写，有关的好好写。陈旧的简历会让你很快被淘汰出局。

三、其他材料

除了求职信和个人简历外，毕业生还应提前准备以下材料：

(1)毕业证书、学位证书。

(2)各种荣誉证书，包括奖学金证书和各类活动获奖证书。

(3)英语和计算机等级证书。

(4)各类资格证书，如报关员资格证书、注册会计师证书等。

(5)学校正式开具的、盖有学校印章的成绩单。

(6)在正式出版物上发表的文学作品、科研论文、美术设计作品、音像作品、摄像作品，以及各类小制作、小发明、小创作的图像资料。

第二节　求职心理的准备

对毕业生来说，调整择业心态，做好充分的心理准备，勇敢地迎接挑战，在择业过程中是非常重要的。

一、大学生必须具备的心理准备

大学生在校期间就应做好以下几个方面的心理准备：

1. 竞争的心理

竞争是人类的一种本能，优胜劣汰的市场环境让这种本能变成了人们必须具备的一种能力素质。当今社会，各国的市场经济竞争变成了人才的竞争。要成为一名合格的现代化人才，就必须具备竞争心理、竞争能力，并具有积极参与竞争的意识。

2. 合作与宽容的心理

社会并不是一个人的社会，而是由许多人组成的一个大团体。要想在这个社会中生存，合作与宽容是同等重要的。在工作和生活中，可能会遇到这样或那样的事情，大学生一定要做好合作与宽容的心理准备，用良好的心态来演绎美好生活。

3. 长远发展的心理

高校毕业生在求职的时候，应该首先做好长远发展的心理准备和自己的职业生涯规划，然后再择业、就业。只有对自己的未来有长远的规划，心里有目标、有方向，才能在工作和生活中不骄不躁，脚踏实地地走好每一步。

4. 承受挫折的心理

大学生要具备良好的心理素质，在遇到困难和障碍时，不要消极地面对，而是要认真地反思，找出问题的所在，积极地去解决问题。当你用充满自信的心理去面对困难，脚踏实地地迎难而上时，一定能够克服人生中任何一次挫折，走好自己的人生路。

经典实例

小董的求职恐惧症

小董在学校里一直是个精力充沛的小伙子，可最近总是显得很无奈，埋怨工作难找，急得像热锅上的蚂蚁。大专毕业的他不知道跑过多少次人才市场，光制作简历、打印等费用就花费了百余元，投递过的无数简历都如石沉大海。

小董越来越没有方向，越来越不自信，越来越摸不着头脑。我该投哪些领域的公司？我该应聘哪些种类的职位？我的大专毕业的教育背景，能竞争过别人吗？太多的问号，无数的挫折，让小董患上了求职恐惧症。

5. 放弃从众的心理

人云亦云，随大流，没有自己的主见，这是从众心理的典型特征。这种从众心理的形成可能是因为社会或群体的压力，而迫使个人放弃了自己的意见去采取顺从行为，也可能是因为个人本身就没有自己的打算和长远的人生目标，而只能跟随众人的脚步，随波逐流。但是不管原因如何，高校毕业生在面对择业问题时，都应该具有很强的独立思考能力和分析问题的能力，要学会独立解决问题，力求摆脱从众的心理束缚。

6. 丢掉嫉妒的心理

嫉妒心理是指当别人的品质、才能、成就等方面高于自己时所产生的那种迫切想要贬低别人的心理倾向。这种心理是求职择业和人才成长的大敌。作为当代青年，要具有同嫉妒告别、驱除私念的决心，拥有开阔的心胸和视野，在竞争中学习别人的长处，努力使自己进步，给双方一个公平的竞争平台，不可让嫉妒冲昏头脑，害人害己。

7. 摒弃虚荣的心理

虚荣心是一种很不健康的心理状态，它会妨碍求职的成功。因为，如果虚荣心过强，求职者在求职过程中就会将注意力集中在社会知名度高的职位上。他们选择职业并不是从自身的优势出发，围绕自己的爱好专长来展开的，而是为了得到别人羡慕的眼光。这种求职心态对于个人以后的发展是极其有害的。选择职业要从自身实际出发，摒弃虚荣心，找到属于自己的理想职业。

8. 避免攀比的心理

为了共同的目标，适度的竞争是无可厚非的，但如果演变成彼此攀比就不可取了。因为如果事事都想与人攀比、争胜，势必会使攀比者本身显得缺乏主见。在求职过程中，攀比心理会造成注意力过多集中到他人的就业取向上，而忽略自己的实际能力和工作取向，很容易放弃适合自己的工作，而跑去与别人同过独木桥，当然就难免失意了。

经典实例

小林的错误选择

小林是计算机专业的本科生，开始联系工作时有两家公司可供选择，一家是当地有名的房地产公司，试用期工资2400元/月，转正后可达4000元/月；另一家是软件开发公司，名气不大，公司设在远郊，交通很不方便，试用期工资2000元/月，转正后可达3000元/月，如果软件设计、创意被采纳，可以拿到提成和奖金。

小林本来想去软件开发公司，认为这在专业上有很大挑战，但觉得自己同学找到的工作工资都在3000元以上，而且单位名声也比较大，如果自己去了一个小公司，大家会认为自己没本事，于是，他最终选择了房地产公司。进公司后才发现岗位的主要任务是打字、数据输入，这样的任务一般大专生就可以胜任，而自己学习的计算机网络和程序设计等技能都没有使用的机会，他十分担心专业能力的退化。

9. 抑制怯懦的心理

怯懦是一个人缺乏自信的心理表现。大学生接触社会的机会较少，对实践技能的了解也非常有限。因此，在与用人单位见面的时候，经常会出现面红耳赤、手足无措、语无伦次的现象。自己辛辛苦苦准备的"台词"一时间都抛到了脑后，这对正常水平的发挥非常不利。因此，毕业生在步入社会时，必须克服怯懦心理，并且要学会用意念控制自己的情绪，暗示自己要镇静，不要胡思乱想等，告诉自己一定能成功。

10. 克服自卑的心理

自卑是自我评价过低的一种心理表现。自卑的人通常缺乏自信，缺乏勇气，自我意识里总认为自己不如别人，遇事退让，不敢竞争。他们对前途感到迷茫，对社会上的竞争感到惧怕。一般情况下，自我意识不健全、性格内向或生理有缺陷的毕业生会表现出自卑倾向。这类人尤其要克服自卑心理，要相信自己的能力、水平，不要面对问题时就对自己产生怀疑，只有这样才能很好地参与正常的社会竞争。

经典实例

自 卑 的 小 刘

毕业生小刘学习成绩和其他方面条件都不错，在就业初期满怀信心。但由于专业冷门等原因，找过几家单位都碰了壁，结果产生了自卑心理，在后来的择业过程中表现越来越差，陷入恶性循环而不能自拔，以至于到了新的用人单位那里，只能被动地问对方："学某某专业的要不要"，其他什么话都不敢讲，最终未能落实就业单位。

二、大学生择业心理调适

1. 适应市场，制定合理的择业方案

高校毕业生要善于结合行业发展趋势、地理条件等因素综合判断一个工作的发展前景。择业时也不要期望值太高，可以先找一份工作增加工作经验，然后再凭借自己的能力进行正常的职业流动，以达到自己的择业目标，实现自我价值。

2. 客观自评，走出心理误区

一个人要客观地评价自己，正视自己的缺点和错误需要相当大的勇气。每个人都有一些缺点，但通常是极力隐藏，然而现在却需要自己找出来，并对其进行客观评价，难度非常大。因为很多时候，批评别人容易，进行批评与自我批评却很难。

扫一扫

自荐的技巧

3. 积极参与竞争，坦然面对挫折

现在大学生的就业制度是双向选择，这就给大学生和用人单位提供了相互挑选的机会。在择业过程中，肯定会出现大学生看不上某家单位或某家单位选不中大学生的情况，这都是非常正常的。大学生在择业时，应该珍惜每一次机会，坦然面对成功与失败，不怕挫折，积极参与竞争，从实际出发，找到自己的位置，实现自己的理想。

4. 调整心态，完善人格

积极的心态有助于提高人的心理素质，而消极的心态只能导致失败。因此，毕业生在择业过程中遇到挫折时，不要抱有消极的心态以免影响自己的情绪，而应该用积极的心态去面向未来。积极思考、乐观向上和坚强的意志一定会带你走向成功。但是健全的人格却不是学校的教育能够培养出来的，这需要大学生不断地了解自己人格中的缺陷与不足并加以改进，这是一个逐渐成熟的过程。

5. 适度宣泄

宣泄是指把内心深处的冲突和被压抑的情绪发泄出来。人的愤懑只要发泄出来，心理就会平静很多。毕业生在择业受到挫折时，容易出现苦闷、焦虑、恐惧等消极心理，这时可以采取适当的宣泄手段来调节情绪，达到心境平和的效果。

经典实例

小李的宣泄方式

小李在公司里待人和善、人缘很好，几乎没人看过他发脾气。有一次，他的朋友经过他家，顺道去看看他，却发现他正在顶楼上对着天上飞过来的飞机吼叫。朋友好奇地问他原因，他说："我住的地方靠近机场，每当飞机起落时都会听到巨大的噪音。后来，当我心情不好或是受了委屈，想要发脾气时，我就会跑上顶楼，等待飞机飞过，然后对着飞机放声大吼。等飞机飞走了，我的不快、怨气也被飞机一并带走了！"后来他的朋友明白了：怪不得他脾气这么好，原来他知道如何宣泄自己的情绪。

第三节　就业信息的准备

就业信息是指通过各种媒介传递的有关就业方面的消息和情况，如就业政策与形势、供需情况、招聘活动及用人信息等。

一、就业信息的搜集

对面临求职择业的毕业生来说，最关心的莫过于能及时得到更多的就业信息。从某种意义上讲，谁拥有更多、更有效的就业信息，谁就能赢得择业的主动权。毕业生可通过以下渠道搜集就业信息：

1. 各高校的主管部门

学校的毕业生就业办公室或就业指导中心是毕业生就业的重要主管部门，与中央有关部委和各省市的毕业生就业主管部门及有关用人单位保持着密切的联系，能及时掌握国家有关就业政策规定、地方的有关政策、各地举办"双选"活动的信息、有关用人单位的简介材料及需求信息等。他们提供的信息无论是数量还是质量，都具有明显的优势，因此，这应该是广大毕业生获取就业信息的主要渠道。

2. 各级就业主管部门和就业指导机构

教育部每年都要制定毕业生就业的有关方针、政策；各省、自治区、直辖市的主管部门也要相应地制定地方性实施意见；国家教育部及各省市的毕业生就业指导机构也要开展信息交流和咨询服务。这些都是高校毕业生获取就业信息的重要渠道。

3. 各级、各类"双向选择""供需见面"会

这类活动有的是一省举办或几省联办的，有的是地、市、县联办或单独举办的，也有的是由一个学校举办或多校联合举办的，甚至有的是一个行业举办或几个行业联合举办的。通过这种活动来组织毕业生和用人单位直接见面，不仅可以直接获取许多就业机会，还可以当场签订协议，比较简捷有效。

4. 有关新闻媒介

毕业生就业作为社会普遍关注的热点问题，也引起了新闻界的普遍重视，有关就业政策、热门话题讲座、招聘广告等时常见诸报端。另外，教育部学生司和毕业生就业指导中心主办的《中国大学生就业》杂志及各地人才市场报、招聘网站等都能为毕业生提供丰富的就业信息。

5. 各种社会关系

本专业的教师比别人更清楚你适合到什么单位就业，而且往往在科研协作、兼职教学中与对口单位有着广泛的接触；校友大多在对口单位工作，对所在单位的情况了如指掌，通过他们可以获得许多具体的、准确的信息；家长和亲友对你的就业更为关心，他们与社会的方方面面有一些联系，也可以提供就业信息。

6. 社会实践、毕业实习或业余兼职

大学生通过与社会的接触可加强与有关用人单位的联系，增进彼此间的了解，便于直接掌握就业信息。

7. 用人单位

毕业生开始求职时可以"普遍撒网"，向自己认为适合的用人单位写自荐信，确定重要目标后，通过电话预约，然后亲自登门拜访，这种"毛遂自荐"的方式也不失为获取就业信息、获得就业成功的途径之一。

课堂讨论

哪些渠道获得的就业信息具有更高的成功几率？请进行分析、讨论，并列一份表格清单，注明信息渠道、成功几率及理由。

二、就业信息的处理

毕业生在求职择业过程中获取的信息数量很大，这就要求毕业生根据自己的实际需要对搜集到的信息进行处理，去伪存真、去粗取精，提高就业信息的针对性和时效性，以便更好地为自己的求职择业服务。一般来讲，处理就业信息时，应注意以下问题：

1. 科学地掌握就业信息

毕业生在择业过程中需要掌握的就业信息很多，但要分清主次轻重。对于那些重要的就业信息，毕业生应通过正规的渠道来获取。例如，就业政策就应从政府机构和学校就业主管部门获取，并且应时刻关注最新动态；就业方法与技巧就应从优秀教材、就业指导课、权威专家处获取，并且注意活学活用；综合信息就应通过对比、测验、咨询等方式获取，并且应根据具体情况适时调整。

2. 准确地理解就业信息

毕业生获取就业信息的渠道多种多样、真伪难辨，尤其是就业政策中的特殊规定、社会需求信息中的特定要求、用人单位信息中的工资福利待遇及进修培训部分，应特别注意并准确地理解，否则会使你作出错误的选择或使你的合法权益受到损害。

3. 有针对性地筛选就业信息

在处理就业信息时，应舍去不适合自己的信息，及时地、有针对性地保留或者寻找适

合自己的社会需求信息，以节省宝贵的时间和精力。

一般来说，一则较好的就业信息应该包含以下要素：

（1）工作单位的全称、单位性质、上级主管部门等。

（2）工作单位的发展前景和现阶段的发展情况，以及在整个行业中的排名或者在整个社会经济结构中所占的地位。

（3）对从业者政治、思想、道德、品质、工作态度、学历、学业成绩、职业兴趣、职业能力、职业气质、职业技能等方面的要求。

（4）对工作单位的地点、环境、工作时间、个人待遇、福利等的明确规定。

很多用人单位在进行宣传的时候，通常只提自己的优势而掩饰自己的劣势，因此，毕业生在进行情况分析时要做到充分了解，心中有数，不要被表象的东西所迷惑。

经典实例

小赵是这样搜集求职信息的

小赵打算向一个公司求职，于是他事先在北京市工商局网站上查询了该公司的信用信息。

（1）北京××计算机软件有限公司。（用人单位的准确全称）

（2）民营企业，有限责任公司，法人独资。（用人单位的所有制性质）

（3）注册资金500万元。（注册资金）

（4）成立日期2002年4月23日。（成立日期）

（5）经营范围包括应用软件服务，专业承包，技术推广服务，销售电子产品、消防器材、机械设备、五金交电。（经营范围）

（6）地址是北京市朝阳区胜古中路×号院×号楼×室。（详细地址）

此外，他还通过公司网站、招聘网站和招聘宣讲会了解到以下信息：

（1）公司需求人才的职位、人数、工作岗位、职责范围。

（2）公司对需求人才的素质条件及具体要求：学历、思想素质、专业技能、外语水平、计算机操作能力和身体素质等。

（3）公司的发展历史、成长过程及发展现状：效益规模、员工人数、占地面积、主要产品品牌、用户情况、产品的市场占有率、行业排行等。

（4）公司的薪酬福利体系：工资、奖金、职务津贴、福利保险、医疗、住房以及相应的纪律。

（5）公司的领导管理体系：人才战略、用人理念、企业文化、组织机构、升迁发展机会等。

（6）公司所在地区对接受外地生源毕业生的条件、要求及程序。

（7）用人单位的联系方式：人事部门负责人的姓名、电话、传真、通讯地址、邮编、电子信箱、网址等。

三、就业信息的科学利用

无论是搜集信息还是处理信息，最终都是为了利用这些信息来得到自己理想的工作。在经过了认真而全面的筛选之后，可将就业信息用于以下途径：

（1）尽快与用人单位取得联系，以免在自己犹豫不决时错失良机。因为，信息是具有时效性的，错过了这个时机就等于错过了这个机会。

（2）根据就业信息的要求及时调整自己的知识、技能结构，提高自己的工作能力，弥补原来的不足。发现自己哪方面的知识不足，就主动去学习，或发现自己哪方面的技能欠缺，就赶快参加必要的训练，以便走向工作岗位后能够更快地适应工作要求。

（3）及时输出对他人有用的信息。有些信息对自己不一定有用，可是对他人却十分有用，遇到这种情况，千万不要抓住这些信息不放手。其实，主动输出对他人有用的信息，不仅是对他人的帮助，而且他人的顺利就业自然也使你减少了一个竞争者。同时，这样做还增加了与他人交流信息、增进友谊的机会。

经典实例

因时效而错过的就业良机

某高校机械系毕业生王某参加了学校举办的毕业生招聘会。山西大同市一家效益较好的部属研究所认为他的条件不错，愿意接收，并且表示他到单位后会有很好的发展前景。虽然王某也愿意到该单位去，但觉得单位的工作地点不尽如人意，有些偏僻，气候不好。于是他就去找就业指导中心的老师咨询。老师们一致认为该单位整体情况不错，应抓紧时间尽快决定。

可能是这种机会来得太容易了，王某做出了不去该研究所的决定。对此，学校老师和研究所的同志都觉得遗憾和惋惜。但仅仅过了三天，王某思想上发生了变化，又想去该研究所工作了（这时招聘人员已经离开学校了）。后经联系，单位表示现在该专业的招聘计划已经完成，不能接收。

案 例 点 评

企业在招聘大学生时很注重求职简历塑造的求职形象，同时很看重求职者的实践经验，以及求职者参与实践的意识和态度。所以，大学生在求职时一定要注意将简历设计得适宜得当，突出自己在学校参加社团、社会实践、做学生干部所取得的具体成绩，尤其要突出自己实习、实训、校外兼职的经历、收获及成绩。总之，大学生在准备求职材料时，应当谨记：求职靠的是实力，不是外表，也不是侥幸；练好内功，打好基础，剖析自己，充实自己，才能取得成功。

能 力 训 练

1. 制作求职简历

结合自身的实际情况，制作一份求职简历。

2. 信息搜集训练

（1）信息范围：搜集与自己专业相符、适合自身特点、有专长发挥空间的就业信息。

（2）信息渠道：

① 咨询职能部门。咨询学校毕业生就业指导机构、劳动人事部门、人才服务机构和职业介绍所，了解最新的就业动向和就业信息。

② 借助媒体刊物。关注电视、广播、报纸、杂志、网络等媒体刊物上所载的就业信息，了解招聘单位的应聘条件、单位现状及人才需求等情况。

③ 寻求师生帮助。与老师、同学以及已经参加工作的师哥、学姐保持必要的联系，请他们随时为自己提供就业信息。

④ 发挥家庭作用。请父母、亲戚朋友及他们的同事、朋友协助，有针对性地扩大信息搜集覆盖面。

（3）信息整理：按准确性、时效性、系统性、针对性、计划性和广泛性原则，整理所搜集的就业信息。

第五章

求职技巧

【内容提要】

当前，企业招聘大学生时并不只看重求职者的书本知识，更看重其综合能力和综合素质。毕业生在求职时，有时应聘的工作并不与其所学专业对口，这就更需要有较强的适应能力和求职技巧。大学生要想顺利通过应聘的门槛，获得理想的职业，除了要掌握面试和笔试技巧外，还应注意预防各种求职陷阱。本章将对这些内容作详细介绍。

【知识目标】

① 熟悉面试的形式和内容，了解面试前的准备工作；

② 掌握求职面试礼仪知识；

③ 了解笔试的作用、种类及笔试前的准备工作。

【能力目标】

① 能熟练地运用笔试和面试的各种方法与技巧；

② 能机智地预防和应对各种求职陷阱。

引导案例——无形的面试

毕业生小李是河北省某高校企业管理专业的学生，毕业前只身前往深圳求职。在四处求职碰壁的时候，突然在广告信息栏中发现南方化工厂招聘一名库料总管的信息。于是，小李抱着试试看的心情前去应聘。

小李赶到招聘现场时，化工厂的院子里早就来了一群应聘者。小李看到院子里一片狼藉，地上扔有许多白纸，他弯下腰拣起一张，是洁白的、质地很好的复印纸，又捡起一张还是复印纸。多么可惜呀！于是小李禁不住俯下身去一张一张地捡起来，一会儿工夫就拣了厚厚的一沓白纸。

　　这时，一个西装革履、胖胖的老先生走上前拍拍小李的肩膀说："小伙子，你是来应聘的吧？怎么不到招聘台去？"小李对长者说："这工厂太浪费了，这么好的纸扔在地上任人践踏，不知他们的老总是怎么管理的，这样浪费下去准有破产的那一天！"老先生笑了，拉着小李的手说："我就是这家化工厂的总经理，小伙子，你通过面试了，我相信你会成为一名出色的库料总管！"

第一节　面　试　技　巧

一、面试的形式和内容

　　面试即当面测试，是用人单位对应聘者采取的诸多选拔方式中的一种，也是应聘者取得求职成功的关键一步。

（一）面试的形式

　　面试有很多形式，依据面试的内容与要求，常见的有以下几种。

1. 问题式面试

　　由招聘者按照事先拟定的提纲回答问题，考查求职者在特殊环境中的表现，考核其知识，判断其解决问题的能力，从而获得有关求职者的第一手资料。

2. 压力式面试

　　由招聘者有意识地对求职者施加压力，就某一问题或某一事件做一连串的发问，详细具体且追根问底，直至其无以对答。此方式主要观察求职者在特殊压力下的反应、思维敏捷程度及应变能力。

3. 随意（自由）式面试

　　招聘者与求职者海阔天空、漫无边际地进行交谈，气氛轻松活跃、无拘无束，双方自由发表言论，各抒己见。此方式的目的是在闲聊中观察应试者的谈吐、举止、知识、能力、气质和风度，对其做全方位的综合素质考查。

4. 讨论式面试

　　讨论式面试近来成为许多企业偏好的一种面试形式，即一组应聘者围绕一个问题进行讨论，面试官根据每个面试者的表现和结果选择录用对象。

　　小组讨论先让应聘者作自我介绍、主题演讲，接下来进入集体游戏或讨论一个问题，对应聘者作进一步考查。不论何种形式的讨论，考查的是个人能力和团队合作能力的综合，因此要把握好个人表现与小组表现的平衡，切忌以自我为中心，做出只顾自己表现而不注意小组其他成员的行为。

5. 情景式面试

由招聘者事先设定一个情景，提出一个问题或一项计划，请应聘者进入角色模拟完成，其目的在于考核应聘者分析问题、解决问题的能力。

6. 综合式面试

招聘者通过多种方式考查求职者的综合能力和素质，如用外语与其交谈、即时作文或写一段文字、即兴演讲，甚至操作计算机等，以考查其外语水平、文字能力、书面及口才表达等各方面的能力。

7. 隐蔽式面试

这是一种特殊形式的面试，主考官主要通过暗中观察应聘者的言行举止来决定对其的评价。这种方式因其隐蔽性可以使主考官获

情景模拟面试

得应聘者在自然状态下的真实表现，故受到一些用人单位的欢迎。而毕业生常常因为其隐蔽性而放松警惕，甚至失败了也懵然不知。

（二）目前流行的面试形式

结构化面试和无领导小组讨论面试是目前最为流行的两种面试形式，在公务员录用考试、国有企事业单位招聘等面试中应用的十分广泛。

1. 结构化面试

结构化面试也称标准化面试，是指面试的内容、形式、程序、评分标准及结果的合成与分析等构成要素，按统一制定的标准和要求进行的面试。由于吸收了标准化测验的优点，也融合了传统的经验型面试的优点，因此结构化面试的测验结果比较准确和可靠。

结构化面试的显著特征如下：

1）根据职位要求设计面试问题

在结构化面试中，面试的目的是将最适合职位的应聘者选拔出来，这种面试方法通常进行深入的工作分析，以明确在工作中哪些事例体现良好的绩效，哪些事例反映较差的绩效，由执行人员对这些具体事例进行评价，并建立题库。

结构化面试测评的要素涉及到知识、能力、品质、动机、气质等，尤其是有关职责和技能方面的具体问题，更能够确保筛选的成功率。

2）对所有的应聘者采取相同的测试流程

在结构化面试中，不仅面试题目对报考同一职位的所有应聘者相同，而且面试的指导语、面试时间、面试问题的呈现顺序、面试的实施条件等都是相同的。这就使得所有的应聘者都在几乎完全相同的条件下接受面试，保证面试过程的公正、公平。

提问的顺序结构通常有如下几种：

（1）由简单到复杂的提问，逐渐加深问题的难度，使应聘者在心理上逐步适应面试环境，以充分地展示自己。

（2）由一般到专业内容的提问。

3）面试评价有规范的、可操作的评价标准

从行为学角度设计出一套系统化的具体标准，每个问题都有确定的评分标准，针对每一个问题的评分标准，建立系统化的评分程序，能够保证评分一致性，提高结构有效性。

针对每一个测评要素，结构化面试有规范的、可操作的评价标准，从而使每位考官对应考者的评价有统一的标准尺度。

应考者的面试成绩最终是经过科学方法统计出来的（即对每个要素去掉众多考官评分中的最高分和最低分，然后得出算术平均分，再根据权重合成总分）。

结构化面试不同于传统的面试，它更加注重根据工作分析得出的与工作相关的特征，面试人员知道应该提出哪些问题和为什么要提出这些问题，避免了犯主观上的归因错误，每个应聘者都能得到更客观的评价，降低了出现偏见和不公平的可能性，能够可靠、有效地在最短的时间内选聘到真正满足工作要求的应聘者。

4）考官的组成有结构要求

在结构化面试中，考官的人数必须在 2 人以上，通常有 5～7 名考官。考官的组成一般也不是随意决定的，而是根据招聘职位的需要，从专业、职务甚至年龄、性别等角度按一定比例进行科学配置，通常设一名主考官，一般由他负责向应考者提问并把握整个面试的总过程。

总而言之，结构化面试具有试题固定、程序严谨、评分统一等特点。从实践来看，结构化面试的面试效果良好、可信度较高，比较适合规模较大，组织、规范性较强的录用面试，因此，结构化面试已经成为录用面试的首选。

2. 无领导小组讨论面试

无领导小组讨论面试是目前流行的一种面试形式。面试官或者不给应聘者指定特别的角色（不定角色的无领导小组讨论），或者只给每个应聘者指定一个彼此平等的角色（定角色的无领导小组讨论），但都不指定谁是领导，也不指定每个应聘者应该坐在哪个位置，而是让所有应聘者自行排位、自行组织。面试官不参与讨论，只对每个应聘者在讨论中的表现进行观察（可以借助专门的摄像设备），对应聘者的各个考查要素进行评分，从而对其能力、素质水平做出判断。

小组讨论一般每组 4～8 人不等，参与者得到相同的信息，但是都未被分配角色，大家地位平等，要求他们分析有关信息并提出一个最终的解决方案，以此检测应聘者的组织协调能力、口头表达能力、辩论/说服能力、情绪稳定性、处理人际关系的技巧、非言语沟通能力（如面部表情、身体姿势、语调、语速和手势等）等各个方面的能力，以及自信程度、进取心、责任心、灵活性、情绪控制等个性特点和行为风格。

无领导小组讨论面试适用于挑选具有领导潜质的人或某些特殊类型的人群（如营销人员），如今无领导小组讨论面试的适用对象越来越广，不仅局限于"中高层员工"，例如大企业的校园招聘、公务员考试等都在使用，大致原则是适用于那些经常跟人打交道的岗位，如中高层管理人员、人力资源管理人员、行政管理人员、营销人员等，而对于 IT 技术人员、

生产类员工则是不适用的。

无领导小组讨论面试的讨论题一般都是智能性的题目，从形式上来分，可以分为以下五种：

（1）开放型：例如，您认为什么样的领导才是个好领导？

（2）两难型：例如，您认为能力和合作精神哪个更重要？

（3）排序选择型：例如，若母亲、妻子、儿子三人同时落水，该先救谁？

（4）资源争夺型：例如，公司只有500万奖金，不同部门应如何分配？

（5）实际操作型：针对存在的问题设计一个实际操作方案。

无领导小组讨论面试的流程如下：

1）个人陈述

应聘者入座后，认真听面试考官的导语，按照导语的提示和要求作答。审好题目，快速阅读材料，掌握好时间，分配好思考时间和答题时间，可以粗略地罗列提纲。

2）自由讨论

在自由讨论阶段，可以根据自己的性格特征和实际情况来决定自己的角色。小组讨论重要的是看应聘者在讨论过程中扮演了什么角色，无论充任哪一个角色，都要出色完成自己的角色，将普通的成员角色做出特色、做出成果。要表现出主动参与、积极推进的态度，以团队利益为核心，摒弃个人英雄主义。

3）总结陈述

总结陈述阶段是由小组中的一位应聘者对整个小组的观点进行汇总和陈述。在总结陈述阶段，应聘者要注意角色的选择。如果应聘者概括归纳能力较强，表达演绎能力较好，可以尽量争取做总结陈述者，总结时候要条理清晰，分点论述，注意把控时间，言简意赅。这就要求在整个讨论过程中一定要认真听，理解好大家的观点，做好详尽的笔记，将小组意见清晰详尽地表达清楚。

经典实例

意想不到的电话

前几天，小周向一家医药公司投了简历，应聘职位是客户服务代表。对方问了几个简单的问题后，微笑着对小周说："你的条件非常适合这项工作，公司会尽快通知你参加复试。"

回到学校，小周正在吃饭时，突然手机响了。"喂，谁啊？"小周放下筷子开口问道。"您好，请问是舒兰吗？"电话的另一端传来一个温柔的声音。"你打错了！"小周没好气地回答。"那您是谁呢？"小周心想，真是太讨厌了，打错了还纠缠不休，于是生气地说："我姓周，你这人是不是有毛病啊，明知打错了还问！"

"噢，是周文静吗？对不起，我打错了。"

三天后，那家医药公司还没通知小周去面试，于是小周打电话过去询问。对方说："我们已经通过电话面试过你了，你已经被淘汰了。客户服务代表要善于倾听，有耐心，有礼貌，这样才能和客户进一步交流，更好地为客户服务。"这时，小周才如梦初醒。就这样，一次再简单不过的面试，小周却以失败告终。

（三）面试的内容

面试的内容，指面试时需要测评的应聘者的基本素质内容，主要有以下几种。

1. 仪表风度

这是指应聘者的体型、外貌、气色、衣着举止和精神状态等。研究表明，仪表端庄、衣着整洁、举止文明的人，一般做事有规律，注意自我约束，责任心强。

2. 专业知识

对专业要求较强的岗位，在面试中，主考官往往会对应聘者提一些专业方面的问题，以了解应聘者掌握专业知识的深度和广度，考查其专业知识是否符合所要应聘职位的要求。

3. 实践经验

一般面试官会根据应聘者的个人简历或求职登记表，作些相关的提问，了解应聘者有关背景及实习实践经历，以补充、证实其所具有的实践经验。通过实践经验的了解，还可以考查应聘者的责任感、主动性、思维能力、口头表达能力及遇事的理智状况等。

4. 口头表达能力

口头表达能力主要考查应聘者能否将自己的思想、观点、意见或建议顺畅地用语言表达出来。

5. 综合分析能力

综合分析能力主要考查应聘者是否能对主考官所提出的问题通过分析抓住本质，并且说理透彻，分析全面，条理清晰。

6. 反应能力与应变能力

反应能力与应变能力主要考查应聘者对主考官所提问题的理解是否准确贴切，回答是否迅速、明了；对于突发问题的反应是否机智敏捷；对于意外事情的处理是否妥当等。

经典实例

快速反应助她赢得工作

一合资企业到某高校招聘三名销售化妆品的业务员。该化妆品系列在市场上很受欢迎，而且公司还规定：业务员除了有较高的底薪外，还有一定比例的销售奖。当时，有许多学生都想来试试运气。其中有个长得不算太漂亮、脸上还有些雀斑的女生也报了名，经初步面试，该女生和另外四名同学一起入选。

为慎重起见，主考官们又进行了复试。复试采用的是场景模拟演示法，即让学生充当业务员，主考官充当客户，当"业务员"按常规向"客户"介绍了产品之后，有个"客户"突然说："你说这个化妆品很好，还有祛斑养颜的作用，那你脸上为什么还有这么多雀斑？""业务员"听了一愣，但马上笑了笑："小姐，您不知道，我脸上的雀斑以前还要多，就是用了本产品之后，才变成现在这样少的。""客户"满意地笑了，高兴地对"业务员"说："不错，你很有勇气，很会说话，非常适合干这一行。"因此，她幸运地被录用了。

7. 人际交往能力

在面试中，主考官往往通过询问应聘者经常参与哪些社团活动，喜欢同哪种类型的人打交道，在各种社交场合所扮演的角色，来了解应聘者的人际交往倾向和与人相处的技巧。

8. 工作态度

对工作态度的考查一是了解应聘者对过去学习、工作的态度；二是了解应聘者求职应聘的态度。一般认为，在过去学习或工作中态度不认真，做什么、做好做坏都无所谓的人，在新的工作岗位也很难做到勤勤恳恳、认真负责。

经典实例

面试答题应表现正确的工作态度

某知名企业在某学校组织了一次面试。面试官先后向两位面试者提出了同样的问题："我们单位是全国数一数二的大公司，下面有很多子公司，凡被录用的人员都要到基层去锻炼，基层条件比较艰苦，请问你是否有思想准备？"毕业生 A 说："吃苦对我来说不成问题，因为我从小在农村长大，父亲早逝，母亲年迈，我很乐意到基层去，只有在基层摸爬滚打才能积累丰富的工作经验，为今后的发展打下基础。"毕业生 B 则回答："到基层去锻炼我认为很有必要，我将努力克服困难，好好工作，但作为年轻人总希望有发展的机会，不知贵公司安排我们下放基层的时间有多长？还有可能上来吗？"

结果前一学生被录用，后一学生被淘汰。

9. 求职动机

了解应聘者为何希望来本单位工作，对哪类工作最感兴趣，在工作中追求什么，来判断本单位所能提供的职位或工作条件等能否满足其工作要求和期望。

10. 兴趣与爱好

主考官通过对应聘者提一些诸如休闲时间爱从事哪些运动，喜欢阅读哪些书籍及喜欢什么样的电视节目等问题，来了解应聘者的兴趣与爱好，以利于录用后的工作安排。此外，面试时主考官还会向应聘者介绍本单位及拟聘职位的情况与要求，讨论有关工薪、福利等应聘者关心的问题，以及回答应聘者可能要问到的其他一些问题等。

二、面试前的准备

古语云："凡事预则立，不预则废。"面试前的准备相当重要，大致有以下几个方面。

1. 深入了解用人单位

俗话说："知己知彼，百战不殆。"因此，在面试前了解用人单位的情况尤为重要。一般来说，毕业生可通过用人单位的内部宣传资料、网站、杂志、报纸、广告宣传手册和新闻媒体的报道等渠道来了解用人单位的性质、规模、特色、组织机构、财务状况、发展前景、企业信誉等情况。若事先对这些情况一无所知或知之甚少，则在面试时容易处于被动的境地，也容易对用人单位造成"你不关心我单位"的不良印象，从而影响面试成绩。

经典实例

"你可以走了"

某外资企业市场总监李先生，提起8年前大学毕业的第一次面试，仍记忆犹新。

当时的就业压力并不大，但李先生还是早早地做好了充足的面试准备。无论是求职信、个人简历，还是自己的着装，都请教过很多人，可以说是很完美。而且，他事先也做了充分的心理调适，所以心态上也很放松。

面试的时候，无论是说自己的经历还是谈技术，从主考官的表情来看，对他都非常满意。40分钟的面试就要接近尾声了，突然主考官问："李先生，我看您事先做了很充分的准备，说明您对我们公司和这份工作很重视。那您知道我们公司是干什么的吗?""干什么的?"李先生一下子懵了。半晌，李先生一脸尴尬地说："对不起，这一点我还没来得及进行足够的关注……"主考官手一挥："好了，李先生，你可以走了。"

2. 充分准备材料

参加面试要带好自荐信、个人简历、成绩单及有关证书(正本和复印件)等材料。如果应聘外资企业，最好将自荐信、个人简历等材料准备为中英文对照格式。即使曾经发过求职信和个人简历，也应该再带上一份材料，以备用人单位查看。并且，所有准备好的文件都应该按顺序整理，以便取用。

3. 面试训练准备

刚毕业的大学生缺乏求职面试经验，在面试前有必要进行一些面试技巧训练。面试技巧训练包括口才训练、反应训练、礼仪训练等。大学毕业生可以通过学习就业指导课或讲座、查阅有关面试的指导书籍、模拟面试等途径进行训练。

4. 调整心情

面试时一定要精神饱满，因此在参加面试前要适当放松，搞好个人卫生，调节自己的生活规律，保证充分的休息时间，以饱满的精神状态面对主考人员。

5. 独自前往

在各类面试及咨询中，一定不要让自己的父母或亲戚朋友陪同，要独自前往。这样，可以避免用人单位怀疑个人的自信心和独立能力。

6. 遵守约定时间

参加面试，最好比约定时间提前到达面试地点，以稳定自己的情绪和做好面试准备。到达用人单位后礼貌对待前台接待，在规定的地方等候，不可随意走动。如果有意外情况，最好能够在面试前通知用人单位，告知自己不能准时到达面试地点。

课堂讨论

面试之前，除了做好上述准备之外，还应注意哪些细节问题？

三、求职面试礼仪

穿着和举止打扮可以反映出一个人的修养和生活风格，仪表往往能决定招聘者对应聘者的第一印象。在面试环节中，面试者在面试中所体现出的礼仪问题，在很大程度上影响着面试的成绩。

（一）面试仪表

1. 面试着装

面试时的基本着装礼仪

应试者参加面试时应做到着装整洁、大方、符合职业形象。在应聘不同岗位时，应根据所应聘的工作性质和类型，确定自己的穿着。例如，应聘技术人员等具体操作岗位，应穿朴素一点；去广告公司应聘，则不应穿古板落俗的衣服；若应聘比较活泼的职业（例如营销），则服饰上可适当有些图案，以显朝气。

应试者的衣着服饰要注意以下几个方面：

（1）女生忌讳服饰过于繁杂、鲜艳，应避开大红、橙色、粉红、紫色等颜色。

（2）男生穿深色西装，领带、衬衣袖口要注意清洁。

（3）尽量减少佩戴首饰，要突出大学毕业生年轻有朝气的一面，以清新的形象示人。

（4）皮鞋要擦去灰尘和污痕，鞋带要系牢。男生的鞋子颜色一般要比裤子颜色深。女同学不要穿鞋跟过高的鞋子。

经典实例

适 得 其 反

毕业生小赵参加了系里的就业指导课后，决定接受老师的建议重新给自己包装一下。经过一番打扮，果然大不一样，唯有那一双新鞋，因为不小心买大了一码，又舍不得放弃，只好勉强穿上。不久，一家单位通知小赵去面试。他穿上新衣新鞋，自我感觉并不怎么样。面试过后，单位的一位领导突然要求小赵走上几步给考官看，这下可把他吓坏了。心里越发紧张，结果越走越难看。几天后，其他几位同去单位面试的同学都接到了复试的通知，小赵却没有。后来，老师问小赵是不是脚有问题。他说："绝对没有，只是紧张的缘故。"

2. 化妆与发型

面试前，应整理仪容。头发清洗干净，梳理整齐，不要染怪色头发。男生不要留小胡子，不要留长发。女生不要浓妆艳抹，不要用有浓烈味道的香水，可适当化淡妆。

（二）面试举止

举止是无声的语言，主要通过人的表情、姿势、动作等表现出来。它是一个人是否具有修养的表现。面试时应注意以下几个方面：

1. 敲门进入面试室

进入面试室前应先轻轻敲门（门一般是关着的），得到许可后方可进入。注意敲门不可用力太大，也不可未进门前先将头伸进来张望一下再进门，更不可大大咧咧地直接推门而入。进门后，应轻轻地转过身去关上门。

2. 主动与主考官打招呼

进入面试室后，应主动与主考官打招呼，可点头微笑，也可问候，如"上午好""下午好""各位领导好"。若主考人员没有主动伸手与你握手，无须主动要求握手。要有礼貌地向主考官介绍自己，做到举止大方、谈吐得体、态度热情。

3. 回答问题时精神集中、态度诚恳

面试时回答问题要集中精神，力求给对方以诚恳、沉稳、自信的印象。诚实地讲出自己

能做什么，不能做什么，切忌含糊其辞。根据听者的反应适时调整自己的语言表达方式，冷静地保持不卑不亢的风度。

在语言方面，讲话要条理清晰，并通过表情、声音、语调等诸方面的配合，传达出自己真诚、热情、乐观、大方的态度，这会收到良好的效果。

4. 微笑待人

俗话说："面带三分笑，礼数已先到。"微笑是自我推荐的润滑剂，是礼貌之花、友谊之桥，是自信的象征。所以，求职时面带微笑会提高求职的成功率。面试者要善于微笑，微笑必须真诚、自然。只有真诚、自然的微笑，才能使对方感到友善、亲切。微笑要适度、得体。适度就是要笑得有分寸、不出声、含而不露，不能哈哈大笑、捧腹大笑；得体就是要恰到好处，当笑则笑，不当笑则不笑，否则会适得其反，给对方留下不好的印象。

5. 面试时的姿势

俗话说："站有站相，坐有坐相。"正确的坐姿是：全身放松，两腿自然并拢，手放在膝上，挺直腰板，身体微向前倾，坐时既不可坐得太浅，也不能坐得太深（只坐椅子的三分之二）。正确的坐姿，会让人感觉到应聘者精神振奋，朝气蓬勃。

提示

注意不要有小动作，如下意识地看手表（让主考人员觉得你对面试或提问有些不耐烦）；或跷二郎腿，不停地抖动；或坐时双腿叉开，摇晃不停；或用手掩口；或讲话时摇头晃脑；或用手不停地挠后脑勺；或不停地玩弄随身携带的小物件等。这些小动作会使主考人员分神，并很有可能引起他们的反感。

6. 认真地倾听并注意目光的交流

面试时与主考人员保持视线的接触，是交流的需要，也是起码的礼貌，更是应聘者自信的表现。面试时若回避对方的目光，会被对方认为你或许太胆怯，心中无底；或许太傲气，不将主考人员放在眼里。正常状态下，应聘者应望着向自己发问的那位主考人，但不要一直将目光死盯着对方的眼睛。正确的方法是把目光放在对方额头或鼻梁上方，保持目光的自然轻松、柔和，传达出你的真实思想，这样会让对方觉得你是在聚精会神地和他交流。多位面试官在场时，应适时地环顾其他面试官以表示你对他们的尊重。

7. 在语言方面应注意的问题

（1）谈话时若无特殊情况不可随便打断别人的讲话，即使是有某种原因，也要以适当的方式插话。

（2）面试者要善于使用手势语，但要注意得体、协调。手势语并非多多益善，要尽量简练。同时，手势语使用的频率、摆动的幅度及手指的姿态等都应和谐地配合有声语言传递信息。过多、过杂且不注意姿势的手势动作，会给人以张牙舞爪和缺乏修养之感。而过多地使用"呢、啦、吧、啊"等语气词或者口头禅，会使考官心烦意乱，也会让考官以为求职者信心不足，准备工作做得不充分。

（3）讲话时普通话应力求标准，不可讲错字或念错音，最好不用方言。若是涉外单位，还应做好用英语面试交谈的准备。

（4）讲话时不可以自负的方式和语气说话，即话不能说得太满，当然也不必过于谦虚。

8. 微笑告辞

当主考人示意面试结束时，应微笑起立，感谢用人单位给予面试的机会，然后道别，没有必要握手（除非主考人员主动伸出手来）。如果进入面试室时有人接待或引导，离开时也应一并向其致谢、告辞。

经典实例

礼 貌 的 力 量

小赵是一名应届大学毕业生，他到一家公司面试时，面试他的王经理说话直率，没谈几句就回绝了他。小赵十分礼貌地告辞说："感谢您给了我这次面试的机会，只可惜我自己的能力不够，实在非常抱歉，我会记住您的忠告去努力的。"他礼貌大方地走后，王经理忽然感觉这小伙子不错，公司也需要人才，于是，决定在限定名额之外追加录取小赵。

（三）面试禁忌

（1）**迟到**。迟到是面试中的大忌。面试时要准时，这是对求职者最起码的要求，准时代表着一个人的基本素质和修养。不准时的人，会让人觉得没有责任感。如果是因为堵车或者地方不熟悉，应该立即与用人单位取得联系，讲明情况。

（2）**完全被动**。主要表现为默不作声，主考官再三诱导也只回答"是、不是、好、可以"等简单的字符。考官不说话时，也不会适时提问，而造成长时间的静默。这样的求职者必然让用人单位失望。

（3）**傲然自大**。有些求职者三番五次质询用人单位的规模、升职制度、在职培训情况，以及能让自己担当什么职务或准备给多少薪水等，而对用人单位提出的问题不屑一顾，或是无礼打断主考官的问话，甚至反问主考官，让其下不了台。

（4）**不当反问**。例如，主考官问："关于工资，你的期望值是多少？"应聘者反问：

"你们打算出多少？"这样的反问很不礼貌，像是在谈判，容易引起主考官的不快和敌视。

（5）**急于套近乎**。具备一定专业素养的面试官是忌讳与应聘者套近乎的，因为面试中双方关系过于随便或过于紧张都会影响面试官的评判。过分"套近乎"也会在客观上妨碍应聘者进行专业经验与技能的陈述。聪明的应聘者可以列举一两件有理有据的事情来赞扬招聘单位，从而表现出你对这家公司的兴趣。

（6）**超出范围**。在面试快要结束时，主考官问求职者："请问你有什么问题要问我吗？"若应聘者反客为主地询问："请问你们公司的规模有多大？中外方的比例各是多少？董事会成员里中外方各有几位？你们未来5年的发展规划如何？"连珠炮似的问题让主考官几乎哑口无言，结局自然不妙。

（7）**盲目应试**。应试者择业意向不明确或对用人单位及招聘岗位的要求不清楚，"有病乱投医"，盲目应试赶场，结果自然以失败告终。

四、面试后的努力

面试结束后，能否被录取尚为未知数，面试官事后还要对应聘者重新审视，如果能在招聘单位最后做出决定之前做些积极的努力，或许还能改变自己的命运。

1. 回顾与反省

应聘者在面试结束后要仔细回忆和分析面试场景，从以下问题中找出自己的不足，以便进一步做出有效的努力。

（1）面试官的姓名和职位？

（2）单位的要求是什么？

（3）首要目标和最大的挑战是什么？为什么我能做好这份工作？

（4）哪些问题没有回答好？为什么？双方共同认为下一步应该做什么？

（5）和面试官最后几分钟谈话的内容是什么？

在对上述问题进行分析和总结后，若有机会应该虚心地向招聘者请教自己有哪些欠缺，以便今后改进。这样，既可以给招聘者留下良好的印象，也会使自己取得进步。

2. 与招聘者保持接触

（1）应试者不要忘记在面试结束的一两天内向面试人员和其他人员写一封感谢信：一是感谢对方给予的面试机会；二是说明自己留下了愉悦的印象和感受；三是再次表明对此工作的兴趣和信心。面试后的感谢信所起的作用主要有引起招聘者的注意，加深印象；可以澄清面试中可能的误解，消除对方疑虑；可以补充资料，补充说明；提供重申工作职位的机会，表明诚意，给对方信心。最好能在面试结束后24小时内将感谢信发出。

拓展阅读

面试后的感谢信

尊敬的××先生：

感谢您昨天为我的面试花费时间和精力。我觉得和您的谈话很愉快，并且了解到许多关于贵公司的情况，包括公司的历史、管理形式及公司宗旨。

正像我已经谈到过的那样，我的专业知识、经验和成绩对公司是很有用的，尤其是我的刻苦钻研能力。我还在公司、您本人和我之间发现了思想方法和价值取向上的许多共同点。我对贵公司的前景十分有信心，希望有机会和你们一起为公司的发展努力工作。

再一次感谢您，并希望有机会与您再谈。

×××

××年××月××日

（2）有的情况下可能会有第 2 轮的面试，甚至第 3 轮的面试，面试的团队也越来越大，需要做相应的准备。

（3）在面试后的一周左右，主动打电话询问面试结果，在其后的一个月中可以再次电话询问，但是不要过于频繁，以免引起对方的反感。

经典实例

失 而 复 得

小万是武汉长江工商学院的应届毕业生。武汉一家事业单位招聘宣传干事，小万到了招聘地点才知道，招聘单位要求硕士以上文化程度。小万想，自己平时已在各类报纸上发表文章 20 多篇，应该能够胜任这份工作。于是，他成为应聘的 20 多人中唯一的本科生。

交上简历后，小万一直没有接到通知。他打电话询问，对方人事主管说："我们倾向于招收研究生，你条件虽不错，但不符合我们的要求。"小万听后，知道机会不大，但还是给人事主管发了一条短信：虽然我不太符合贵单位的要求，但仍感谢您给我的指导，如果面试者中没有合适的，或者有人缺席，请及时通知我，非常感谢！

一个星期后，那家单位果然给小万打来电话，说正好有个面试名额空缺。小万经过精心准备，在面试中赢得了工作机会。单位人事主管告诉小万说，是他后来的那条短信打动了自己。

第二节　笔 试 技 巧

大学生对笔试并不陌生，但应注意求职择业过程中的笔试与在校期间课程考试之间的不同之处，应做好笔试的准备工作，掌握笔试的方法和技巧。

一、笔试的作用及种类

笔试是用人单位对应试人员的一种考核办法，目的是考核应聘人员的文字能力、知识面和综合分析问题的能力。

笔试具有三个显著的特点：一是客观性。试题依据一定的内容和客观标准拟制，评卷依据客观尺度，人为干扰因素少，具有较强的区别功能。二是广博性。试题可以多种多样，测试范围广泛，结果的可信度较高。三是经济性。可在同一时间同时考核大批应试者，提高招聘工作的效率。

（一）笔试的作用

笔试的作用主要体现在以下几个方面：

（1）笔试是用人单位对求职者的基础知识、专业知识、文字表达能力和书写态度等综合能力的一次有据可查的测试。

（2）笔试可以防止任人唯亲的不正之风，也可以作为求职者能力的留档记录。

（3）笔试的结果是根据一定的标准答案评定出来的，它弥补了面试结果受个人爱好、感情用事等主观因素影响的缺陷。笔试得出的分数往往可靠、真实且容易排名。笔试对求职者们来说是一次公平的竞争，对用人单位来说是检查和核实求职者真才实学的好方法。

（4）笔试的试卷是决定求职者去留的最科学的依据。因此，笔试是用人单位测试求职者的重要砝码。

（二）笔试的种类

1. 专业考试

专业考试主要是为了检验应试者的专业知识水平和相关的实际能力。一般用人单位在接收毕业生时，根据学校提供的推荐表及成绩单，再辅以求职者的自荐材料就可以了解其基本的知识能力等情况。但也有一些特殊的用人单位，需要通过笔试的方式对求职者进行文化专业知识的再考核。例如，外贸外资企业招聘职员要考外语水平，金融单位要考金融专业知识，公检法机关录用干部要考法律知识等。

2. 心理和智商测试

心理测试是用事先编制好的标准化量表或问卷要求应试者完成，根据完成的数量和质量来判定其心理水平或个性差异的方法。一些用人单位常常以此来测试求职者的态度、兴趣、动机、智力、个性等心理素质。有些用人单位还对应试者进行智商测试，其目的主要是考查应试者的观察问题能力、综合分析能力、思维反应能力。智商测试主要为一些著名的跨国公司所采用，他们对毕业生所学专业一般没有特殊要求，但对毕业生的综合素质要求较高。

3. 技能测验

技能主要包括毕业生熟练操作和使用计算机的能力、英语会话和阅读能力，以及在财会、法律、驾驶等方面的能力。技能测验实际是考查毕业生的动手能力和实践能力。

4. 命题写作

用人单位通过论文或公文写作的形式考查应试者文字表达能力及分析归纳能力。例如，限时写出一份会议通知或请示报告，也可能提出一个论点，让应试者予以论证或辩论。

拓展阅读

全球知名企业的笔试情况

了解全球知名企业进行笔试的情况，无疑会有利于应试者取得成功。这些公司是怎样进行笔试的呢？下面来看几个例子。

★ 微软：考题没标准答案

在微软的技术支持中心，招人必定从笔试开始。考卷分 A、B 两类，A 类考卷面对的是非计算机专业的学生，其中逻辑思维方面的考查占 70%；B 类考卷面对的是计算机及相关专业的学生，其中技术方面的考核占 70%。而销售部、研发中心和研究院招人，一般不进行笔试。

微软的笔试从 IQ、算法、应用程序、谜语四个方面对应试者进行考核。很多人在网上看到过一些非常经典的题目，如"下水道的盖子为什么是圆的"就出自微软的试题数据库。微软希望招到更多具有开放性思维的人，因此很多考题并没有标准答案。例如，"请你解释一下为什么电脑的屏幕是方的而不是圆的""你认为北京有多少个公共汽车站"，应试者可以随便给出答案，5 个或者 5000 个都可以，关键是要有合理的解释。只要有一套自己的思维方式，就算是一个好答案。微软很看重员工的逻辑分析能力，而这类试题主要也是测试应聘者的思维方式。

★ IBM：笔试考查逻辑推理

在 IBM，笔试成绩只是作为参考，并不是过关的唯一条件。相对而言，应聘者的经验、面试的结果更为重要。IBM 有全球统一使用的数据处理测试，可对应聘者的逻辑推理能力进行全面考查。

★ P&G：注重英语水平

P&G 的笔试主要由解难能力测试和英语水平考试构成。前者是一个 65 分钟的书面测试，主要考查应试者的逻辑思维能力和判断能力。英语考试侧重于考查应试者在跨国企业工作中的基本沟通能力。P&G 认为，掌握英语能够帮助新员工在工作中很好地与人沟通。因为在公司，除了与外方经理沟通时需要英语，和一些说粤语的香港同事交流时也需要用到英语。

★ NEC：字迹要清楚

NEC 的笔试成绩很重要，如果答卷人字迹潦草，则会给考官留下坏印象。在一次招聘中，一名应试者答题的准确率很高，但是字迹很乱，难以辨认，在面试时他的服装和举止也很不得体，于是最终被 NEC 拒之门外。

总结：外资名企的笔试虽然各有千秋，但也有相同的地方。从测试的考题上看，他们非常重视思维的开放性、灵活性和创新性；从笔试的方法上看，他们善于从不同的角度全面了解应试者的基本素质。他们对应试者的智商、逻辑思维能力和创新精神非常重视，同时也非常关心应试者的沟通能力、团队精神和行为细节。

二、笔试前的准备

（一）了解笔试内容，做到心中有数

笔试的主要内容包括基础知识和专业技能，以及与招聘职位有关的某些知识和技能。不同的笔试类型，有不同的考试内容，毕业生在考前应做详细的了解，针对不同的情况做相应的准备。笔试成绩与毕业生平时的努力也有很大的关系，如果毕业生兴趣广泛，平时注意吸收各种信息，考试时就能驾轻就熟、得心应手。

（二）掌握复习方法，进行认真复习

复习已学过的知识是准备笔试的重要方式，而掌握有效的复习方法，可事半功倍。

1. 掌握技巧

用人单位比较重视考核应试者对所学知识的应用能力。因此，应试者在复习的过程中，要理论联系实际，注意用理论知识解决实际问题，学以致用；把与招聘职位相关的各方面知识进行认真梳理，以便全面把握；注意提纲挈领，掌握重点，提高效率；在平时就应广泛阅读相关知识，扩大知识面，提高阅读能力，以便应试时能应付自如地回答各类问题；为了适应招聘考试中的题量，还应培养自己快速阅读、快速思维和快速答题的能力。

笔试技巧

2. 计划周全

在笔试前应制定一份切实可行的复习计划，安排好复习的内容，合理利用时间。

（1）对考前复习的情况进行具体分析，包括需要复习的内容，自己掌握知识和技能的情况，有多少复习时间及如何分配等。

（2）妥善安排复习时间和内容，计划出每一科复习大致需要多少时间，每一阶段要达到什么目标，复习什么内容。不仅要有总的复习目标，还应有阶段性的目标。复习计划中的复习活动要多样化，各科复习交替进行。

（3）复习计划制定后要严格执行，以顽强的意志控制自己的复习。要增强战胜困难的信心，采用限时量化复习的方法，加快复习速度，提高复习效率。

（4）要有张有弛，劳逸结合，防止过度疲劳，以充沛的精力确保复习计划的执行。

3. 方法得当

在复习中应掌握科学的、适合自己的记忆方法。

(1) 归纳提炼法。将大量的知识归纳提炼为几条基本理论，用一个简明的表格或几句精练的语言准确地写下来；把个别的概念、定义、定律和定理放到知识体系中贯穿思考，并弄清楚相互联系、衔接，列出相似点和不同点，抓住概念、定义、公式、定律等基础知识；对于容易混淆的概念或法则用对比的方法进行辨析，弄清相互间的联系和区别。

(2) 系统排列法。先将知识进行归纳提炼，对归纳提炼出来的知识点进行取同去异，使其按一定的规律系统地进行排列。在系统排列时，可以以某些相同的或相似的特征为基础，不断地把较小的组或类联合为较大的组或类，也可采用相反的方式，以对象的某些特征或特征差异为基础，把它划分为较小的组或类。通过这种系统排列，组成一定的顺序，能够找出各知识点之间的联系和关系，更好地认识其特性。

(3) 串联建构法。在系统复习的基础上，对章节与章节、单元与单元进行各种串联，做更高层次的理解；对已掌握的知识进行整理、归纳、分类、列表，以形成自己的知识体系，建立起良好的认知结构；逐个章节复习，找出难点、重点；在全面复习后，最后把各知识点再串联一遍。这种方法可以改变一味死记硬背的方法，从整体上把握知识。

(三) 熟悉考试环境，做到有备无患

熟悉考试环境，首先要了解考场的设置情况，如所在的考场大小和空间位置、考场里面的装饰及采光等方面的情况，更重要的是要弄清自己座号的具体位置。其次，还要熟悉一下存包处及卫生间等地方。对于应试者来说，不仅要熟悉考场环境，还应熟记考场规则。

(四) 保持良好的身心状态

参加笔试需要良好的心理素质。临考前，一是要正确评价自己，树立自信心，调整好心理状态；二是要保持充足的睡眠，以避免考试时精神不振，影响正常思维；三是可以在考前适当地参加一些文体活动，从而使高度紧张的大脑得到放松休息，以充沛的精力去参加考试。

三、笔试的方法和技巧

笔试成绩的高低，不仅与自己的实际水平和考前复习有关，还与自己的答题技巧有关。

要提高答题技巧，就要了解考试的特点，掌握解答各类题目的方法，以全面展现自己已掌握的知识，充分发挥自己的真实水平。参加笔试时主要应注意以下几点。

1. 增强自信心

笔试怯场，大多数是由于缺乏自信心所致。要客观冷静地对自己进行正确评估，相信自己的实力，才能克服自卑心理，增强自信心。应聘笔试同高考不同，高考是"一锤定音"，而应聘笔试则可能有多次机会。考试前应适当放松心情，调整好精神状态去应试。

2. 掌握科学的答卷方法

拿到试卷后，首先应通览一遍，了解题目的多少和难易程度，以便掌握答题的深度和速度，合理安排答题时间；然后按先易后难的原则安排答题顺序，不要被难题所困而耽误时间；最后要尽量留出时间对容易出错的地方进行复查，特别注意不要漏题、跑题或出现错别字、语法不通、词不达意等错误；答题时行距和字迹不要太小，卷面字迹要力求工整清晰，书写过于潦草、字迹难以辨认也会影响考试成绩。因为求职笔试不同于其他专业考试，有些题目并没有明确的答案，认真的态度、细致的作风、新颖的观点会大大增加被录用的可能性。

经典实例

笔试可以天马行空吗？

某高职院校 2017 届管理专业的毕业生小张是一位品学兼优的学生。一次某颇有名气和规模的乡镇企业前来招聘管理人员，待遇比一般企业要高，小张前去应聘，笔试的题目是《我眼中的乡镇企业》。小张在文中写道："我眼中的乡镇企业，环境恶劣、设备落后、员工素质低下。学校的老师一再教导我们，要树立到乡镇企业工作的思想观念……我们这一代人是承前启后、继往开来、与时俱进的一代，我们要树立雄心壮志，到乡镇企业去工作，乡镇企业的明天要靠我们去开创……"笔试后，小张对自己的表现比较满意。但遗憾的是，三天后公司通知该院招生就业办公室小张没有被录用。

第三节 谨防各种求职陷阱

大学生求职的道路上虽然充满了成功的机会和希望，但是同样也潜藏着许多的陷阱和骗局。大学生的社会阅历不足，很容易被各种各样的假象所蒙骗，因此，大学生要提前了解各类求职陷阱，以避免不必要的损失和伤害。

一、大学生常见的求职陷阱

1. 树上开花

这种求职陷阱一般有以下三种情况：一是用人单位为了打响企业的知名度或者其他一些目的，大张旗鼓地做广告、发信息，声称要招聘"高级主管 1 名""业务经理 1 名"，年薪丰厚，待遇优厚等，应聘者如云；二是一些面临倒闭的企业为了躲避债权人的追债而大量做广告、发招聘信息，给人一

警惕求职陷阱

种不断发展壮大的错觉，来掩盖实际上的财务危机；三是企业利用高薪吸引别人的注意，来达到炒作的效果。因此，毕业生在求职的过程中，遇到这些情况不要信以为真，而应该多方考证后再作决定。

2. 偷梁换柱

像业务员等非常辛苦、薪水又低的工作，通常是大学生不愿意从事的工作，也因此成为许多公司招聘的难题。为了解决这些难题，有些公司就用招聘文秘、会计、行政人员、电脑操作人员等为名向社会招聘。等到进入工作岗位后才发现所有员工都要从业务员干起，这让许多刚毕业的大学生直呼上当。

经典实例

求职遭遇"偷梁换柱"

小余在武汉某家具公司竞聘"销售助理兼内务"的职位，面试、复试均合格后，被通知上班。双方在此前谈好，试用期3个月，月薪2860元，试用期结束后月薪3300元，主要是负责内勤工作。但小余去上班后，该公司却以其不熟悉公司事务为由，将其派做业务员试用3个月，工资只拿提成。同时，小余还被告知，如果3个月内业绩不合格，将继续作为试用人员使用。

3. 浑水摸鱼

浑水摸鱼的公司一般都是实力比较差的企业，他们没有足够的财力聘请专业设计人员设计产品，而以招聘企划或设计人员为名，要求求职者必须依照公司的要求做一份方案或设计图，然后再推说人员已经招满或作品不合乎要求等。这样就采用欺骗性的手段获得了众多求职者的作品，而不需要花费高额的设计费用。高校毕业生在求职时一定要谨防被这类公司浑水摸鱼，窃取了自己的劳动果实。

陷阱多

4. 瞒天过海

　　这种求职陷阱通常有以下两种情况：一是用人单位近期将有大项目启动或有新产品试制等，急需大批人才，而这些人才在项目完成或市场成熟后又完全失去作用，这就促使企业大量招聘，并采用试用期内以各种理由裁员的方式来减少开支，又保证人员的充分利用；二是一些非法犯罪团伙利用高校毕业生求职心切的心理，打出"名企"招聘的招牌吸引大学生加入，等到其发现上当受骗时，想要退出已经非常困难了。因此，高校毕业生在求职时一定要加强法律意识和自我防范意识，用法律武器来保护自身的安全和合法权益。

■ 经典实例

"瞒天过海"

　　湖北某学校收到广东省某公司的招聘传真，称该公司急需医药销售人员，请该校推荐两名学生上岗。学校通过在互联网上查看该公司的资料了解到，该公司是广东老字号的医药公司，享有盛名，对方提供的资料和网上该公司资料相符，遂派一男一女两学生赴广东应聘。

　　几天后，对方又以该公司名义发传真招聘，校方上网核查无误后，再次派出三名女生南下应聘。

　　当晚11点左右，该校接到先期前往应聘的男生小兵（化名）举报，对方根本不是什么合法公司，而是一家传销公司假冒的。校方连夜向广州、东莞、惠州三地警方求助，拦截了三名南下女生，并将其安全送回。

　　据了解，先期应聘的小兵和女生小丽（化名）到惠州后，被带到一栋居民楼五楼打地铺住下，第二天又被带到街上一间空房内培训网络直销业务，并要求两人交3900元。见势不妙，小丽谎称全家都是警察而得以脱身，小兵则趁对方不注意时逃出。

5. 金蝉脱壳

　　某些非法机构或犯罪分子在某一地方临时租用一间办公室，然后到处张贴或发放虚假招聘信息。待有求职者前来面试时，再以收取报名费、押金、服装费、培训费、办证费等手段，非法收取求职者的钱财，然后告知几天后来正式上班。当求职者前来报到时发现已是人去楼空。再有就是一些中介机构先用高薪信息吸引大学生前去面试，然后再收取一定的费用。

■ 经典实例

"金蝉脱壳"的骗局

　　武汉某大学的应届毕业生小刘通过中介机构推荐上岗，交了50元中介费和30元建档费。他拿着中介机构给他的地址找到一商贸大楼五层的一间挂有"某公司对外联络处"的房间。由名称可知这似乎是省外的一家大型企业。小刘看到已有几位大学生在那应聘求职。

一位女士接待了他，简单面试后，对方表示小刘已被录取。接下来，这位女士说，为了慎重起见，公司统一组织大家体检，体检后签订劳动合同，每人需交纳体检费430元。现在人员还没有招满，要小刘一星期后到这里集合。小刘高兴地交纳了体检费。一星期后，小刘再到集合地点时发现门上牌子已换。一打听，人已走，房间租给了别人。

小刘再一了解，省外那家公司近期根本没有在武汉招聘人员的计划，也没有在武汉设立对外联络处。小刘回头找中介机构理论并要求退费，中介机构却一口咬定信息是这家公司提供的，并按照要求将信息给了小刘，拒绝退费。小刘这才知道自己已经上当了。

二、求职陷阱的预防与应对

大学生在求职过程中，一方面要保持勇往直前的精神，另一方面也要提高警惕，预防求职陷阱。

1. 提高警惕

在求职的过程中应当保持平衡的心态，不急躁、不轻浮、不虚荣，对待遇优厚但招聘要求却很低的用人单位要特别加以防范，应充分了解其背景和运营情况，在不了解实情的情况下，万不可盲目地应聘。

2. 多了解、多打听、多思考

警惕求职陷阱

大学生在求职的过程中，应充分利用网络资源、媒体资源及其他一切可利用的资源，多方面、多层次地了解用人单位的运营现状、规模、性质、信誉度等情况，防止用人单位利用招聘信息制造骗局。

3. 谨慎应聘

当发现用人单位有异常举动时，如安排的招聘地点非常隐蔽或只在夜间招聘等，都要加倍小心，绝对不可贸然前去；应聘前后应与亲人、同学保持联系；应聘中，发现用人单位一开始就要收取押金、培训费等费用时，应当提高警惕，拖延时间，暂缓缴费；还应向用人单位的正式员工详细咨询关于公司的管理制度、用人制度等信息，以确保就业安全。

4. 注意自身信息安全

一些居心叵测的用人单位还利用求职者提供的个人信息进行一些违法活动。因此，大学生在求职的过程中，应当特别留心自身的信息安全。一般情况下，应聘时不要填写过于详细的信息资料，如家庭详细地址、家人联系电话等；上交证件时也要尽量避免交出原件。

5. 及时寻求法律保护

求职大学生一旦发现上当受骗，要及时向用人单位所在地投诉和报案。若被投诉对象为合法机构，求职者可以找劳动保障部门；若被投诉对象是无证无照经营的中介公司，求职者可以同时投诉到工商、劳动保障部门；若受骗情况特别严重、被骗金额较大，可以直接到公安部门报案。

拓展阅读

如何防范求职陷阱？

（1）尽量直接和用人单位联系，减少对中介机构的依赖。

（2）不要轻信报刊或网络尤其是不知名的媒体上刊登的招聘广告，面试之前最好能通过各种渠道了解该公司的资质和规模。

（3）面试时，不要随身携带印章、大量现金及信用卡等，不缴纳任何费用，不购买公司以任何名义要求购买的有形、无形产品。

（4）不随意做任何允诺或签署任何不明文件。

（5）不将证件及信用卡交给用人单位保管，不要心存"撒大网捞小鱼"的心理，要有选择地投递简历，对自身资料要加强保密。

（6）如果通过中介机构求职，在支付中介费用之前，一定要坚持中介机构先开具正规发票，然后付费的原则，否则黑中介会以各种理由拒开发票。

（7）如面试时主考官说话轻浮、目光闪烁不定，并要求更换面试地点或时间，只要使你产生不安全感，即可基本断定这是一家不可靠的单位。

（8）面试时不食用用人单位提供的饮食，并详记该用人单位主考官、接待人员的基本资料及特征。

（9）在与招聘单位接触的过程中，留心你所观察到的各种细节，分析其是否正规、正常的经营，面试时是否草率，待遇是否丰厚得不合常情，公司业务、工作内容是否明确。

（10）前往面试时打电话告知亲友所要前往的面试地点。

三、非法传销

（一）传销的五大骗术

1. 制造"感情"假象

搞传销的人一般最先从自己身边的亲人、朋友下手，即所谓的"杀熟"。他们会先找各种理由诱骗求职者前往某地；在车站接人时，会把自己梳洗打扮一番，以便给对方留下良好的印象，主动帮助对方拿东西，嘘寒问暖；谈话的内容以情感拉拢为主，绝口不提传销的事情。

2. 灌输"暴富"理论

传销者通过讲课、培训等方式对受骗者进行洗脑，让受骗者产生改变自己现状的强烈愿望。讲课人捏造各种所谓的"亲身经历"，将怕、靠、懒、拖、面子等归结为影响成功的因素，宣扬读书无用论，灌输速成、暴富理论，打出"你想成为百万富翁吗？赶快加入销售网络，下一个百万富翁就是你！"等极具诱惑力的宣传语，蛊惑人心。

3."直销"掩盖"传销"

初入传销组织，需要上很多的培训课，而讲课人绝对不说自己是在搞传销，而是说在开展合法的直销，以掩盖其真实面目。

📖 **拓展阅读**

非法传销与直销的区别

非法传销与直销的区别大致有以下几点：

(1) 进入门槛不同。非法传销要求加入者交纳入门费、培训费、资料费或强行购买产品；直销的加入者则不需要交入门费，也不强行要求加入者购买产品。

(2)收入来源不同。非法传销的收入来源于入门费、培训费、资料费或强行购买产品的费用；直销者的收入来源于销售产品的利润和直销公司给予的酬金和奖金。

(3) 销售形式不同。非法传销的销售形式主要是加入者之间的相互转卖产品；直销的销售形式是单向直接销售产品。

(4)退货处理不同。非法传销不准退货或设置非常苛刻的退货条件；直销可以在合理的冷静期退货。

(5) 产品定价方式不同。非法传销通过上下线层层加价，产品最终价格高于市场价格；直销产品则是统一价格。

(6) 报酬承诺不同。非法传销向加入者许诺给予高额回报；直销则直言要靠自己的勤奋努力、踏实工作才能取得成功。

(7) 宣传沟通不同。非法传销对加入者的报酬或商品质量、用途、产地做虚假宣传，诱人加入；直销则是以事实为依据，不夸大其词。

(8) 人员培训机制不同。非法传销只注重励志性的观念培训；直销机构则注重产品情况、销售技能、客户管理、政策法规等的培训。

4."磨砺意志"培训

所谓的"磨砺意志"就是每天安排人到菜市场捡菜，而且只能捡别人扔在地上的菜，休息时男的睡地板，女的睡床铺，以激发受骗者大干一番事业的热情，即"吃着烂菜根想致富，今天睡地板，明天当老板"。

5. 实施"三捧"法则

所谓的"三捧"法则即捧"公司"、捧"上线"和捧"公司理念"，营造一种感恩的心态。他们还按照"ABC"法则进行思想游说，即 A 带来 B 之后，A 不能做 B 的思想工作，而是让 C 来对 B 进行思想灌输，A 只负责吹嘘、神化 C。

（二）大学生易陷入传销陷阱的原因

1. 大学生自身的不成熟

大学生刚刚离开父母的监管，自立意识较强，但同时又涉世不深，思想单纯，缺乏社会经验和识别能力，容易轻信他人，上当受骗。此外，大学生叛逆心理强，对生活的期望值过高，强烈渴望成功和实现个人价值，缺乏对自身的正确评价，加之好奇、虚荣、从众模仿的心理作祟，使得大学生更容易接受传销。

2. 社会因素的影响

一方面，社会上流行的"金钱与地位是衡量成功的唯一标准"的狭隘思想在一定程度上影响了大学生正确价值观的形成，致使有些大学生成为传销组织的"忠实信徒"。另一方面，目前我国对打击传销的立法不足，反传销氛围不浓厚，人才市场不完善及对传销的打击力度不够等也是大学生涉足传销活动的重要原因。

3. 现代教育的缺失

目前，高校教育往往只重视专业教育，而忽视了大学生思想教育，对大学生如何树立正确的人生观、价值观、就业观，以及对如何抵制社会上不良现象等教育不够，一些大学生缺乏对传销的抵抗力，在"高薪""暴富"的诱惑面前，往往控制不住，很容易陷入传销泥潭。另一方面，家庭教育的单向、不平等和强制性使得部分大学生形成了偏执和逆反的心理。

4. 传销活动的欺骗性和隐蔽性

传销活动最大的特点就是欺骗性，传销组织者紧紧抓住大学生求职心切、急功近利的心理和不谙世事的特点，采取谈心、洗脑、亲情交流等方式，大肆鼓吹、编造"好工作""高收入"等美丽的谎言，从心理上使受害学生自愿参与传销活动。如今，传销更是通过网络延伸到了大学校园。它们以电子商务等作为幌子，在互联网上发布信息，实施变相传销活动，使一些辨别力不强的学生上当受骗。

经典实例

身陷传销组织之后的艰难脱身

大学生刘某面临毕业，工作始终没有着落，期间和网友聊起了找工作的事。当网友称自己有一位亲戚在大公司当主管时，刘某试探着要其帮忙找工作。几日后，网友让刘某去湖北面试。刘某想自己一个大男生不怕被骗，且也有在外面做销售的经验，故放松了警惕性，独自一人去了湖北。

刘某下火车后，网友称有事未能来接车，而是其表哥和另外一人来接车，此时，刘某有了疑心，但是在路上的谈话中刘某渐渐相信了来接他的两人。之后刘某被带到一个环境非常差的居民区的一间黑屋子里，刘某这才意识到自己被骗到传销组织里了。

接受完"洗脑"课程后，急于脱险的刘某趁人不备利用手机向家里联系。交了2800元后传销组织对其放松了监管，刘某趁看管人员放松警惕的机会逃离了传销组织，艰难地返回学校。

（三）大学生预防陷入传销组织的对策

1. 大学生应增强防御能力

首先，大学生要树立正确的成功观和就业观。成功是循序渐进的，是脚踏实地的努力，不能幻想一夜成名、一夜暴富。只有勤劳的付出，才会有所回报。大学生还要积极接受学校、家庭的正确建议，多和同学交流，积累社会生活经验，提高辨别是非善恶的能力，从根本上杜绝被传销团伙欺骗的可能。

其次，大学生要认清传销的本质，自觉增强免疫能力，积极通过报纸、杂志、广播、互联网等媒介，以及其他人所经历的正反事例深入了解传销的基本特点及其内在本质，形成对传销的正确认识，坚决与传销行为划清界限，不为传销组织者所蛊惑。

最后，大学生要积极开展自我教育。自我教育是一种对自己的品行进行自我认识、自我监督、自我克制和自我改正的过程，也是一个不断进行自我完善的过程，它有助于大学生更加正确地认识和判断自我。

2. 社会应承担相应责任

首先，加大对传销的关注和打击力度，建立既有分工又相互协作的齐抓共管、上下联动的健全工作格局，并设立专门的传销活动举报通道，充分运用行政执法手段查处传销活动，对于涉嫌违法犯罪人员要交由司法部门依法惩处。

其次，充分发挥新闻媒体的作用，有针对性地在校园周边地区加大对传销危害的宣传力度，采取正面宣传与现身说法相结合的方法，以教育群众、警示社会。

最后，严格立法，切实做到有法可依。现有的《禁止传销条例》中对组织策划传销和"介绍、诱骗、胁迫他人参加传销"的传销骨干制定了相应的惩罚措施，但对于传销活动的参与者、盲从者和变相帮助者等却没有具体的惩罚措施，仅是以教育遣散了事，这无疑在一定程度上助长了传销的回潮和蔓延。因此，行政立法机关应尽快制定相关法律法规，明确对传销活动参与人员的处罚措施，做到有法可依，以真正达到标本兼治的功效。

3. 学校应发挥主导作用

首先，老师要密切关注和了解学生的思想、心理变化，帮助学生提高判断是非、抵御各种错误思想的能力。学校还应该开设相应的课程，通过讲解专业知识、剖析典型案例等，引导学生增强识别传销的能力。

其次，学校要加强校园安全建设，强化校园管理，要把防范传销进校园工作纳入学校安全管理工作制度，严禁传销组织及人员在校园内进行任何形式的宣传、蛊惑及诱骗活动。

最后，要建立健全大学生就业引导机制。高校要加强大学生就业技能的培训，大力宣传国家就业政策，及时为学生提供可靠的就业信息；帮助学生树立艰苦创业、勤劳致富的就业观和财富观，使其选择适合自己发展的合法的就业岗位。

（四）大学生被困传销组织时的应对策略

1. 记住地址，伺机报警

大学生一旦发现自己陷入传销组织后，应第一时间掌握所处的具体位置，如楼栋号、门牌号等，如果没有这些，可查看附近的标志性建筑，暗中记下饭店、商场等名字。如果能发短信或打电话，可自己偷偷报警，或告知自己的亲人或朋友，让他们帮忙报警。

2. 极力寻找逃离的机会

大学生被传销组织控制的时候，不应该被动地束手就擒，应积极想各种办法，寻找逃离的机会，如利用传销组织每天都有一些户外活动的规律寻求别人的帮助；如果传销组织控制比较严，外出的机会很少，应尽可能寻找和创造外出的机会，如装病；如果实在找不到逃跑的机会，可以在上厕所时偷偷写好求救纸条，为引起注意，可写在钞票上，然后趁人不备，从窗户扔下；如果实在走不掉，在"敌强我弱"的情况下，就要想办法伪装，取得他们的信任，让他们放松警惕，然后再寻找机会逃离。

案 例 点 评

考场虽然有形，但考查却无时不在。大部分毕业生在面对正式的考试时能很好地"表现"自己、"包装"自己，因此，现在不少用人单位除了采用常规的面试之外，更重视从面试场外的一些暗中考查和寻找人才。因为在一个自然随意、没有约束条件的环境下，处于非应试状态中的毕业生其表现才接近他的真实面目。

所以，要特别提醒的是：在面试场外，不要以为考官不在场，就可对身边发生的一些事情视而不见，要知道机遇也许就蕴藏其中。当然，要做到这一点，最根本的是大学毕业生在平时就要不断提高自己的综合素质和修养，不但要学好如何"做事""做学问"，更重要的是要学会如何"做人"。

能 力 训 练

以小组为单位，4~5人一组，模拟公司招聘的面试环节。

考场设置：布置面试场所，如摆放考官座位牌、水杯等。

人员设置：每小组设置主考官一名，应聘人员3~4人。小组自行设计招聘职位。

面试过程：

(1) 学生轮流进入"考场"面试。

(2) 主考官要求应聘者用1分钟时间做一个自我介绍。

(3) 主考官针对应聘者的简历进行提问及追问。

(4) 让应聘者主动提出问题，面试官进行解答。

(5) 每个应聘者面试时间控制在5分钟左右。

(6) "考官"根据"应试人员"各方面的表现，客观评分，最后进行综合评价。

就 业 篇

第六章

就 业 程 序

【内容提要】

由于当前劳动力市场供大于求，就业压力大，许多毕业生因急于就业而重机遇、轻权益，甚至委曲求全；一些用人单位在毕业生处于弱势地位的情况下，有时也故意在签约时给毕业生设下陷阱，以至双方发生争议。因此，毕业生要依法维护自身的就业权益，这是顺利择业、成功就业的保障。本章主要介绍就业程序和就业权益的相关内容。

【知识目标】

① 了解就业协议书的主要内容和签订原则；

② 熟悉签订就业协议书的程序和注意事项；

③ 明确就业协议书的违约责任及后果；

④ 了解劳动合同的基本内容和签订原则。

【能力目标】

① 能依法签订就业协议书和劳动合同，并解决签约过程中遇到的问题；

② 能自行办理离校、报到与人事代理的相关事务；

③ 增强法律意识和维权意识，学会通过各种途径维护自己的合法权益。

引导案例——不签协议酿苦果

广东某职业技术学院 2017 届毕业生肖某等四人，经过面试，被广东省中山市某灯饰有限公司录用。为了进一步加深了解，公司要求四名毕业生先到公司进行试用，试用期为 1～3 个月，之后视毕业生的工作能力，择优转为正式员工，正式录用后才签订劳动合同。双方约定，在试用期间，公司与毕业生不签订任何形式的劳动合同，只为肖某等四人提供食宿并支付 1800 元的月薪。肖某等四人到岗后，发现该单位的管理方式不适合自己的发展，于是在工作满一个月后，向单位提出辞职，并要求其支付 1800 元工资。但是该单位负责人并不同意四人同时辞职，极力劝阻其中两名优秀的毕业生留下。由于肖某等四人坚决要辞职，负责人便扬言不会支付任何工资，并要求他们向公司支付经济补偿金。肖某等四人非常气愤，但是对如何保障自己的就业权益又毫无头绪，只好赶紧打电话回学校，向负责就业工作的老师求助。

第一节　就业协议书

就业协议书是由毕业生、用人单位、学校三方签订的明确三方在就业择业过程中的权利义务关系的书面协议，一般由国家教育部或各省、市、自治区就业主管部门统一制表。

一、就业协议书的主要内容

就业协议书主要包括以下基本内容：

（1）高校毕业生的基本情况，包括姓名、性别、身份证号、专业、学制、毕业时间、学历、联系方式等。

（2）用人单位的基本情况，包括单位名称、组织机构代码、单位性质、联系人及联系方式、档案接收地等。

（3）高校毕业生和用人单位约定的有关内容，包括工作地点及工作岗位、户口迁入地、违约责任、协议自动失效条款、协议终止条款、双方约定的其他事宜等。

（4）各方应严格履行协议，任何一方若违反协议，应承担违约责任。

（5）其他补充协议。

随着毕业生就业制度改革的不断深化，毕业生就业协议书的内容也在进一步规范化和法制化。目前，一些用人单位或学校在就业协议书上已经附加了有关劳动合同的内容，以此来保证毕业生的权益，进一步明确用人单位和毕业生的权利与义务。

二、签订就业协议书的原则

1. 平等协商原则

签订就业协议书的三方具有平等的法律地位，任何一方都不能将自己的意志强加给他方。学校不能采用行政手段要求毕业生到自己指定的单位就业（不包括有特殊情况的毕业生），用人单位不能在签订就业协议书时要求毕业生交纳风险金、保证金等。毕业生、用人单位、学校三方的权利与义务一致。除了协议书规定的内容以外，三方如果有其他需要约定的事项，可以在协议的"备注"一栏内加以补充说明。

高校毕业生就业协议书

编号：120511507365

分别填写用人单位人事部门或院校的主管领导的姓名、电话和邮编。

向用人单位人事部门或在用人单位的工商营业执照上、可查看到。

甲方	用人单位名称		组织机构代码或工商注册号	
	联系人		联系电话	
	通信地址		E-mail	
	单位性质	□机关 □科研设计单位 □国有企业 □高校 □初等教育单位 □卫生单位 □中等教育单位 □三资企业 □集体企业 □城镇私营 □其他 □农村建制村 □打工		邮政编码	
	单位所在行业			填写用人单位所在地的邮政编码	
	工作职位类别				如实填写
	档案接收	单位名称			
		详细地址			

Ⅱ 如实填写大学生档案接收单位名称，和接收单位的名称、详细地址、邮政编码

乙方

乙方	姓名		性别		政治面貌	□中共党员 □共青团员 □其他
	毕业学校			毕业时间	2019年6月30日	
	专业	大专		学历		
	通信地址			邮政编码		联系电话	
	家庭地址			邮政编码		联系电话	
		以毕业证书上专业为准		E-mail		人名的学号	请如实填写本人QQ号码

2. 主体合法的原则

签订就业协议书的当事人必须具备合法的主体资格。对毕业生来说，是指必须取得毕业资格，如果学生在派遣的时候还没有取得毕业资格，用人单位可以不予接收而且不需要承担任何法律责任；对用人单位来说，是指必须具备从事各项经营或管理活动的能力，应该有录用毕业生计划和录用自主权，否则毕业生有权解除协议，并且无须承担违约责任；对高校来说，是指根据用人单位的要求如实地介绍毕业生的在校表现，并如实地将自己所掌握的用人单位的信息发布给毕业生。

三、签订就业协议书的程序

就业协议书的签订是毕业生和用人单位在"供需见面""双向选择"后达成一致意见的结果。就业协议书的签订一般要经过以下几个程序：

（1）毕业生本人在协议书上以文字的形式签署自己同意到选定的单位工作的意见，同时签署本人的姓名。

（2）用人单位在协议书上签署同意接收该毕业生的文字意见，并签名盖章，同时在协议书上注明可以接收毕业生档案的单位名称和地址。如果用人单位没有人事决定权，则需要报上级主管部门批准盖章。

（3）用人单位或毕业生将协议书送到学校毕业生就业工作部门。

（4）毕业生所在的院（系）和学校毕业生就业部门对就业协议书签署意见并签字盖章，然后再及时将协议书反馈给双方的当事人。

四、签订就业协议书时应注意的问题

就业协议书明确了当事人在就业过程中的权利和义务，并且涉及毕业生的切身利益，因此具有法律约束力。毕业生在签订就业协议书时应该特别注意以下几个问题：

1. 确认用人单位的主体资格

签订就业协议书的当事人是否具有合法的主体资格是协议书是否具有法律效力的前提。用人单位不管是机关、事业单位还是企业，都必须要具有录用毕业生的自主权。如果其本身不具备录用的自主权，就必须经过具有录用权力的上级主管部门批准同意。因此，毕业生签约前，一定要先审查用人单位的主体资格。

2. 注意与劳动合同的衔接

现行的毕业生就业协议书属于"格式合同"，但"备注"部分允许三方根据实际情况约定相应的权利和义务。因此，毕业生可以充分利用"备注"的合法空间及相关规定来进行自我保护。

由于就业协议书签订在先，因此为了避免到就业单位签订劳动合同的时候发生争议，毕业生应该提前与用人单位协商服务期限、试用期、工作岗位和工作内容、劳动保护和工作条件、工作报酬、福利待遇等。在就业协议书的备注中写明，并约定就业时签署的劳动合同应同时包括这些内容，以此来保证毕业生就业前签订的就业协议书与就业时签订的劳动合同相衔接。

3. 事先约定解除就业协议书的条件

毕业生就业协议书一旦订立，就对当事人具有了约束力，一方不得随意解除，否则应该承担违约责任。如果毕业生因为升学、出国等情况而不能够履行协议，可以与用人单位在就业协议书中就解约的条件做出约定。约定条件一旦成立，毕业生就可以依照约定解除协议，而且无须承担违约责任，避免产生经济损失或者其他的争议。

4. 明确违约责任

违约责任是指协议当事人因过错而不履行或不完全履行协议规定的义务时所应该承担的法律责任。它是保证协议履行的有效手段。在协议内容中，应该详细表述当事人双方的违约情形及违约后应当承担的责任，与此同时还应该写明当事人违约后通过哪种方式、途径来承担。只有这样，才能更有利于当事人双方履行协议，也有利于以后违约时解决纠纷。

5. 认真审查协议书的内容

首先，要审查协议书的内容是否合法，是否符合国家相关法律和政策的规定。

其次，要审查双方的权利和义务是否合理。

再次，要审查清楚除主协议外是否还有附件(需要补充的协议)，并且要审查附件内容。

如果需要对协议书上必要的条款进行变更或者增减，毕业生可以同用人单位进行协商，就原协议书中未能体现的具体权利和义务通过补充协议的形式表达出来，并在协议书的"备注"栏中加以说明，但所涉及的内容一定要具体、明确，不能产生歧义。在此必须指出的是，补充协议和主协议书具有同等的法律效力。

经典实例

别让找工作陷入困难的境地

大学毕业生小敏是一位性格较内向的女孩子，在求职过程中曾多次碰壁。终于有一天，某单位表示同意录用她，这令她兴奋不已，不过该单位要求先试用3个月再签约，小敏欣然同意。转眼间试用期就结束了，小敏与该单位如期签订了就业协议书，但该单位在协议书上备注了以下条款：① 试用期6个月；② 服务期5年，若5年内提出调动、考研等要求，需向本单位缴纳每年2000元的违约金；③ 其他未尽事宜按本单位有关规定执行。小敏当时一心只想赶紧把单位定下来，根本没有仔细推敲协议条款，想当然地认为该单位是一家国有单位，肯定会按正规程序办事，应该不会有问题的。所以她毫不犹豫地在协议书上的"毕业生本人应聘意见"一栏签上了"同意"二字。正式报到之后，小敏方知试用期要从她报到之日算起，且试用期只拿基本工资。

据说这是该单位对所有新录用毕业生的统一规定，原先3个月是非正式的试用，属于实习考查性质。小敏心里虽然觉得很不合理，但碍于协议书上并未注明试用起始日期，自己又不想得罪单位，更不愿失去这份工作，故只能怪自己"经验不足"。

工作了一年多时间，小敏觉得自己越来越不适应在该单位工作，尤其是复杂的人际关系及该单位某些僵化的管理模式，令她敢怒而不敢言。她开始暗暗准备考研。又过了大约一年时间，她自己感觉准备得差不多了。她认为，此时报考离正式录取大约还有半年时间，那时服务期就剩两年，大不了交两年的违约金罢了。然而事情并非她想象得那么简单，当她正式提交报告，请求单位人事部门出具证明同意她报考研究生时，单位领导首先表现得很不高兴，说这事要研究研究。

等研究了一段时间后，小敏被告知必须在办理了未满服务期违约手续（即缴纳一万元违约金）后方可出具同意报考证明。这时小敏再也不能保持沉默了，她与人事部门争执起来。她认为自己已经服务了两年半，最多只需交剩下的两年半的违约金。而单位人事部门领导却振振有词："当初签订就业协议书时，不是白纸黑字写明了 5 年内提出调动、考研要求，需要缴纳每年 2000 元的违约金嘛，你自己还签了'同意'二字呢！"小敏无言以对，想想自己的档案还卡在单位手中，如果一定要撕破脸皮，对簿公堂，时间和精力实在耗不起，况且到头来很有可能得不偿失。为了不影响自己考研，她只好"哑巴吃黄连"，自认倒霉了。

6. 按规定程序签订就业协议书

就业协议书的签约形式要合法，要注意完整地履行手续。

首先，毕业生要签名并写清楚签字的时间。

其次，用人单位及其上级主管部门必须加盖单位公章并注明时间，个人签字无效。

最后，把就业协议书交学校毕业生就业工作部门签字盖章，列入毕业生就业档案。

按照规定的程序签约，有利于保护毕业生和用人单位的合法权益，避免一方在另一方不知情的情况下增加有损对方利益的其他条款和内容。

五、就业协议书的解除

就业协议书的解除分为单方解除和三方解除两种。

1. 单方解除

单方解除包括单方擅自解除和单方依法或者依协议解除。其中，前者属于违约行为，解约方应该对另两方承担违约责任；后者是指一方解除就业协议书有法律上或协议上的依据，不属于违约行为。

2. 三方解除

三方解除是指毕业生、用人单位、学校三方经过协商一致同意废除已签订的协议，使协议失去法律效力。此类解除需三方当事人一致同意，任何一方均不承担法律责任。三方解除应该在就业计划上报主管部门之前进行。如果就业派遣计划已经下达，则须经主管部门的批准才能办理调整改派手续。

六、违约责任及违约后果

就业协议书一旦经过毕业生、用人单位、学校签署即具有法律效力，任何一方都不能擅自解除，否则违约方应该向权利受损方支付协议条款中所规定的违约金。

1. 毕业生违约

毕业生违约除了本人应该承担违约责任，支付违约金外，往往还会造成其他很多不良的后果。

第一，对用人单位来说，其往往为了录用一名毕业生做了大量的工作，有的甚至对毕业生将要从事的具体工作也已经做了安排。此外，毕业生就业的时间相对比较集中，一旦毕业生因为某种原因违约，用人单位就需要再另选其他毕业生，而这在时间上不允许，因此会使用人单位处于被动的状态。

第二，对学校来说，用人单位往往因为学生的违约而对学校的推荐工作产生怀疑，从而影响到学校和用人单位之间的长期合作关系，势必会影响学校今后的毕业生就业工作；同时也将影响学校就业计划方案的制定和上报，并且还会影响学校的正常派遣工作。

第三，对其他毕业生来说，用人单位来学校挑选毕业生，一旦与某学生签订就业协议书，就不可能再录用其他的毕业生。如果毕业生违约，往往使当初希望去该单位的毕业生也错过了到该单位的机会，因此造成了就业资源的浪费，影响了其他毕业生的就业。

2. 用人单位违约

用人单位违约除了应该按照协议规定承担违约责任，支付违约金之外，还会给毕业生和学校带来不良的影响。一般用人单位违约之后，毕业生已经错过了选择其他理想单位的机会，许多毕业生因此而出现饥不择食的情况，对其今后的发展带来很大的不良影响。此外，用人单位违约对学校的就业计划方案的制定和上报也会造成一定的影响。

3. 学校违约

学校在就业协议的履行中主要行使的是监督审核权，可以对不规范的协议行为进行制止。但由于学校并不是双向选择中的意向方，因此出现由学校直接违约的可能性非常小。

目前，许多高校在就业协议书中的签字只起到鉴证登记的作用，而不再具有审批的意义。我们相信，随着毕业生就业制度改革的不断深化，国家和高校的审批权力将逐渐弱化。

在签订就业协议书的时候，毕业生和用人单位将完全拥有自主选择的权利，学校和政府主管部门不再需要直接审批就业协议书，而只需掌握就业的情况即可。

● 提示

如果与用人单位签订了就业协议书后又觉得自己不适合这份工作欲解约，必须与原单位解除就业协议后及时持证明回学校办理相关手续。找到新单位后，可到其所在地的人才交流中心办理改派手续，把自己的档案、户口等人事关系改派到新的用人单位。否则，你的档案、户口就会滞留在原单位，这会给以后的工作和生活带来很多不便。

轻易不要行使解除权，更要避免承担违约责任的单方擅自解除。但这也不是绝对的，应本着"两利相权取其重，两害相权取其轻"的原则，正确行使就业协议解除权。

第二节　劳 动 合 同

根据《劳动法》规定，劳动合同是指劳动者与用人单位确立劳动关系、明确双方权利和义务的协议。

一、劳动合同的基本内容

劳动合同的内容包括在合同中需要明确规定的双方当事人的权利义务及合同必须明确的其他问题。劳动合同的内容是劳动关系的实质，也是劳动合同成立和发生法律效力的核心。如果一份劳动合同没有实质性的权利义务条款，或者权利义务条款模棱两可，那么这份劳动合同就没有意义。

劳动合同的内容分为法定条款和协定条款两部分，前者是指由法律、法规直接规定的劳动合同必须具备的内容；后者是指不需由法律、法规直接规定，而是由双方当事人自愿协商确定的合同内容。

（一）法定条款

根据《劳动法》规定，劳动合同的法定条款包括以下七项：

1. 劳动合同期限

劳动合同期限是指劳动合同的有效时间，是双方当事人所签订的劳动合同的起始和终止时间，也是劳动关系具有法律效力的时间。劳动合同期限是签订劳动合同时必须明确的内容，分为有固定期限、无固定期限和以完成一定的工作为期限三种。合同期采取哪一种类型主要由双方当事人商定。

2. 工作内容

工作内容是针对劳动者而言的，是对劳动者设立的义务条款。它包括劳动者从事劳动的工种、岗位，以及在生产或工作上应当达到的数量和质量或应当完成的任务。

3. 劳动保护和劳动条件

劳动保护和劳动条件是针对用人单位而言的，是对用人单位设定的义务条款。劳动保护和劳动条件是指劳动安全和劳动卫生方面的设施、设备和防护措施等应当符合国家有关规定，要明确而具体，如工作时间和休息休假，以及对女职工和未成年工的特殊劳动保护等。

4. 劳动报酬

劳动报酬是劳动者劳动的成果返还和履行劳动义务后必须享受的劳动权利，包括工资、奖金、津贴等。支付劳动报酬是用人单位的义务。劳动合同中规定的劳动报酬必须符合国家法律、法规和政策的规定。

5. 劳动纪律

劳动纪律是指劳动者在用人单位必须遵守的工作秩序和劳动规则。劳动纪律是用人单位组织生产经营活动、完成工作任务的保证条件，是规范劳动行为的一项重要内容，是劳动者必须履行的一项义务。

6. 劳动合同终止的条件

劳动合同中约定的合同终止的条件是指除法律、法规规定的条件外，当事人自己协商确定的在什么情况下可以终止合同效力的内容。合同终止的条件还应包括合同终止时，双方应履行的义务或承担的责任。

7. 违反劳动合同的责任

违反劳动合同的责任是指当事人方或双方由于自己的过错造成劳动合同不能履行或不能完全履行，按照法律、法规和劳动合同的规定而承担的行政、经济责任或司法制裁。

（二）协定条款

协定条款是双方当事人自愿协商在劳动合同中规定的权利义务的条款。协定条款可以分为必要条件和补充条件两种情况。无论是必备条件还是补充条件，都必须符合国家法律、法规和政策的规定。

必要条件是指法律、法规虽没有作出规定，但劳动合同中必须具备的条件，缺少这些条件劳动合同就不能成立，或者难以履行。比如劳动者的工作特点、工作性质、用人单位为劳动者提供的工作条件等。

补充条件是指劳动合同成立非必须具备的条件，有没有都不影响劳动合同的成立。但当事人一方面提出，双方一致同意作为劳动合同条款的，合同内容中要加以确定。补充条件一般包括：单位是否为职工提供居住条件、居住的期限；劳动者是否享受单位托儿所、幼儿园和其他生活福利设施；发生劳动争议时的解决途径等。

二、签订劳动合同的原则

1. 平等自愿、协商一致原则

平等自愿原则是劳动合同订立的核心原则。劳动合同当事人双方在签订劳动合同时是平等的民事主体，具有平等的法律地位，应以平等的身份签订合同。

协商一致原则即双方在订立合同时，劳动者与用人单位在平等自愿的基础上，充分表达自己的意愿，经协商就合同的内容、条款等达成一致意见之后，劳动合同才能成立。

经典实例

强迫续约的劳动纠纷

2015 年 5 月 10 日，毕业生小张与某企业签订了为期两年的劳动合同。合同期间，企业为了上新项目派小张到香港培训半年，并且双方约定，培训期间劳动合同继续有效，培训时间计入劳动合同履行期间。2017年5月9日，合同期满，但企业不同意小张办理解除劳动关系的手续，要求小张必须续签劳动合同，否则公司要求小张赔偿为其支付的培训费8000元，为此双方发生纠纷。小张向当地劳动仲裁部门提出仲裁申请，经过调解，企业同意与小张解除劳动关系，并自动放弃收取培训费的要求。

2. 合法原则

合法原则是当事人双方订立劳动合同时必须遵守的最基本、最重要的原则。具体体现为：

（1）订立劳动合同的主体必须合法。劳动者必须具有劳动行为能力和劳动权利能力，即必须是达到法定劳动年龄并具有劳动能力的劳动者；用人单位必须具有法人资格，私营企业必须符合法定条件。

（2）劳动合同的内容必须合法。双方签订的劳动合同内容（权利与义务）必须符合法律、法规和劳动政策，不得从事非法工作。劳动合同内容必须真实体现当事人的意愿，同时要语言表达清楚明白，避免歧义。

（3）签订劳动合同的程序、形式必须合法。劳动合同必须依照劳动法律、法规规定的程序签订，必须采用书面形式，且必须具备合同的法定条款。

违反上述原则订立的劳动合同视为无效的劳动合同。无效劳动合同从订立之日起就没有法律约束力。确认劳动合同部分无效的，如果不影响其余部分的效力，其余部分仍然有效。

经典实例

求职不容欺诈

2017年12月，某大学毕业生王某由于多门功课不及格，不能顺利拿到毕业证书和学位证书，于是通过非法渠道购买了伪造的某大学本科文凭。在通过一系列的笔试、面试后，王某被一公司录用。双方签订了两年的劳动合同，约定试用期为2个月。

在合同履行2个月后，公司在为王某调取档案办理医疗保险、失业保险、养老保险时，发现王某的证书系伪造，遂通知王某立即解除劳动合同。王某不服，向当地劳动争议仲裁委员会提出申诉，要求确定劳动合同有效，并要求公司支付解除合同的经济补偿金。当地劳动争议仲裁委员会裁决对申诉人王某的申诉请求不予支持，双方签订的劳动合同无效，并且，王某要求公司经济补偿的要求无法律依据，故也不能得到支持。

三、签订劳动合同时应注意的问题

1. 要签订书面合同

无论是什么原因，不签订劳动合同就是对劳动者不负责任的行为。劳动者有权要求用人单位与之签订书面合同，并且要将合同保留好。只有这样，才能够在发生劳动纠纷、争议的时候，找到事实依据。

2. 在试用前签订劳动合同

劳动合同约定的试用期是包括在劳动合同的期限之内的，并且最长不能超过 6 个月。先试用后签订劳动合同或者单独约定试用期的劳动合同都是违反《劳动法》的规定的。

经典实例

试用期合法权益须维护

某高校经贸专业毕业生冯某被北京一家公司录用，和他一起进入试用期的还有另外 6 名员工。他们被分到不同的部门实习，冯某到中关村大街一大型电子商城内公司的摊位卖电子产品。经理说，让他站柜台是出于两点考虑：一是让他熟悉公司的业务，为以后工作打基础；二是了解市场动态，听取顾客意见，以便于改进产品。3 个月试用期过后，冯某销售业绩相当不错，除了第一个月不太熟悉，销售额 5000 多元外，后两个月都超过了 20000 元。冯某想，这个业绩足以证明自己的才能，公司没有理由不录用他。但是，试用期过后，经理让他回家等消息，一等就是两个月，仍然没有等到公司的录用通知，他给公司打电话，却被告知他落聘了。

冯某怎么也无法相信。后来一打听，才知道他们这批人，一个也没有被录用。半年后，冯某再一次到中关村那家电子城，无意中来到这家公司的摊位，发现又一批新来的大学生在那里站柜台。

3. 抵制各种不正当收费

在签订劳动合同的同时交纳抵押金、风险金等做法都是不合法的行为，并且任何形式的收费都是不合法的。已经交纳过费用的，可随时要求用人单位返还。

经典实例

求职遭遇乱收费

北京某大学毕业生王某，应聘到一家企业工作。这家企业规模虽不大，但看上去比较正规。王某的所有手续都办得很顺利，对自己的岗位也算满意。但是经理告诉她，上岗前要进行一个月培训，需交纳培训费 800 元，培训考核合格后将如数退还。王某见经理非常认真，心想这家企业用人还挺严格的，于是不假思索地交了钱。但是一个月培训结束后，公司人事部门通知她未通过考核，不予录用。王某一听气坏了，找经理理论，经理避而不见，找业务主管，业务主管指着培训条款说："你看这里写得明明白白，考核合格才退费，你考核不合格，我们在你身上花了这么大的人力、物力，难道白费不成？"王某性格泼辣，说："你不退费就是诈骗，我要到市劳动局告你们。"经理怕事情闹大，才把钱退还给了她。

4. 完整理解格式合同的内容

为了提高签约效率和节省签约劳动量，实践中较为常见的是用人单位事先拟订好劳动合同，由劳动者做出是否签约的决定，劳动合同的内容不允许修改，这就是常说的签订格式合同。劳动者在签订格式合同时要注意完全理解格式合同的条款内容，并对其中的不合理部分提出异议。

5. 英文合同要慎签

《劳动法》和《外商投资企业劳动管理规定》中对外资企业与中方雇员签订的书面合同应该采用何种文字都没有明文规定。但是，我国宪法赋予公民使用本民族语言文字的自由。基于以上理由，要求签订中文文本合同完全是正当合理的要求，公司不但不应驳回，更不能以此为由辞退员工。

四、劳动合同的解除

劳动合同的解除是指劳动合同当事人在劳动合同期限届满之前终止劳动合同关系的法律行为，可分为协商解除和法定解除。

（一）协商解除

协商解除是指劳动合同订立后，双方当事人因某种原因，在完全自愿的基础上解除劳动合同，提前终止劳动合同的效力。

1. 用人单位单方解除劳动合同的法律规定

第一，用人单位在劳动者有下列情形之一时，有权解除劳动合同：

（1）在试用期间被证明不符合录用条件的；

（2）严重违反劳动纪律或用人单位规章制度的；

（3）严重失职，营私舞弊，对用人单位利益造成重大损害的；

（4）被依法追究刑事责任的。

第二，用人单位在劳动者有下列情形之一时，有权解除劳动合同，但应当提前 30 日以书面形式通知劳动者本人：

（1）劳动者患病或者非因工负伤，医疗期满后，不能从事原工作也不能从事由用人单位另行安排的工作的；

（2）劳动者不能胜任工作，经过培训或者调整工作岗位，仍不能胜任工作的；

（3）劳动合同订立时所依据的客观情况发生重大变化，致使原劳动合同无法履行，经当事人协商不能就变更劳动合同达成协议的。

第三，用人单位因法定情况，需裁减人员而引起劳动合同的解除：

（1）濒临破产进行法定整顿期间；

（2）生产经营状况发生严重困难。

在以上第二、三类情形下解除劳动合同的，用人单位应该依照国家有关规定对劳动者给予经济补偿。

《劳动法》还规定了用人单位不得解除劳动合同的情况。劳动者有下列情形之一的，用人单位不得解除劳动合同：

（1）患职业病或者因工负伤被确认丧失或者部分丧失劳动能力的；

（2）患病或者负伤，在规定的医疗期内的；

（3）女职工在孕期、产期、哺乳期内的；

（4）法律、行政法规规定的其他情形。

2. 劳动者单方解除劳动合同的法律规定

《劳动法》规定，劳动者解除劳动合同，应当提前 30 日以书面形式通知用人单位。但有下列情形之一的，劳动者可以随时通知用人单位解除劳动合同：

（1）在试用期内；

（2）用人单位以暴力、威胁或者非法限制人身自由的手段强迫劳动的；

（3）用人单位未按照劳动合同约定支付劳动报酬或者提供劳动条件的。

（二）法定解除

法定解除是指出现国家法律、法规或合同规定的可以解除劳动合同的情况时，不需要双方当事人一致同意，合同效力可以自然或单方提前终止。

第三节　离校、报到与人事代理

一、离校

毕业生在完成学业离开学校前要进行毕业鉴定，填写普通高等学校毕业生登记表，并办理离校手续。

（一）毕业鉴定

毕业鉴定是指毕业生临近毕业时，通过回顾自己大学期间的德、智、体等方面的综合表现，为自己所做的准确、客观的评价和总结，以便在今后的学习、工作中取得更大进步。

因此，毕业生应高度重视此项工作，要认真、实事求是地做好自我鉴定。

1. 毕业鉴定的内容

毕业鉴定的主要内容包括：

（1）思想道德素质方面：对党的领导和党的路线、方针、政策等方面的认识和理解；参加学校组织的各项思想政治教育活动的情况；遵守国家各项法规和制度及校纪校规的情况；参加集体活动，团结同学的情况；参与社会实践活动的情况等。

（2）学习方面：学习态度和学习自觉性方面的表现；学习成绩和专业知识的掌握程度；

科研活动成果及创新能力方面的表现。

（3）身心素质方面：参加各项体育活动的情况；体育达标情况及体育特长；身体健康状况；心理健康状况等。

（4）综合能力方面：自己的专长和特点；交际与沟通能力；对社会的认知和适应能力等。

（5）存在的主要缺点、问题及今后的努力方向。

2. 毕业鉴定的注意事项

毕业生进行毕业鉴定时应当注意以下事项：

第一，要认真听取老师和同学们的意见；

第二，要实事求是，不能有虚假内容，更不能满纸空话、套话，要使人看了鉴定如见其人，以便用人单位对你有所了解；

第三，态度要端正，字迹要工整；

第四，奖励和处分都要写清楚，尤其是对处分切不可隐瞒。

（二）普通高等学校毕业生登记表的填写

普通高等学校毕业生登记表是由国家教育部制定的学生毕业材料之一，其主要内容包括：毕业生基本情况、学习经历、社会关系、个人总结、班级鉴定、毕业实习单位和主要内容、毕业论文题目或毕业设计、本人工作志愿、学校意见等。这是毕业生在校综合情况的反映和记载，是学校对毕业生在大学期间的综合评价材料。毕业生要按照每个栏目的具体要求认真填写。学校要认真核实其中的各项内容，要以对国家负责、对毕业生负责的态度严肃对待。

（三）毕业生离校手续的办理

毕业生一般要在离校前一周左右办理离校手续，主要包括：

（1）到所在院（系）领取离校手续单。

（2）到校党团部门办理党团组织关系转递手续。

（3）到图书馆办理清缴图书及借书证等手续。如将学校的图书损坏或丢失，应按照学校的有关规定予以赔偿。

（4）到财务部门进行费用核对、清退。

（5）到宿舍管理部门办理退宿手续，交还宿舍钥匙。如损坏宿舍内公物，应按照学校的有关规定予以赔偿。

（6）到教务部门交还借用的教学仪器和用具。

（7）对于享受国家助学贷款的毕业生，到贷款管理部门办理有关手续。

（8）领取毕业证、学位证、就业报到证和户口迁移证。

（四）毕业生档案内容

学生毕业离校前，个人档案中除了原有高中部分档案外还包括以下材料：

（1）高等学校毕业生登记表。此表必须由学生本人填写，字迹要清楚，用蓝黑墨水钢笔或碳素墨水笔填写各项内容；毕业鉴定是毕业生在校期间德、智、体综合素质的评价，请辅导员认真填写，报学生管理部门审核加盖公章。

（2）学士学位审批表。学生修完规定学分，经校学位评审委员会批准，获得专业学士学位。

（3）全国普通高等学校本专科毕业生就业通知书。除升本、考研、出国深造的毕业生外，其他毕业生的就业通知书一律归入本人档案，作为身份变化的依据。

档案处理全攻略

（4）学生卡片。由校学籍管理部门审核批准的本科或专科学籍证明。

（5）成绩单。由教务部门核准的学生在校学习成绩单，加盖教务处公章。

（6）组织关系。正式党员的入党申请书、党校学员材料、积极分子材料等归入档案；预备党员的党组织关系材料单独封存，单独转寄，待转正后归入档案统一管理。团员关系须将入团申请表归入档案。

（7）奖励材料。在校期间获得的各种竞赛奖励、奖学金、助学金等材料。

（8）处分材料。在校期间因违纪行为而受到的处分。

二、报到

根据《普通高等学校毕业生就业工作暂行规定》，毕业生必须使用由省级毕业生就业主管部门统一审核、打印、签发的，由国家教育部统一印制的就业报到证。就业报到证是毕业生就业报到的证明和公安部门办理落户手续的凭证。就业报到证一式两联，上联交由毕业生本人到单位报到用，下联由学院归入毕业生档案之中。

（一）办理和领取就业报到证的程序

（1）就业报到证一般由学校到省级毕业生就业工作主管部门办理，采用集中办理和分期分批相结合的方式进行。毕业前联系到就业单位的，由学校集中到省级毕业生就业主管部门办理。在国家规定的择业期内与就业单位签约的，毕业生将签订的就业协议书按照学校规定的时间交到学校，由学校定期到省级就业主管部门办理。

（2）从普通高等院校选调到乡（镇）机关工作的应届优秀毕业生的就业报到证，凭省委组织部选调生录用通知办理；考取国家、省直机关公务员的毕业生，凭接收单位国家公务员录用手续办理。

（3）参加"三支一扶"、自愿服务西部的毕业生，如在择业期内落实就业单位，直接到学校就业工作部门办理就业报到证。

（4）毕业时未落实就业单位的毕业生，可以在国家规定的择业期内继续择业，档案和户口暂时保存在学校，也可以根据本人意愿，由学校将就业报到证办至生源地继续进行自主择业。择业期满仍未落实就业单位的，由学校到省级就业主管部门将就业报到证办至生源地自主择业。

（二）毕业生报到程序

毕业生在办理完所有离校手续后，即可持就业报到证、毕业证、学位证等有关证件到用人单位报到。对大部分毕业生来说，这一阶段是就业工作的最后阶段，主要包括报到手续的办理、用人单位接收和安排工作岗位、毕业生户口关系的迁转、毕业生学籍档案的转移等。

1. 用人单位接收毕业生报到的有关规定

根据《普通高等学校毕业生就业工作暂行规定》，国家对毕业生到用人单位报到的规定为：毕业生持就业报到证到用人单位报到，用人单位凭就业报到证办理接收手续和户籍关系。毕业生报到后，用人单位应根据工作需要和毕业生所学专业及时安排工作岗位。

2. 毕业生到用人单位报到的注意事项

第一，应在离校前检查离校手续是否已办理完毕。注意检查就业报到证、户籍迁移证、党团组织关系转移介绍信、毕业证书、学位证书等是否已领取，同时要认真核查这些材料上的信息是否准确无误，如有错误或疏漏的信息，要及时向学校申请更改或补充，以免给自己报到带来不便。

第二，在前往用人单位报到的途中一定要妥善保管好自己的所有行李物品，特别是办理报到手续所需的材料，因为一旦丢失，补办这些材料费时费力，还将延误到用人单位报到的时间。

第三，应在规定的报到期限内前往用人单位报到。确有特殊原因不能按时报到的，应主动与用人单位联系，说明原因并征得用人单位同意。

第四，毕业生一经办理报到手续，无论是否在试用期，都应严格遵守用人单位的各项规章制度，服从工作安排。

（三）几种特殊情况的处理

1. 结业生

结业生通常是指在校期间未按学校规定完成指定课程学分，不能获得毕业资格，只能由学校发给结业证的学生。按照《普通高等学校毕业生就业工作暂行规定》，结业生可由学校推荐或个人自荐，在择业期内落实了工作单位的可以办理就业报到手续，但必须在就业报到证上注明"结业生"字样；在择业期内没有落实就业单位的，由学校将其档案、户籍关系转到家庭所在地政府人事部门的人才交流中心，自谋职业。

2. 肄业生

肄业生是指具有正式学籍的学生未完成教学计划规定的课程而中途退学者（被开除学籍者除外）。肄业生由学校发给肄业证，但不办理就业报到证，其户籍关系转至入校前户籍所在地。

3. 离校前体检不合格者

按照《普通高等学校毕业生就业工作暂行规定》，学校应在派遣前认真负责地对毕业生进行健康检查，不能坚持正常工作的，让其回家休养。一年内治愈的（须经学校指定县级以上医院证明能坚持正常工作)可以随下一届毕业生就业;一年后仍未治愈或无用人单位接收的,户籍关系和档案材料转至家庭所在地,按社会待业人员办理。

4. 提前修完学分的优秀学生

在实行学分制的学校,少数优秀学生在修完规定学分后,提出申请,经学校有关部门审核准予提前毕业的,报省级毕业生就业主管部门批准,可列入当年毕业生就业计划。

5. 升学的毕业生

毕业生在择业期间若参加了升学考试,在择业时应向用人单位说明情况。若未被录取,毕业生到该单位就业;若毕业生接到录取通知,应将录取结果及时告知用人单位并征得用人单位同意。若已办理了就业手续,还应将就业报到证退还给学校毕业生就业工作部门。

三、人事代理

人事代理是指政府人事部门所属的人才交流机构本着充分尊重毕业生自主择业的原则,高效、公正、负责地为各类毕业生解决在择业、就业中遇到的人事方面的有关问题,并提供以档案管理为基础的社会化人事管理与服务。人事代理工作由县(市)以上(含县、市)政府人事部门所属的人才交流服务机构负责。

凡通过双向选择,已同外资企业,股份企业,乡镇企业,区街企业,私营企业,民办科技、教育、医疗机构,各种中介机构等非国有单位和实行聘用制的国有企、事业单位签订就业协议书的毕业生,择业期内暂未落实就业单位、目前正在择业的毕业生,准备复习考研的各类毕业生等,均应办理人事代理手续。

1. 人事代理的服务内容

(1)向毕业生提供人事法律、法规和政策方面的宣传咨询服务;

(2)为毕业生保管、整理人事档案及提供档案借阅、传递服务;

(3)负责档案工资的核定调整、工龄连续计算;

(4)为毕业生办理见习期满后的转正定级、专业技术职务资格评审;

(5)代办养老保险、失业保险、医疗保险等社会保险业务;

(6)负责管理毕业生的组织关系;

(7)为毕业生挂靠户口关系;

(8)负责接转毕业生的人事关系手续;

(9)为毕业生办理出国(出境)政审呈报手续;

(10)承办与人事管理相关的其他事宜。

2. 人事代理的作用

(1)保护毕业生的合法权益。不同体制的单位,其人事劳动政策有显著区别,毕业生在不同体制单位中频繁流动会有许多人事问题需要衔接处理。而毕业生人事代理业务对毕业生流动中个人的档案保存、工龄的连续计算、社会保险的接续、职称评定等问题都能发挥很好的衔接作用,能够使毕业生在人才流动中的合法权益得到有效的保护,实现单位人向社会人的转化。

（2）帮助毕业生从繁琐的事务中解脱出来。人事代理机构可以为毕业生迅速办理各项与其息息相关的福利及劳动人事事务，毕业生可以全身心地投入到自己的工作学习当中，免去后顾之忧。

（3）人事代理制度削弱了毕业生对单位的依附感，在这种用人机制下，毕业生增加了工作的危机感和责任感，能够促进毕业生刻苦学习、努力工作，为单位创造更大的效益。

3. 人事代理的程序

根据毕业生的不同情况，毕业生人事代理手续办理程序也有所不同，具体程序分别是：

（1）择业期内已联系到接收单位的毕业生将有接收单位签章的就业协议书交到省、市人才交流中心，由省、市人才交流中心审核后签署人事代理意见。毕业生将就业协议书送交学校，由学校统一办理就业报到证、户口迁移证，并将毕业生档案交到省、市人才交流中心。毕业生持就业报到证、户口迁移证等材料到接收单位报到，就业单位无集体户口的，可直接落入省、市人才交流中心集体户口。

（2）择业期内暂未联系到接收单位以及准备升学、出国的毕业生，持就业协议书到省、市人才交流中心，由省、市人才交流中心审核签署人事代理意见。毕业生将就业协议书交至学校，由学校统一办理就业报到证、户口迁移证，并将其档案送交省、市人才交流中心。毕业生持就业报到证、户口迁移证、身份证等材料到省、市人才交流中心报到，签订人事档案管理合同，户口落入省、市人才交流中心集体户口。

（3）择业期满仍未联系到接收单位的毕业生，由学校将其报到证开具到生源地的人事部门，由人事部门所属的人才交流中心负责接收并管理毕业生的人事关系。

第四节　就业权益的维护

一、毕业生就业的基本权益

大学生作为一个特殊群体，在就业过程中除享有普通劳动者所享有的劳动报酬权、休息休假权、劳动保护权等一般权利外，还享有许多其他的权利。

1. 就业信息知情权

就业信息知情权是指大学毕业生拥有及时全面地获取应该公开的各种就业信息的权利。它包括三个方面的含义：信息公开，即任何团体、组织和个人都不得隐瞒、截留用人信息，要全部向毕业生公布；信息及时，即应当将就业信息及时向毕业生公布，否则就业信息就会过时，失去了利用价值；信息全面，即向毕业生公布的就业信息应当是全面完整的，部分的、残缺不全的信息将影响毕业生对用人单位的全面了解和准确判断，从而影响其对职业的选择。

2. 接受就业指导权

就业指导工作对毕业生来说意义重大，它会直接影响毕业生的职业生涯规划、就业意识、就业方向及求职择业的技巧。学校在毕业生就业指导中占据重要位置。为做好毕业生就业指导工作，学校应当设立专门机构，开设专门课程，安排专门人员对毕业生进行全方位的就业指导与服务，同毕业生宣传国家关于毕业生就业的方针、政策，帮助毕业生做好职业规划，对毕业生进行择业技巧的指导，引导毕业生准确定位，合理择业。除了学校，毕业生还可以从社会上合法的就业指导机构获得帮助。

3. 被推荐权

向用人单位推荐毕业生是学校就业工作的一项重要职责，学校的推荐对用人单位选择毕业生起着重要作用。毕业生享有被学校及时、公正、如实推荐到用人单位的权利。学校推荐毕业生时应做到：如实推荐、择优推荐、公正推荐。

4. 平等就业权

毕业生在就业过程中享有平等的就业权利，有平等的机会去竞争工作岗位。毕业生应当平等地接受学校推荐，平等地参加用人单位的公开招聘，同时还应该要求用人单位在录用毕业生时做到公平、公正、一视同仁。如果遭遇就业歧视，应勇敢地拿起法律武器维护自己的权益。

课堂讨论

如何看待就业过程中的就业歧视？遭遇就业歧视时，你会采取哪些措施？

5. 就业选择自主权

根据国家规定，毕业生在国家就业方针、政策的指导下"双向选择，自主择业"，即毕业生可按照自己的意愿就业，有权决定自己是否就业、何时就业、何地就业、从事何种职业，学校、其他单位和个人均不得干涉。

6. 择业知情权

毕业生在与用人单位签订就业协议书及劳动合同前，有权了解用人单位的主体资格、劳动岗位、劳动条件、劳动报酬及规章制度等情况，用人单位应当如实说明和介绍。

7. 违约求偿权

用人单位、毕业生、学校的三方协议一经签订后，任何一方不得擅自毁约和违约。如果用人单位无故解除协议，或不按照协议内容履行，毕业生有权要求用人单位承担违约责任，包括支付违约金。

8. 户口档案保存权

毕业生自毕业之日起，在择业期内如果没有联系到合适的工作单位，没有和用人单位签订就业协议书，也没有因回生源地自主择业、出国等情况而办理人事代理手续，有权将档案和户口保存在学校，学校应当对毕业生的学籍档案和户口关系进行妥善保管，不能向毕业生收取费用。择业期满后，学校就不再承担此义务。

二、毕业生就业权益的自我维护

1. 增强自我保护意识

首先，要端正求职心态，防止急躁情绪。毕业生要调整情绪，保持平稳心态，在求职前做好心理准备，防止因轻信而上当受骗。

其次，要对用人单位进行全面深入的了解，未雨绸缪。签约前，毕业生应通过多种途径多方了解用人单位的各方面情况。

最后，慎签就业协议书和劳动合同，不可盲目草率。仔细阅读协议书和合同的各项条款，明确双方的权利和义务，不留漏洞，以免日后产生纠纷。

2. 增强法律意识

毕业生要学习和掌握与就业有关的法律法规，当自己的权益遭受侵害时，能够积极运用法律武器维护自己的合法权益。尤其是在签订就业协议书、订立劳动合同这些用人单位容易钻空子的环节上，切记要按法律程序进行。

3. 树立契约意识

毕业生与用人单位签订的就业协议书是确立双方当事人之间劳动关系的一种契约，具有法律效力。毕业生在签约时要具备契约意识，一方面通过协议保护自己的合法权益，另一方面必须严格遵守并积极履行协议内容，未经对方同意不得擅自毁约、违约，否则就要承担法律责任。

4. 增强维权意识

毕业生不但要明确自己在就业过程中享有哪些权利，还要具有强烈的维权意识。当权益受到侵犯时，要敢于拿起法律武器据理力争，而不是选择忍气吞声，不了了之。只有这样，才能真正使自己与用人单位处于平等的地位，自己的合法权益才能得到切实的保障。

三、毕业生维权求助的途径

1. 依靠学校

毕业生在求职过程中遇到问题，权益受到侵犯时，应首先到学校的毕业生就业主管部门寻求帮助，学校有责任和义务维护学生的权益。

2. 依靠国家行政机关

当毕业生权益受到侵犯时，可向各级行政主管部门举报、投诉。这些部门主要有毕业生就业主管部门、劳动局所属的劳动监察部门、物价局所属的物价监察部门、技术监督局所属的技术监督部门、工商行政管理局等。

3. 借助新闻媒体

毕业生可以借助报纸、电视、网络等新闻媒体的力量，对自己遭受的权益受侵犯行为进行披露、报道，充分发挥新闻媒体的舆论监督作用，以便引起社会的关注和相关部门的重视，从而促进问题的快速、有效解决。

4. 寻求法律援助

法律援助是指由政府设立的法律援助机构组织法律援助人员为经济困难或特殊案件的人员给予提供法律服务，并减免收费的一项法律保障制度。毕业生遇到就业问题时可以到当地的法律援助中心寻求法律帮助。

5. 依靠司法机关

我国的《民法通则》《民事诉讼法》《劳动法》《行政诉讼法》《刑事诉讼法》《治安管理处罚条例》等法律、法规明确规定，被害人有权对侵犯其人身、财产权利的犯罪事实或犯罪嫌疑人，向公安机关、人民检察院或人民法院报案或提起诉讼。毕业生可在切身利益受到侵犯时，依靠司法机关保护自己的合法权益。

拓展阅读

维 权 步 骤

在实际就业中，如合法权益受到侵犯，应该积极运用法律武器，通过申请调解、仲裁、诉讼等手段维护自己的正当权益。

（1）协商。对于用人单位一般的违规行为或争议不大的问题，劳动者可与用人单位自行协商，达成新的协议，或者有过错的一方改正错误，消除争议。

（2）调解。发生劳动争议后，劳动者可以向本地区的劳动争议调解委员会提出申请，请求调解。调解申请应当在自知道权利被侵害之日起 30 日内提出。

（3）仲裁。仲裁是处理劳动争议的必经程序。劳动者申请劳动争议仲裁，应自劳动争议发生之日起 60 日内向劳动争议仲裁委员会提出书面申请。劳动争议仲裁委员会受理的劳动争议范围包括：因企业开除、除名、辞退职工和职工辞职、自动离职发生的争议；因执行国家有关工资、保险、福利、培训、劳动保护规定发生的争议；因履行劳动合同发生的争议；因法律、法规规定的其他劳动争议等。

（4）诉讼。劳动争议当事人对仲裁裁决不服的，可在收到仲裁裁决书之日起 15 日内向人民法院起诉。但需注意，未经劳动争议仲裁委员会仲裁的劳动争议案件，法院不予受理。

（5）监察举报投诉。《劳动法》规定，"县级以上各级人民政府劳动行政部门依法对用人单位遵守劳动法律法规的情况进行监督检查，对违反劳动法律法规的行为有权制止，并责令改正"。《劳动法》还规定，"任何组织和个人对于违反劳动法律、法规的行为有权检举和控告"。据此，劳动者发现自己的劳动权益受到侵害时，应及时向单位所在区县的劳动保障监察部门举报。

（6）信访。劳动者在劳动权益受到侵害时，还可以通过信访的方式，向各级工会、妇联以及政府信访部门反映。

如果毕业生在实际就业中遇到劳动保障方面的问题，还可以及时拨打全国统一的劳动保障公益服务专用电话——12333，咨询劳动保障的政策，获取有关的信息，更好地维护自己的合法权益。

案 例 点 评

我国专门制定《劳动法》来保护劳动者的就业权益，对于应届毕业生的就业权益，国家还制定了一系列的政策法规予以特殊保护。毕业生应该主动了解相关知识，认真学习，灵活运用，使自己的就业权益得到应有的保障。

能 力 训 练

大学生就业竞争越来越激烈，想找到一份理想的工作更是难上加难，很多大学毕业生都还没上岗，在就业过程中就处处碰壁。为此，可以对典型人物进行就业访谈。

（1）访谈方式：电话预约＋人物访谈。

（2）访谈对象：毕业的师哥师姐、知名校友、已就业同学等。

（3）访谈记录：可根据具体的访谈对象，提出以下部分或全部问题。

① 如何获得招聘信息来源？

② 作为即将毕业的大学生，应该为就业做哪些准备工作？

③ 对于求职，你对师弟师妹们有哪些建议？

④ 面试时应注意哪些？

⑤ 签订就业协议书和劳动合同时应注意哪些？

⑥ 就业过程中是否遇到过就业权益被侵害的情况？是如何处理的？

⑦ 就业权益被侵害时，应当如何自我维护？

（4）访谈报告：

报告应包含以下内容：

① 访谈情况概要。写明访谈对象的简介信息、访谈时间、访谈方式等。

② 访谈对象的公司背景。

③ 访谈内容记录。分块编写，条理清晰。

④ 访谈心得感悟。写出自己的访谈体会，并做相关总结。

第七章

职业素养

【内容提要】

随着大学生人数日益增多，其就业问题越来越受到人们关注。用人单位对人才的选择日趋严格，超越学历之外的职业素质逐渐为用人单位所关注。据调查，团队精神、创新能力、沟通能力等是用人单位最为看重的几种素质。此外，大学生还应学会管理时间，以提高工作效率。本章主要介绍大学生应具备的几种职业素质。

【知识目标】

① 了解团队精神、创新能力、沟通能力和时间管理的基础知识；

② 掌握培养团队精神的途径和方法；

③ 掌握提高创新能力、沟通能力和时间管理能力的方法。

【能力目标】

① 增强团队意识，提升团队协作能力；

② 增强创新意识，掌握沟通技巧；

③ 学会合理利用时间，管理好自己的时间。

初入职场的注意事项

引导案例——团队精神获公司青睐

近日，武汉某职业学院工商管理专业毕业生陈诚，签下了他从事销售工作以来的第一笔业务。回想起一个多月前应聘这家国内知名保健品集团公司的情景，他告诉记者："我想组建一个团队开展工作，并把这个想法告诉了这家公司。没想到，我的愿望变成了现实，我和两位同学一起获得了这份工作。"陈诚原是校学生会主席，参加毕业生校园招聘会时，他选择了这家保健品集团公司的销售岗位。"当时一坐到面试官面前，我就问了一句：'我要组建一个团队开展工作，这样可不可以？'对方并没有直接回答我的问题，只是说：'面试了5年，你是第一个提出这种要求的人'"陈诚说。

正因为这一独特的想法，用人单位对陈诚表现出浓厚的兴趣，最终，陈诚和原学生会副主席刘晓明、体育部部长王洋一起进入了该集团，分在销售岗位的同一个组工作。陈诚坦言，自己当时想得很简单，"做任何事情，一个人的力量始终是有限的，如果能联合更多的人一起去做，成功的概率就更大一些。"他认为，一个团队能做一个人不能做的事情，自己与学生会其他成员已共事近3年，知道各自的能力和特长，这样，如果能同时进入一家单位开展工作，彼此的合作将更加顺利。

第一节 团 队 精 神

一、团队精神概述

团队是指互助互利、团结一致、为同一目标和标准而奋斗的一个群体，其精髓是共同承诺。团队不仅强调个人的业务成果，更强调整体的业绩。

团队精神是大局意识、协作精神和服务精神的集中体现，是团队成员对团队感到满意与认同，自觉地以团队的利益和目标为重，并在各自的工作中尽职尽责，自愿并主动与其他成员积极协作、共同努力奋斗的意愿和作风。

团队精神的基础是张扬个性。张扬个性，即强调个性自由，这是敢于打破常规的动力源泉。要塑造团队精神，就必须尊重个体的兴趣与成就，尊重人的个性。

团队精神的核心是协同合作。团队精神强调的不仅仅是一般意义上的合作与齐心协力所带来的"1＋1＝2"的效果，其核心在于加强沟通，发挥个性优势，在团结协作中实现优势互补，产生积极的协同效应，带来"1＋1＞2"的效果。

团队精神其实是一个组织共同的价值观问题，团队精神的动力是共同目标。只有团队目标达到了，即团队成功了，个人才能获得成功。

二、培养大学生团队精神的意义

1. 时代发展的需要

在现代社会，个人的力量显得非常渺小，单靠个人能力来解决重大问题的可能性已微乎其微，更多的成果是靠"集体大脑"。也就是说，时代要求个体除了具备必要的自身能力之外，还必须具备与他人合作的协作能力。为此，培养受社会欢迎的具有良好团队精神的大学毕业生，是高校教育的职责和神圣使命。

2. 有助于大学生尽快适应社会

培养大学生树立团队精神，有助于培养其良好的心态，以灵活应对风云变幻的社会大环境。同时，大学生具备团队精神，在求职就业过程中就更容易得到企业的青睐，进而获得更好的就业机会。

3. 有利于大学生综合素质的提高

　　培养大学生的团队精神，有助于提高其与人共事时的奉献、进取、团结合作精神，使其养成团队意识，提高心理素质。在长期的活动中培养大学生的团队精神，能创造出一种合谐向上的团队氛围，使他们创造性地工作和学习，谋求通过与他人合作来共同创新和发展。

经典实例

团队精神考验

　　某著名公司招聘市场开发人员，12名优秀应聘者从几百人中脱颖而出，闯入复试。

　　此次招聘仅有3个录取名额。复试开始后，负责人把这12个人随机分成甲、乙、丙、丁四个组，指定甲组的3个人调查婴儿用品市场，乙组的3个人调查学生用品市场，丙组的3个人调查中青年用品市场，丁组的3个人调查老年人用品市场。

　　两天之后，12个人分别把自己的市场分析报告送到了负责人那里，负责人一一看完之后说："恭喜甲组，你们被本公司录取了。因为在这四个组中，只有甲组的3个人互相借用了各自的资料，补全了自己的分析报告，这正是我们公司需要的人才——具有团队合作意识的人才。要知道，团队精神才是现代企业成功的保障。"

三、培养团队精神的途径和方法

（一）团队组织者和领导者的团队精神培养

　　作为团队的组织者和领导者，第一，要建立一种有效的监督和约束机制，营造一种团结严谨的工作氛围；第二，要消除不必要的工作界限，培养团队成员整体配合的协作精神，形成"分工不分家""互相支持和努力"的工作习惯；第三，要让每一位成员都能拥有自我发挥的空间，但要破除个人主义及唯我独尊、夜郎自大的傲慢心理，把团队成员的力量凝聚到同心协力的行动上，凝聚到荣辱与共的感受上，树立起团队集体主义观念；第四，要尊重每一位成员，让每一位成员都学会包容、欣赏、尊重其他成员的个体差异性，使团队的全体成员产生归属感和凝聚力，树立共同目标，实现共同理想。

（二）团队成员的团队精神培养

1. 培养主动做事的品格

　　在一个团队里，不能被动地等待别人告诉你应该做什么，而应该主动去了解团队需要自己做什么，充分发挥其主观能动性和主观意识，然后进行周密规划，并全力以赴地去完成。

2. 培养敬业的品格

　　有敬业精神才能把团队的事情当成自己的事情。个人的命运是与所在的团队连在一起的，要有意识地多参与集体活动，并且要尽自己所能去认真完成个人承担的任务。

3. 培养宽容与合作的品质

团队中的每个成员都各有长处和不足，关键是成员之间以怎样的态度去看待，能否在平常之中发现他人的美。在日常生活中培养宽容与合作的品质，不仅是培养团队精神的需要，也是获得人生快乐的重要途径。

4. 培养全局意识、大局观念

团队精神不反对个性张扬，但个性必须与团队的行动一致。在工作中，要有意识地培养全局观念。否则，团队就会像一盘散沙，优秀的团队难以形成，自己也很难从中受益。

四、影响团队绩效的因素

1. 公平因素

公平可分为程序上的公平和结果上的公平。程序上的公平是要给人以平等的机会，而结果的公平是要给人以平等的结果。在满足程序公平的前提下，结果上的不公平表明了个人的能力及努力程度；如果程序上不公平，就会导致秩序混乱。所以，相对而言，程序上的公平比结果上的公平更重要。如果不注重程序公平，而只追求结果上的公平，就可能导致分配上的"大锅饭"，从而影响业绩突出的团队成员的积极性，进而影响整个团队的绩效。

2. 绩效评估方法

一个团队需要一套公平、透明的绩效评估体系，并以此对每个成员的绩效做出评估。评估体系不透明、不科学，就会影响到团队成员的积极性，进而影响整个团队的绩效。因为不对团队成员的个人努力做出评估，团队中就会有人滥竽充数，不会为团队建设做出贡献，甚至会影响团队其他成员的积极性。

3. 人际关系

复杂的人际关系会对团队绩效产生很多负面影响，因为团队成员把精力耗费在人际关系方面，用在工作上的精力就少了，这必然会影响团队的整体绩效。所以，团队一定要创造一种和谐的人际关系氛围，使团队成员可以在简单的人际关系中，轻松而又全力以赴地开展工作。

拓展阅读

解析外企的团队精神

如今，越来越多的企业在招聘人才时把团队精神作为一项重要的考查指标，那么，企业为什么如此重视团队精神？又是通过什么方式来考查团队精神？没有工作经验的在校大学生又该怎样培养团队精神呢？

法国斯伦贝榭公司是一家从事石油勘探以及原油开采、加工设备销售等业务的大型跨国公司。斯伦贝榭中国分公司在北京大学招聘时，对应聘者进行了一次非常有意思的面试：

将 10 名应聘者分成两个小组，假设他们要乘船去南极，要求这两个小组在限定的时间内提出各自的造船方案并且做出船的模型。面试官根据应聘者对于造船方案的商讨、陈述和每个人在与本小组其他成员合作制作模型过程中的表现进行打分，以确定合适的人选。

在谈及这次面试的初衷时，斯伦贝榭中国分公司人力资源部的刘华女士说，通过这种方式，公司不仅考查应聘者的创新意识、语言表达能力和动手操作能力，更重要的是了解应聘者是否具备团队精神。对此，刘女士进一步解释说，在当今社会里，企业分工越来越细，任何人都不可能独立完成所有的工作，他所能实现的仅仅是企业整体目标的一小部分，因此，团队精神日益成为一个重要的企业文化因素。它要求企业分工合理，将每个员工放在正确的位置上，使他能够最大限度地发挥自己的才能，同时又辅以相应的机制（如业务培训、集体活动、利润分享等），使所有员工形成一个有机的整体，为实现企业的目标而奋斗。对员工而言，团队精神要求员工在具备扎实的专业知识、敏锐的创新意识和较强的工作技能之外，还要善于与人沟通，尊重别人，懂得以恰当的方式同别人合作，学会领导别人和被别人领导。

斯伦贝榭公司的做法并不是个别情况。许多国内外知名的大企业，如联想集团、微软（中国）有限公司等在招聘应届毕业生时都在看重应聘者的学历、知识面和技能的同时，注重采取各种科学的方法来考查他们是否具备团队精神。

不过，令人遗憾的是，不少毕业生往往在求职时暴露出他们在这方面存在很大缺陷。例如，在斯伦贝榭公司的面试当中，有的应聘者动手能力比较强，想出来的点子也很不错。可是当他的想法与别人不一致时，他却固执己见，不肯与他人商量，致使自己无法与本组成员合作完成造船计划；还有的应聘者在陈述本组的造船方案时，不能够准确、全面地反映本组成员的意见，使得其他组员对他产生不满情绪。这说明这样的应聘者要么不善于与人沟通，无法理解别人的意见；要么不善于领导、协调本组成员消除分歧，达成共识。

那么，没有工作经验的在校大学生应该如何培养团队精神呢？中国科学院心理研究所的李超平在接受记者采访时说，青年学生应该多参加集体活动，多找适当的机会到社会上去锻炼自己，在这当中学会与人相处，将个人目标与团队目标相融合，这样才会在人生的道路上无往而不胜。远大集团人事经理王先生也建议大学生在校期间应该多参加社会实践，在活动中培养团队意识。

第二节　创 新 能 力

一、创新能力概述

（一）创新能力的概念

创新是指人们在生产力、生产关系和上层建筑全部领域中进行的创造性活动。

创新能力是运用知识和理论，在科学、艺术、技术和各种实践活动中不断提供具有经济价值、社会价值、生态价值的新思想、新理论、新方法和新发明的能力。

（二）创新能力的内容

创新能力包括创新意识、创新思维、创新技能、创新精神等几个方面的内容。

1. 创新意识

创新意识指善于独立思考，敢于标新立异，提出新观点、新方法，解决新问题和创造新事物的意识。它是创新思维和创新活动的基本前提和条件，直接决定创新活动的产生和创新能力的发挥。

2. 创新思维

创新思维是逻辑思维、形象思维、直觉思维、灵感思维等多种思维形式的有机结合，是判断推理敏捷、概括综合准确、分析思考深刻、联想想象新奇的高级智能思维方式。创新思维是创新能力的核心，是创新活动的关键。

3. 创新技能

创新技能是指创新主体在开展创新活动时所需要的实践技能，包括信息加工技能、动手操作技能、运用创新技术的技能和物化创新成果的技能等。创新技能是创新能力的直接体现。

4. 创新精神

创新精神包括高度的责任感和敬业精神，勇于开拓的精神，对新事物的强烈好奇心以及敢于冒险、勇于进取的品质。创新精神是培养创新意识、锻炼创新思维、提高创新技能的保证。良好的创新精神对培养创新思维、激发创新灵感和进行创新活动来说都是不可或缺的。

经典实例

创新思维抢占先机

有个年轻人想凭自己的聪慧赚钱，就跟别人一起来到山上，开山卖石头。当别人把石块砸成石子，运到路边，卖给附近建筑房屋的人时，他竟直接把石头运到码头，卖给杭州的花鸟商人了。因为他觉得这儿的石头奇形怪状，卖重量不如卖造型。就这样，这个年轻人很快就富裕起来了。三年后，卖怪石的他成了村子里第一座漂亮瓦房的主人。

后来，不许开山，只许种树，于是这儿成了果园。

当地鸭梨汁浓肉脆，香甜无比。每到秋天，漫山遍野的鸭梨引来了四面八方的客商。乡亲们把堆积如山的鸭梨整车整车地运到北京、上海，然后再发往韩国和日本等地。

鸭梨带来了小康日子，村民们欢呼雀跃。这时，那个年轻人却卖掉果树，开了一个编筐作坊，因为他发现，来这儿的客商不愁挑不上好梨，只愁买不到盛梨的筐。五年后，他成为村子里第一个在城里买商品房的人。

再后来，一条铁路从这儿贯穿南北，乘坐火车，可以北到北京，南抵九龙。小小的山村更将开发搞活了，乡亲们由单一的种梨、卖梨起步，开始发展果品加工和市场开发。

就在乡亲们开始集资办厂时，那个年轻人却又在他的地头砌了一道 3 米高、100 米长的墙。这墙面朝铁路，背依翠柳，两旁是一望无际的梨园，坐火车经过这里的人在欣赏盛开的梨花时，能看到四个醒目的大字：可口可乐。据说这是 500 里山川中唯一的一个广告，那道墙的主人仅凭这面墙，一年就有 4 万元的额外收入。

20 世纪 90 年代末，日本某著名公司的老板来华考察。当他坐火车经过那个小山庄时，听到上面的故事，马上就被那个年轻人的商业智慧所震撼，当即决定下车寻找此人。当日本老板找到他时，他却正在自己的店门口与对面的店主吵架。原来，他店里的西装标价 800 元一套，对面就把同样的西装标价 750 元，他标 750 元，对门就标 700 元，一个月下来，他仅批发出 8 套，而对门的客户却越来越多，一下子批发出了 800 套。日本老板一看这情形，顿时失望不已，但当他弄清真相后，又惊喜万分，当即决定以百万年薪聘请这位年轻人。原来，对面那家店也是这位年轻人开的。

二、大学生的创新能力现状

大学生正处于思维创造活动发展的重要阶段：他们思维敏捷、精力旺盛、思想活跃。然而，我国大学生的创新能力还不够全面，主要表现为以下四个方面：

1. 好奇心强，但创新意识贫乏

大学生具有强烈的好奇心，并对事物因果关系的规律性探索感兴趣，独立思考、独立判断的能力开始逐步发展。但由于国家教育体制和大学生自身的原因，他们并没有养成创新意识。另一方面，大学生往往只是在单纯的好奇上停滞不前，不愿意或者不敢标新立异，也不敢提出新观点、新方法以及为解决新问题和创造新事物而努力。

2. 思维敏捷，但缺少创新思维方法

大学生随着知识和经验的不断积累，想象力逐渐丰富起来，思维能力，尤其是逻辑思维能力有了很大程度的发展，思维也较敏捷。但由于知识面窄，学科之间缺乏合理的整合，思维方式往往是单一的和直线式的，致使大学生思考问题时缺乏灵活性和全面性。

3. 想法创新但缺乏创新技能

许多大学生经过长期的脑力训练，在特定因素的诱发和引领下会产生灵感。但由于缺少创新技能和横向联系，灵感最终是昙花一现。要使这些灵感变为现实，需要一些必要的创新技能，而这正是我国大学生在长期的应试教育下所缺乏的。

4. 有创新热情，但创新精神不佳

大学生通过自主学习和教师的引导，有了一定的创新热情。但由于缺乏广泛的沟通和对社会的全面了解，导致他们的创新目标不够明确。许多大学生虽然不满足于现状，但往往只是满腹牢骚、唉声叹气，缺乏行动的信心。另外，很多大学生也缺乏创新的毅力。有些大学生能够认识到毅力在创新活动中的重要性，但在实际工作过程中往往虎头蛇尾、见异思迁、放弃追求。

三、培养大学生创新能力的途径

1. 增强创新意识

创新是真正意义上的超越，是一种敢为人先的胆识。现在的大学生是从应试教育中走过来的，思维被严重地束缚。因此，大学生创新能力的提高应该从增强创新意识开始，要善于发现问题、提出问题，不拘泥于条条框框的束缚，勇于超越常规，在超越中求发展。

创新意识

2. 培养各种能力

创新体现的是一种更高层次的能力，需要各种基础能力作为保障。要真正地具备较强的创新能力，必须首先具备很强的综合能力和综合素质，尤其是观察能力、分析问题和解决问题的能力、独立思考的能力和学习的能力，这些能力需要靠不断的思考与学习来获得。

3. 建立健全合理的知识体系

创新能力的提高是一个日积月累、循序渐进的过程。创新需要基础，没有基础，超越便没有了可能。为创新做好准备，必不可少的一个环节就是脚踏实地地学好知识，掌握真才实学，在此基础上融会贯通，构建健全合理的知识体系。

4. 积极参与社会实践，学以致用

创新的灵感大部分来源于现实生活，现实生活也是创新的最好材料。参与社会实践对培养大学生的创新能力的作用是不可估量的。另外，积极有效的社会实践也可以增强大学

生的竞争意识和创新意识。

经典实例

传奇大学生董航：我的发明值 2000 万

董航，1985 年出生，齐齐哈尔大学化工学院学生，"双轴式推拉门"的发明者和专利持有者。据香港国际评估事务所评估，这项专利的国内转让价值达 2000 多万元人民币。

★ 灵感之"门"，通向缤纷世界

看似偶然的灵感，往往都是瓜熟蒂落的必然。2002 年寒假，董航在家打开冰箱门拿饮料的时候头脑里闪现出一个想法："这门如果能够左右双开该多方便啊！"有了思路后，他把"双开门"的草图画了又画，心里一直研究这件事。

听说了董航的创意，机械专家、齐齐哈尔大学退休教授许维翰很感兴趣。许维翰当过哈尔滨飞机制造厂的研究员，设计过摩托车、装甲车、医院密封式放射门等。董航把图纸画给许教授看。许教授看后啧啧赞叹："我研究门一辈子了，从没想过门可以左右双开，年轻人真有想法！"后来许教授帮董航鉴定了此项科研成果，查询的结果是此项科研成果目前国内还没有人研制成功，董航可以申请国家专利。

2006 年 7 月 25 日，董航向国家申请专利。2007 年 7 月 26 日，董航拿到了"一种双轴式推拉门"的专利证书。董航说："在等专利证书的 366 天里，我一直在为专利的转化做准备。"

起初，董航想把自己的"门"用在冰箱上。2007 年 5 月，他从齐齐哈尔出发，目的地是河南的"新飞"、青岛的"海尔"、合肥的"美菱"、顺德的家具厂等。"白天我去冰箱厂推介自己的发明，晚上坐上夕发朝至的火车上路，在硬座上坐着睡一宿。"董航说，"行万里路的收获很大"。与工程师们的交流、与各色乘客的聊天及各类企业的企业文化都给他很多启发。董航在青岛参观军舰时发现，双开门如果应用在舰船上，会解决逆风时开门困难的难题。

在广州，当董航走访了诸多家具工厂后，他改变初衷，决定先用自己的"门"去"改良"家具。

★ 10 分钟，成就一段商界传奇

2007 年 9 月 27 日，在北京钓鱼台国宾馆举行的第四届中国国际投融资大会上，董航坦然自信地在金融家、商业财富精英、企业家中寻找着能与自己的专利对接的"财富"。

一位德国代表看到董航后，惊异地问道："介意问一下你的年龄吗？"董航笑着说道："我就快 22 周岁了。"德国代表说："这么年轻就能被安排到这样的会上，真是不得了！"

董航旁听了连云港金亚集团董事长钱辉与其他代表的交谈，发现这家集团有家具制造、房地产等多个产业，而且是一家"正在成长"的企业。于是，董航把"双轴式推拉门"专利拿给钱董事长看，钱辉对这一项目表现出浓厚的兴趣。谈了 10 分钟，钱董事长决定引进双开门项目，聘用这个"十分有潜力"的大学生当经理。"当时满展厅的代表都还没有眉目呢，我已经有谱了。"讲述起当时的情景，董航露出了孩子气的笑容。

第三节 沟 通 能 力

一、沟通能力概述

沟通能力是指一个人与他人有效地进行信息交流的能力。恰如其分和沟通效益是人们判断沟通能力的基本尺度。其中，恰如其分是指沟通行为符合沟通情境和彼此相互关系的标准或期望；沟通效益是指沟通活动在功能上达到了预期的目标，或者满足了沟通者的需要。

表面上看，沟通能力似乎就是一种能说会道的能力，实际上它包罗了从穿衣打扮到言谈举止等一切行为的能力。一个具有良好沟通能力的人可以充分发挥自己所拥有的专业知识及专业能力，并能给对方留下"我最棒""我能行"的深刻印象。

二、大学生沟通障碍的表现

社交恐惧

当代大学生对社会上人际交往的一些错误认识导致了大学生的沟通能力与现代社会的期望产生了或多或少的偏离，主要特征表现如下。

1. 忽视沟通能力的培养

在我国的计划经济时代，优秀的学习成绩是父母的唯一期望，因为它是获得一个好工作的前提和必备条件。这样的意识观念至今还影响着相当数量的大学生。他们沉浸于书海，却寡言少语，缺乏甚至逃避与他人交流沟通，不注重甚至不会自我修饰。当他们走向社会时，展示的只是优异的学习成绩和各种证书，反馈回来的却是用人单位的叹息声。

2. 个性张扬式的人际关系冷漠

信息社会有两大标志，一是时尚，二是网络。部分竭力追求各种时尚元素的大学生在刻意雕塑与众不同的个性表现：金黄色的头发，嘴里溜出难以理解的话语，我行我素，不顾及他人情绪等，这就导致了他们"鸡立鹤群"。网络已不再仅仅是操作工具，而是某部分人的生活必需品，他们将时间和情感寄托于虚拟的网络中。

人的发展应建立在现实的人与人互动的基础上，但有的大学生沉醉于那种虚拟环境中，他们的人格和交往模式也被那种虚拟环境模糊化了。当回到现实中时，他们习惯充当发号施令者，渴望充分展示自己的个性，可得到的回应仍是自我的"高高在上"，难以融进到群体之中，阻碍了组织团队的建设。

3. 个体文化与组织文化的偏离

文化是人类与社会不断相互作用而积淀的结晶，它具有一定的传承性。但在信息社会时期的社会变迁、阶层流动、文化交流过程中，呈现出一种大学生新新人类文化，他们缺乏我们所期望的勤俭、纯真和理性，更多的是自以为是的"后现代主义文化"的价值取向和行为取向。这样的大学生很难建立可信度，很难构建共同价值观体系，难以获得认同感。

经典实例

不会沟通——从同事到冤家

小贾是公司销售部的一名员工，为人比较随和，不喜争执，和同事的关系处得都比较好。但是，前一段时间，不知为什么，同一部门的小李总是处处和他过不去，有时候还故意在别人面前指桑骂槐，工作任务也都有意让小贾做得多，甚至还抢了小贾的好几个老客户。

起初，小贾觉得都是老同事，没什么大不了的，忍一忍就算了，但是，看到小李如此嚣张，小贾一赌气，告到了经理那儿，经理把小李批评了一通。从此，小贾和小李成了一对冤家对头。

三、沟通魅力的塑造

沟通魅力的塑造应从两个维度进行，一是修炼沟通性情和意识，二是培养沟通能力和技巧。

（一）修炼沟通性情和意识

我国有句俗话"一言能使人笑，一言也能使人跳"，沟通能力的提高建立在每个个体具有良好的自我性情和意识的基础上，具体体现在以下三个方面。

1. 认识自我

要说服他人，先要说服自己；要了解他人，先要了解自己。要做到清晰地认识自我，应强化一种勇气：敢于客观地审视自我，敢于承认自己的问题所在。有了这股勇气，才能在静心思考自我的场景下进行自我价值的正确定位，才能从社会认同和社会道德的高度来克服物质自我、精神自我的片面诱惑，真正形成社会自我的修炼体系和意识动机。

2. 情绪管理

大学生要想成为情绪的主人，应摆正一个基本的人生态度：均衡的处世态度，乐观的为人情怀。在心平气和、海纳百川的精神指引下，你的人际关系才能是圆融的，你的沟通才会是有效的。

3. 换位思考

换位思考就是"理解"别人的想法和感受，从对方的立场来思考问题。要做到换位思考，需要一点好奇心，好奇心能使人暂时放下自己的主观想法去理解别人的观点，了解之后才能真正地开始"换位"，换位之后才能开始相对正确的思考。换位思考可以使沟通更有说服力，同时，也会树立自己良好的声誉。

（二）培养沟通能力和技巧

任何能力都是在后天的学习、塑造中获得、提升的，沟通能力也是如此。一个人不可能完全模仿他人的沟通思想和技巧，但可以塑造自我的沟通能力和技巧。

1. 用理论武装沟通

高等教育的目标是：坚持"德、智、体、美、劳"五育并举，促进学生思想道德、科学文化知识、应用技能、身心素质等各方面的和谐发展，培养学生的个性特长和学习中的创造性，发挥学生健康向上的个性品质，培养适应社会需求的全方位的高素质人才。因此，高校必须对理论课程体系进行变革，与时俱进地引入先进的理论，如开设管理沟通、人际沟通与礼仪、公共关系学等课程，加强学生对沟通重要性的认识。

2. 用言辞修饰沟通

语言表达恰当的标准是能在恰当的时候和适当的场合用得体的方式表达自己的观点。

当你要表述自己的观点、维护自己的立场或听到令人生气的回答时，使用委婉幽默的语言将会使表达效果更好。要具有较好的言辞修饰、表达能力，必须要博览群书，建立自身的语言词库，在言语沟通中提高言辞智商。只有这样，才能在口头沟通、书面写作中有效行事。

3. 用身体语言强化沟通

在日常交流中，在运用口头语言和书面语言的同时，还有许多非语言的行为可以强化沟通效果，包括身体动作、姿态、仪容仪表等，这种非语言的沟通方式统称为"身体语言"。身体语言的修炼可从以下方面进行。

第一，用温文尔雅的举止、姿态表现沟通魅力。大学生在学习、工作、生活中，要以规范的标准来要求自身的身体动作和姿态行为（如站姿、坐姿、走姿、手势等），要从一言一行中反映出自信平和、庄重稳定，表现出优良的道德修养和深厚的文化水平。

第二，用微笑装点沟通魅力。真诚的微笑就像一个"魔力开关"，能立即建立与他人沟通的友好桥梁。微笑使沟通在愉快轻松的氛围中展开，可以消除由于陌生、紧张带来的障碍。微笑可表示出对对方的尊重和真诚，有利于建立大学生的可信度和亲和力。

第三，用服饰修饰沟通魅力。服饰反映一个人的精神面貌、文化素养和审美水平，整齐、得体的服饰可以给大学生的形象增添不少迷人的风采。大学生要清醒地认识到，在学校或社会中，他们是富有深刻素养内涵的、被公众所称赞的审美对象。因此，大学生的服饰应端庄大方，根据不同的时间、地点、场合及对象选择不同的服饰，这样可使大学生的外在形象更趋完美。

4. 用实践锻炼沟通

学校社团是培养沟通能力的最佳舞台。社团常常和企业或其他社会机构联合组织活动，如演出、义卖、知识竞赛等。大学生可以尝试组织活动、主持节目，在角色扮演、角色交往、人际冲突中获得丰富的社会体验。此外，利用寒暑假、学习空闲时间到企业实习也是培养沟通能力的有效方式。实习能使大学生熟悉组织文化，了解办公室的生存方式，知道如何与上级、同事相处，掌握每个人的行为方式和管理风格。

课堂讨论

身体语言在沟通过程中起着哪些重要作用？请举例说明。

第四节 时 间 管 理

一、时间管理概述

时间管理是指在时间消耗相同的情况下，为提高时间利用率和有效性而进行的一系列活动，包括对时间进行有效的计划和分配，以保证重要工作的顺利完成，并能及时处理突发事件或紧急变化。

时间管理不是要把所有事情做完，而是要更有效地利用时间；时间管理不是完全的掌控，而是降低变动性；时间管理的目的除了决定你该做些什么事情之外，另一个很重要的目的是决定什么事情不应该做。

时间管理

二、浪费时间的表现

（1）犹豫不决，患得患失，瞻前顾后，拖拖拉拉。花许多时间去思考要做的事情，矛盾、担心、难下决定，找借口推迟行动，同时又会为没有完成任务而后悔。

（2）找东西。由于生活没有规律，东西乱丢乱放，浪费大量的时间去找东西。

（3）精力分散，时断时续。不能集中精力做一件事。在完成重要事情时，一旦间断，就要花费时间重新进入状态，因而降低工作效率。

（4）懒惰、逃避。由于自身的惰性而逃避去完成事情，躲进幻想世界，无限期拖延。

（5）事无轻重缓急。在众多事情中抓不到重点，缺乏优先顺序，不懂得统筹安排。

（6）不懂授权。一个人包打天下，事无巨细，样样亲力亲为，不会把适当的事情委托他人，寻求协助。

（7）盲目行动。在没有预见、把握和详细计划的情况下盲目行动，往往在实施过程中或完成结果后，还需要重来。

（8）消极情绪。对所做事情产生反感、抵触的情绪，不能全身心地投入。

（9）悔恨或空想。对过去的过错或得失感到悔恨，在记忆里浪费精力；或者凭空想象不切实际的未来，却不去行动。

(10) 完美主义。过于追求完美，注重没有必要的细节；反复检查已完成的工作，以至延误之后的进度；对自己求全责备，不懂拒绝。

此外，大学生交友频繁、应酬过多、没有重心、面面俱到等做法也会浪费大量的时间。

经典实例

李梅的时间管理

李梅是某大学生物系的学生，出于对生物的爱好，李梅上大学以来一直认真学习，在大一、大二也取得了不错的成绩。但是她发现自己过得很累，每天除了上课，就是学生活动，有时还要和同学逛街，结果搞得自己的生物实验都无法按时完成。每天晚上回到宿舍，李梅都哀叹时间怎么过得这么快，她还没完成当天的事情呢，然后就下定决心明天一定要完成计划的事情。但是到了第二天，原来想好的事情又被其他事情给耽误了。就这样一天一天过去了，快到考试了，李梅一看自己平时的课程没有学好，只能临阵磨枪了，为了不"挂科"，搞得身心疲惫。

三、时间管理的基本原则

（一）做事分清轻重缓急

时间管理的精髓在于：分清轻重缓急，设定优先顺序。成功人士都是以分清主次的办法来统筹时间的，把时间用在最有"生产力"的地方。面对每天大大小小、纷繁复杂的事情，如何分清主次，有以下三个判断标准。

1. 我必须做什么？

这有两层意思：是否必须做，是否必须由我做。非做不可，但并非一定要你亲自做的事情，可以委派别人去做，自己只负责督促。

2. 什么能给我最高回报？

应该用80％的时间做能带来最高回报的事情，而用20％的时间做其他事情。所谓"最高回报"的事情，即符合"目标要求"或自己会比别人做得更高效的事情。

3. 什么能给我最大的满足感？

最高回报的事情并非都能给自己带来最大的满足感，均衡才有和谐满足。因此，无论你地位如何，总需要分配时间于令人满足和快乐的事情，唯有如此，工作才是有趣的，并易保持工作的热情。

通过以上"三层过滤"，事情的轻重缓急很清楚了，然后，以重要性优先排序，并坚持按这个原则去做，你将会发现，再没有其他办法比按重要性办事更能有效利用时间了。

拓展阅读

时间管理四象限法则

时间管理理论的一个重要观念是应有重点地把主要精力和时间集中地用于处理那些重要但不紧急的工作上，这样可以做到未雨绸缪，防患于未然。在人们的日常工作中，很多时候往往有机会去很好地计划和完成一件事，但常常却又没有及时地去做，随着时间的推移，造成工作质量的下降。因此，应把主要精力有重点地放在重要但不紧急这个"象限"的事务上。要把精力主要放在重要但不紧急的事务处理上，需要很好地安排时间。一个好的方法是建立预约。建立了预约，自己的时间才不会被别人所占据，从而有效地开展工作。

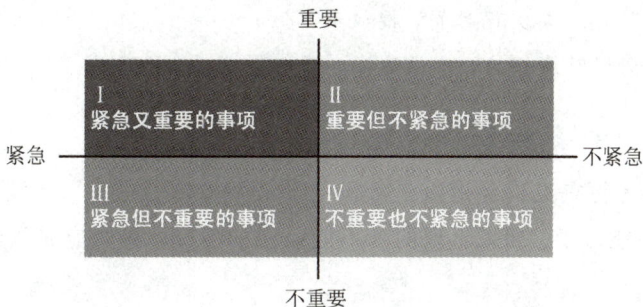

- **第一象限是紧急又重要的事项**

举例：诸如应付难缠的客户、准时完成工作、住院开刀等。

这是考验我们的经验、判断力的时刻，需要明白的是，此象限中的很多重要事项都是因为一拖再拖或事前准备不足，而变成迫在眉睫的。

该象限的本质是缺乏有效的工作计划，导致本处于"重要但不紧急"第二象限的事项转变为第一象限，这也是传统思维状态下的管理者的通常状况，就是"忙"。

- **第二象限是重要但不紧急的事项**

举例：诸如长期的规划、问题的发掘与预防、参加培训、向上级提出问题处理的建议等事项。

如果这个象限的事务没有处理好，将使第一象限日益扩大，使我们陷入更大的压力，在危机中疲于应付。反之，多投入一些时间和精力在这个象限内的事务，将有利于提高实践能力，缩小第一象限的范围。做好事先的规划、准备与预防措施，很多急事将无从产生。这个象限内的事情不会对我们造成催促力量，所以必须主动去做，这是发挥个人领导力的领域，更是传统低效管理者与卓越高效管理者的重要区别标志，建议管理者把80%的精力投入到该象限的工作，以使第一象限的"急"事无限变少，不再"瞎忙"。

- **第三象限是紧急但不重要的事项**

举例：电话、会议、突来访客等都属于这一类。表面看似第一象限，因为迫切的呼声会让我们产生"这件事很重要"的错觉——实际上就算重要也是对别人而言。通常我们花很多时间和精力在这个象限内，自以为是在第一象限，其实不过是在满足别人的期望与标准。

　• 第四象限属于不重要也不紧急的事项

　　举例：阅读令人上瘾的无聊小说、毫无内容的电视节目、办公室聊天等。简而言之就是不值得花时间和精力在这个象限内。但我们往往在一、三象限来回奔走，忙得焦头烂额，不得不到第四象限去"疗养"一番再出发。这部分范围倒不见得都是休闲活动，因为真正有创造意义的休闲活动是很有价值的。

　　当重要与紧急发生冲突时，需把握一个原则：重要大于紧急。

　　（1）以重要为关键，把重点放在第一、二象限，远离第三、四象限。

　　（2）第一象限：抓紧做，返回第二象限；

　　第二象限：重点做，按计划有步骤地做，为将来做准备；

　　第三象限：不花时间或少花时间，授权部下做；

　　第四象限：平衡好时间精力，不被迷惑，返回第一、二象限。

（二）做正确的事和正确地做事

　　管理大师彼得·德鲁克曾经指出：效率是"以正确的方式做事"，而效能则是"做正确的事"。可见，两者不能偏废。如果出现两者不能兼得的情况，我们应先顾效能，然后再想办法提高效率。

　　做正确的事，首先要确定目标。目标能最大限度地聚集你的资源，包括时间。因此，只有目标明确，才能最大限度地节约时间。

　　正确地做事是指做事的方式。首先，要排列优先顺序，分清轻重缓急；其次，要制订计划，在做事情的时候按计划执行，避免走弯路、做无用功；第三，要选择正确的工作方法，方法正确了，则会事半功倍，方法错误了，则会事倍功半，甚至"贻误战机"。

经典实例

"挤时间"实验

　　一天，时间管理专家为一群大学生讲课。他现场做了一个演示，给学生们留下了难以磨灭的印象。

　　专家拿出一个1加仑的广口玻璃瓶放在桌上。随后，他取出一堆拳头大小的石块，仔细地一块块放进玻璃瓶里。直到石块高出瓶口，再也放不下了，他问道："瓶子满了吗？"所有学生应道："满了。"时间管理专家反问："真的？"他伸手从桌下拿出一桶砾石，倒了一些进去，并敲击玻璃瓶壁使砾石填满石块的间隙。

　　"现在瓶子满了吗？"他第二次问道。但这一次学生有些明白了，"可能还没有"，一位学生应道。"很好！"专家说。他伸手从桌下拿出一桶沙，开始慢慢倒进玻璃瓶。

沙子填满了石块和砾石的所有间隙。他又一次问学生："瓶子满了吗?""没满!"学生们大声说。他再一次说:"很好。"然后他拿过一壶水倒进玻璃瓶,直到水与瓶口持平,抬头看着学生,问道:"这个例子让我们学到了什么?"一个学生举手发言:"它告诉我们,无论你的时间表多么紧凑,如果你挤出时间,就可以做更多的事情!"时间管理专家说,"那不是它真正的意思。这个例子告诉我们:如果你不是先放大石块,那你就再也不能把它放进瓶子里。"人们常说:"事分轻重缓急"。先放大石块就是时间管理的奥妙所在。合理分配时间,才能够在有限的时间内依次放进上面的各种石头、沙子和水。

四、实施时间管理的方法

1. 遇事不拖延

拖延并不能节省时间和精力,恰好相反,它会使你心力交瘁,疲于奔命。不仅于事无补,反而白白浪费了宝贵的时间。因此,要养成遇事马上做的习惯,这样不仅能克服拖延,而且能占"笨鸟先飞"的先机。久而久之,必然能培育出当机立断的大智大勇。

2. 善用零碎时间

把零碎时间用来处理零碎的事情,从而最大限度地提高工作效率。例如,可将茶余饭后、会前会后的零碎时间用来学习、思考,或者简短地计划下一个行动等。充分利用零碎时间,积少成多,成年累月地计算下来,将会有惊人的成效。

三国时董遇读书的方法是"三余":"冬者岁之余;夜者日之余;阴雨者时之余。"即要充分利用寒冬、深夜和雨天,别人歇手之时发奋苦学,并认为"三余广学,百战雄才"。

而鲁迅先生则"把别人用来喝咖啡的时间都用在了写作上"。看来,零碎的时间也可以成就大事业。

3. 合理分配时间

当你计划今天的每一件工作时,就必须决定该花多少时间在这上面,这就是分配时间。时间分配合理了,你就可以更好更快地完成今天的任务,也可以节约出时间去做其他事情了。

4. 为意外事件留时间

火车、飞机、公共汽车、轮船等依时间表运行,但依然会有晚点等意外事件,同样的情形也可能发生在你身上。例如,你正在按照计划做事情,忽然又接到其他任务,这种情况下你当天的任务就可能无法完成。但如果你的工作时间留有余地,或有应急计划,就不会因此影响原定任务的完成。

案 例 点 评

在现代社会,个人的力量显得非常渺小,单靠个人能力来解决重大问题的可能性已微乎其微，更多的成果是靠"集体大脑"。也就是说，除了具备必要的自身能力之外，我们还必须具备与他人合作的协作能力。案例中的学生会主席陈诚从进校开始就有着很强的团队合作意识，在求职过程中也因其良好的团队精神受到企业的青睐，顺利找到心仪的工作。由此可见，除了学好专业知识、掌握专业技能之外，还需注重对自身职业素养的培养。

能 力 训 练

1. 游戏体验

游戏类型：团队协作型。

需要器材：3 米长的轻棍。

场地要求：开阔的场地一块。

游戏人数：10～15 人。

游戏时间：30 分钟左右。

游戏玩法：全体队员分为两队，相向站立，共同用手指将一根棍子放到地上，手离开棍子即失败。这是一个看似简单但却最容易出现失误的游戏，意在考察团队是否同心协力。

活动目的：在团队中，如果遇到困难或出现了问题，很多人马上会找别人的不足，却很少寻找自己的问题。队员间的抱怨、指责、不理解对于团队而言是危害巨大的。这个游戏旨在提高队员之间相互配合、相互协作的能力。统一的指挥加上所有队员的共同努力，对于团队成功起着至关重要的作用。

2. 创新思维训练

运用漫画进行创新训练。主要通过欣赏、思考、讨论、评价、联想想象、发散思维的过程，用欣赏完整的漫画、给漫画拟标题等方式进行创新思维。在这种情景刺激下，使学生积极主动地进行思考、交流、感受、感悟，在活动过程中进行创新思维训练。

例如，我们在创新思维时常用一组漫画："地上本无路，走的人多了便成了路"，大多数学生都有此知识，但"乱走的人多了，便没有了路"这种相反的结论，却是我们很少考虑的，这种结论就很有创意。

创新创业篇

第八章

创业知识与创业精神

【内容提要】

创业就是挖掘自身潜力、整合周围资源、体现自身价值的过程。在创业过程中，考验的是创业者的综合素质和创业精神。本章将主要介绍创业与创业精神的基本知识，并对大学生创业环境和创业优惠政策进行简单分析。

【知识目标】

① 理解创业的概念和要素，了解创业的各种分类，掌握创业的过程；

② 理解创业精神的本质和影响创业精神的因素，熟悉创业精神的作用和培育途径；

③ 了解大学生创业环境，熟悉大学生创业优惠政策。

【能力目标】

① 理解创业的一般过程，理性对待创业；

② 在生活和实践中培育创业精神；

③ 熟悉最新的大学生创业优惠政策，为创业做准备。

引导案例——"芒果女神"的直播创业路

每 1 万人在线观看，就有 700 人下单购买。每 100 人首次购买后，就有 45 人会成为回头客。这是"芒果女神"李雅茜的最新创业成绩。在过去两年间，这位以直播带动芒果销售的创业者，给远在西南山区的家乡父老开辟了一条农产品特产销售的新道路。

2013 年的一个阴雨天，刚刚大学毕业的李雅茜走在四川省攀枝花市米易县的一个偏远村落里，在那个老人和小孩儿居多的大山深处，她看到村民家里硕大的芒果摊在地上腐烂发臭……聊起当时看到的那一幕，李雅茜潸然泪下，她心疼乡亲们守着丰富的芒果资源却无法变现。当时，李雅茜正在统计当地的水果种植品种和规模，做这一切的目的，是为了启动一个创业项目，同时帮助乡亲们摆脱贫困。

经过充分的市场调查之后，李雅茜终于决定放手一搏，于2015年带领团队创建米易鑫瑞丰农业有限公司，打造"攀稀果果"品牌，正式走上了创业路。

然而，创业起步并不顺利。由于芒果采摘的时机没掌握好，加上包装不够专业，发给客户的芒果全都坏了。李雅茜这才发现，创业还有很长的路要走。她感到很愧疚，熬夜给每一位客户手写了一封致歉信，随后重新发货，芒果和信一起寄到了客户手中。经历了一些教训之后，李雅茜聚焦于互联网生鲜电商产品质量无法保证的痛点，从供应链的源头，将规范化种植、采摘、分拣和品牌化运营及冷链物流系统建设融为一体，打造了山区原产地品牌推广、互联网社群营销的新模式。

2016年网络直播流行起来，给了李雅茜新的启发。她的团队开始以"芒果女神"网红水果为模板，先后复制出枇杷女神、石榴女神、火龙果女神、雪梨女神等。在直播中，主播或穿梭在果林里，或坐在桌子前，将水果的生长环境、口感、功效及适合的人群都介绍给粉丝，传授粉丝切芒果的技巧，演示制作芒果沙拉、芒果汁的简易过程等。在淘宝直播，用户可以一边观看直播一边直接下单购买。在其他直播平台，团队则通过引导添加关注、发送微店名片来引导用户到微店购买。借此方式，流量实现了变现。据李雅茜介绍，通过这一创新，公司的年销售业绩从2015年的400万元增加至2016年的1500万元。此举让乡亲们大开眼界，芒果的单斤售价也提高了1元。

"许多农产品被人看做是低端产业，其实并不存在所谓的低端产业，只有低端的经营思维。只要勤于思考、勇于创新，无论在哪个产业我们都能发现靓丽的风景。"这是李雅茜发的一条朋友圈。

第一节　创业的基本知识

一、创业的概念

创业是指承担风险的创业者通过寻找和把握创业机会，投入已有的技能知识，配置相关资源，创建新企业，为消费者提供产品和服务，为个人和社会创造价值和财富的过程。

二、创业的要素

（一）创业的关键要素

创业的关键要素包括创业机会、创业团队和创业资源。

创业机会就是创业者可以利用的商业机会。从创业过程的角度来说，创业机会是创业的起点，创业过程就是围绕着创业机会进行识别、开发、利用的过程。

创业团队是指在创业初期（包括企业成立前和成立早期），由一群才能互补、责任共担、愿为共同的创业目标奋斗的人所组成的特殊群体。

创业资源是指创业企业在创造价值的过程中需要的特定资产，包括有形资产与无形资产。它是企业创立和运营的必要条件，主要表现为创业人才、创业资本、创业技术和创业管理等。

（二）创业各要素之间的关系

我们可以从以下几个方面来认识创业各要素之间的相互关系：

第一，创业机会是创业过程的重要驱动力，创业团队是创业过程的主导者，创业资源是创业成功的必要保证。创业过程始于创业机会，而不是资金、战略、网络、团队或创业计划。开始创业时，创业机会比资金、团队的才干和能力及合适的资源更重要。在创业过程中，创业机会与创业资源之间经历着一个适应—差距—适应的动态过程。

第二，创业过程是创业机会、创业团队与创业资源三个要素匹配和平衡的结果。创业团队要善于配置和平衡，借此推进创业过程，包括对创业机会的理性分析和把握，对创业风险的认识和应对，对创业资源的合理配置和利用，对创业团队适应性的认识和分析等。

第三，创业是一个连续不断地寻求平衡的行为组合。三个要素的绝对平衡是不存在的，但创业过程要保持发展，必须追求一个动态的平衡。这期间创业团队必须思考的问题包括：目前的团队能否领导组织未来的成长？组织面临怎样的资源状况？下一阶段的运作与成功面临哪些困难与陷阱？这些问题在组织发展的不同阶段会以不同的形式出现，它牵涉到组织的可持续发展。

拓展阅读

创业与就业的差异

（1）**角色差异**。创业者与就业者在企业中的地位、所肩负的责任和使命均有较大差异。创业者通常处于新创企业的高层，在企业实体的创建过程中，创业者始终是负责人，始终参与其中；而就业者通常处于中低层，到达高层需要一个过程，也不需要对企业的成长负责，只需要做好本职工作就可以了。

（2）**技能差异**。创业者通常身兼多职，既要有战略眼光，又要有具体的经营手段，从而要求其具备相当全面的知识和技能；就业者通常具备一项专业技能即可开展自己的工作。

（3）**收益与风险差异**。就业的主要投入是数年的教育成本；而创业除了教育成本，还包括前期准备中投入的人力、物力和财力。一旦失败，就业者并不会丧失教育成本，但创业者会损失在创业前期投入的一切成本；而一旦成功，就业者只能获得约定的工资、奖金及少量的利润，创业者则会获得大多数经营利润，其数额理论上没有上限。

（4）**成功的关键因素的差异**。就业可以完全依靠企业实体；但创业更多的还要考虑自身的经验、学识与财力，以及各种需求和各种资源的占有等条件。

三、创业的分类

（一）按创业动机分

机会型创业：创业的出发点并非为了谋生，而是为了抓住、利用市场机遇。它以市场机会为目标，能创造出新的需要或满足潜在的需求，因而会带动新的产业发展，而不是加剧市场竞争。发达国家的创业活动多以机会型创业为主，发展中国家的机会型创业数量较少。

就业型创业：创业者为了谋生而自觉地或被迫地走上创业之路。这类创业是在现有的市场上寻找创业机会，并没有创造新需求，大多属于尾随型和模仿型，因而往往小富即安，极难做大做强。

> **提示**
>
> 虽然创业动机与主观选择相关，但创业者所处的环境及其所具备的能力对于创业动机类型的选择有决定性作用。因此，通过教育和培训来提高创业能力，可增加机会型创业的数量，不断增加新的市场，减少低水平竞争。

（二）按创业起点分

创建新企业：创业者个人或团队从无到有地创建出全新的企业组织。这个过程充满挑战和刺激，个人的想象力、创造力可得到最大限度的发挥，但风险和难度也很大，创业者往往缺乏足够的资源、经验和支持。

企业内创业：在现有企业内的有目的的创新过程。企业流程再造本质上也是一种创业行为。企业内创业是动态的，正是通过二次创业、三次创业乃至连续不断地创业，企业的生命周期才能不断地在循环中延伸。

（三）按创业者数量分

独立创业：创业者独立创办自己的企业。其特点在于产权归创业者个人独有，企业由创业者自由掌控，决策迅速，但创业者要独自承担风险，创业资源整合比较困难，并且受个人才能的限制。

合伙创业：与他人共同创办企业。其优劣势正好与独立创业相反。

（四）按创业项目性质分

传统技能型创业：使用传统技术、工艺的创业项目。这些独特的传统技能项目具有永恒的生命力，尤其是在酿酒、饮料、中药、工艺美术品、服装与食品加工、修理等与人们日常生活紧密相关的行业中，许多现代技术甚至都无法与之竞争。

高新技术型创业：知识密集度高，带有前沿性、研究开发性质的新技术、新产品项目。

例如，将航天等高新技术领域的成果实现产业化、形成新产品等。

知识服务型创业：为人们提供知识、信息的创业项目。当今社会，信息量越来越大，知识更新越来越快，各类知识型咨询服务机构将会不断细化和增加，如律师事务所、会计事务所、管理咨询公司、广告公司等，这类项目投资少、见效快，竞争也日渐激烈。

（五）按创业方向或风险分

依附型创业：一是依附于大企业或产业链而生存，为大企业提供配套服务，如专门为某个或某类企业生产零配件，或生产、印刷包装材料等；二是使用特许经营权，如加盟麦当劳、肯德基等。

尾随型创业：模仿他人创业，"学着别人做"。其特点一是短期内只求能维持下去，随着经营的成熟，再逐步进入强者行列；二是在市场上拾遗补缺，不求独家承揽全部业务，只求在市场上分得一杯羹。

独创型创业：提供的产品或服务能够填补市场空白。独创型创业也可以是旧内容、新形式，如产品销售送货上门，经营的产品并无变化，但在服务方式上有所变化，从而更具竞争力。

对抗型创业：进入其他企业已形成垄断地位的某个市场，与之对抗较量。这类创业风险最高，必须在知己知彼、科学决策的前提下，抓住市场机遇，乘势而上，把自己的优势发挥到极致方有可能成功。

（六）按创新内容分

基于产品创新的创业：基于技术创新或工艺创新等产生了新的消费群体，从而导致创业行为的发生。例如，将原来的玻璃杯做成紫砂杯，甚至紫砂保温杯，可以使一批品茶爱好者买到中意的茶杯。

基于营销模式创新的创业：采取有别于其他厂商的市场营销模式，因而有可能给消费者带来更高的满足度。零售店的开架销售模式就是最典型的例子，从中进一步开发出的连锁超市，更是几乎形成了日用商品零售端的革命性变革，超大规模的购物中心（Shopping Mall）在一定程度上改变了人们的购物习惯。

基于组织管理体系创新的创业：采取有别于其他厂商的企业组织管理体系，因而能够更高效地实现产品的商业化和产业化。例如，采用事业部制组织结构保留了直线职能制组织结构的优点，又使得组织的管理和控制规模得到较大的扩展，在一定程度上抵消了"大企业病"对组织的危害。

四、创业的过程

创业过程包括从产生创业想法到创建新企业并获取回报的整个过程，通常分为以下环节。

（一）产生创业动机

创业动机是创业的原动力，它推动创业者去发现和识别市场机会。创业活动的主体是创业者，创业活动首先取决于个人是否希望成为创业者。创业动机不仅是打算创业的一时冲动，更是对创业目标与预期收益的深思熟虑。

（二）识别创业机会

识别创业机会是对可能成为创业机会的诸多事件的分析和对创业预期结果的判断。创业机会一般分为两种：一种是意外发现的，一种是经过深思熟虑形成的。国家产业政策的调整、新技术的出现、人口和家庭结构的变化、人们的物质和精神需求的变化、流行时尚的变化等都可能形成创业机会。创业者应该具有敏感的嗅觉，能够及时、准确地识别创业机会，识别之后，还要对创业机会进行评价和提炼。

（三）整合有效资源

资源是创业的基础性条件，整合资源是创业者开发机会的重要手段。强调整合资源，是因为创业者可以直接控制的可用资源往往很少，许多成功的创业者都有白手起家的经历。创业者需要整合的资源包括基本信息、人力资源、财务资源等。

（四）创建新企业

创建新企业需要进行大量的准备工作，其中创业计划、创业融资和注册登记尤为关键。

创意能否变成行动，关键看其能否形成一个周密的创业计划；资金往往成为创业企业的"瓶颈"，创业融资在企业的创建过程中至关重要；当创业者完成创业计划并获得融资之后，就可以按照法定程序进行注册登记了。

（五）实现机会价值

创业者整合资源、创建新企业的目的是实现机会价值，并通过实现机会价值来实现自己的创业目标，这是创业过程的重要环节。创业者需要了解企业成长的一般规律，预见企业不同成长阶段可能面临的问题，采取有效的措施予以防范和解决，使机会价值得到充分的体现，同时不断地开发新的机会，把企业做活、做大、做强、做长。

（六）收获创业回报

对回报的正当追求是创业活动的目的，有助于强化创业者对事业的执着。对创业者来说，创业是获取回报的手段和途径，是一种载体。回报可能是多种多样的，对回报的满意程度在很大程度上取决于创业者的创业动机。有调查发现，多数创业者的创业动机首先是自己当老板，然后才是追求利润和财富，对这些人来说，当老板的感受就是回报。

经典实例

二手书里挖出创业"第一桶金"

李丽是一名普通高校的大三学生，她喜欢阅读各类书籍，经常去二手书店淘书。

她发现学校附近的二手书店通常是将人家卖不出去的书籍收来放在店里销售，从中总是难以找到自己想要的书。随着网络书店的迅速崛起和图书市场格局的变化，二手书店越来越少，在售旧书通常无法满足市场的需求。同时，随着物价上涨，包装精美的图书价格不菲，二手书市场的利润空间在扩大。她还发现一些好书在出版后不久就在全国各大书店下架了，甚至有不少成了绝版书。

经过一番细致的分析，李丽决定用自己这几年兼职积攒的钱开一家二手书店。她把二手书店的受众群体确定为她所在大学的学生和老师，经过调查后确定经营的二手书主要是经管、社科和人文类的书籍，收购的二手书主要是知名作者和优秀出版社的书及老师推荐的书。随后，她就在淘宝网上建立了自己的店铺，既进行网上销售，也在网上收购二手书，现在网上交易已占到了业务总量的 15%。她还销售一些基本不盈利的书籍，用于维系老顾客的忠诚度和吸引新顾客光顾。不久，她又增加了"寄售"业务，为老顾客代销二手书，只收取少量代销费。李丽的二手书店经营了半年之后，每个月都有 3000 多元的净利润。

李丽开店经营二手书的案例看似平凡，不是什么轰轰烈烈、精彩动人的创业故事，但的确是比较典型的大学生创业活动。她通过发掘自己身边的资源找到了创业机会，然后整合各种资源(淘宝网等)，在满足客户需要的同时获得了利润。

五、大学生创业的意义

(一) 大学生创业对社会的意义

就整个社会而言，通过鼓励创业不仅可以缓解就业压力，而且可以推动社会进步，增强经济活力，加速科技创新。

1. 大学生创业是社会就业的扩容器

就业是民生之本，是人民改善生活的基本前提和基本途径。我国有 13 亿人口，就业压力非常大。目前，中国的改革正进入攻坚阶段，产业结构正进行优化和调整，在这个重大社会转型期，就业矛盾更加突出。没有全社会广泛的创业活动，就业问题将直接影响我国社会经济的发展进程与和谐社会的建立。

2. 大学生创业是社会进步的推动器

创业活动促进了社会经济体制的改革和深化。创业是将创造性带进组织的一种完整概念，其核心就是创新，包括技术创新、组织创新、管理创新和制度创新。实际上，我国的企业制度创新就是从中小企业开始的，体制改革也是首先以中小企业为"实验田"的。

创业的意义

创业繁荣了市场，丰富了人们的生活，提高了人们的生活质量。大量的新创中小企业利用其灵活的机制，通过"多品种""小批量"的个性化服务，以及参与垄断行业和新兴产业领域的竞争，保证了市场活力，促进了市场竞争。

3. 大学生创业是科技创新的加速器

创新是创业的主要驱动力量，创业是新理论、新技术、新知识、新制度的孵化器，也是

新理论、新技术、新知识、新制度形成现实生产力的转化器。

就我国来说，当前中国经济结构调整的重点是发展高新技术产业和进行传统产业的升级改造。而创业往往伴随着新技术、新产品、新工艺、新方法进入市场，这对中国科技水平和综合国力的提高有着巨大的促进作用。

4. 大学生创业促进了全新成才观的形成

大学生创业观的出现，给传统的成才观造成了猛烈冲击。在新的社会环境中，大学生对未来的选择日趋多元化。创业可以作为未来的就业选择，这势必对大学生的学习生活产生深远影响。他们将重新设计自己的成才道路，并为成才做好应有的准备。

5. 大学生创业有助于为国家造就一批年轻的企业管理人才

大学生创业的艰苦过程，不仅磨炼了创业者的意志品质，还培养了创业者的市场观念，训练了他们的决策管理能力，锻炼和提高了他们自身的素质，从而有助于为国家造就一批年轻的企业管理人才。

（二）大学生创业对个人的意义

1. 充分发挥自己的才能

许多上班族之所以感到厌倦、积极性不高，其重要原因之一是个人的创意得不到肯定，个人的才能无法充分发挥，工作缺乏成就感；而自主创业则可以完全摆脱原有的种种羁绊，充分施展自己的才华，发挥自己的最大潜能。

2. 打开"金钱枷锁"，积累财富

工薪阶层的工资即使再高，也是有限的，想改变自己的生活条件往往存在困难，这就造成了人们的"金钱枷锁"；而摆脱这些烦恼的最佳途径就是开创一份完全属于自己的事业，它提供给创业者的利润是没有极限的，想象空间极大。

3. 实现和满足"权力"意愿

对于上班族来说，不管是在工厂，还是在企事业单位，都有许多约束；而创业者可以自己主宰自己，把未来握在自己手中，可以摆脱上班的约束，摆脱受人管理、行动受控的局面，使自己的人生价值得到更完美的体现。

4. 享受过程，激励人生

在创业过程中，创业者会时刻面临诸多困难和挑战，也会发现很多机遇。通过不断战胜这些困难和挑战，创业者将会变得更加坚强、自信，从而体会到工作、生活的美好。

总之，创业是实现人生理想和价值，获得自身全面发展的有效途径。

拓展阅读

创 业 的 发 展

创业作为一股世界潮流，于20世纪80年代后蓬勃兴起。

创业者们创造出前所未有的价值促使经济发生了巨大的转变。许多著名的高科技企业是创业者们利用风险投资创造出来的，这些企业大部分是由年轻的学生在离校不久，甚至有些是在学校里就开始创办的。据麻省理工学院的一项统计，自1990年以来，该校的毕业生和教师平均每年创建150多个新公司。截至1999年，该校毕业生创办了4000多家公司，录用了超过10万人，创造销售额达2320亿美元，为美国特别是麻省（马萨诸塞州）的经济发展做出了卓越的贡献。

欧盟各国同样重视改善创业环境，发展创业经济。早在1997年，欧盟委员会就召开了关于"创新企业的建立和就业"的圆桌会议。英国政府于1988年发表了《我们竞争的未来：建设知识推动的经济》白皮书，鼓励发展创业。英国政府曾投资7000万英镑，在剑桥大学和麻省理工学院之间建立起一种教育研究的伙伴关系，这项合作的目标是把美国的经验吸收到英国来，鼓励创业，提高生产力和竞争力。德国从教育制度和财政金融政策等方面入手推动创业，鼓励创新。1988年，德国大学校长会议和全德雇主协会联合发起一项名为"独立精神"的倡议，呼吁在全国范围内创造一个有利于高等学校毕业生独立创业的环境，同时要求高等学校成为"创业者的熔炉"。倡议中还明确要求，在其后的5～10年中，每届毕业生中要有20%～30%的学生独立创业。

在我国，改革开放40年来也成长了一批创业家。同时，大学生创办企业也逐渐成为一股潮流，中小企业迅速崛起，其数量和质量不断提高，对经济社会发展的影响也越来越明显。

第二节　创业精神

一、创业精神的本质

创业精神是创业者在创业过程中的重要行为特征的高度凝炼，主要表现为勇于创新、敢当风险、团结合作、坚持不懈等。

（一）创新是创业精神的灵魂

创业精神的灵魂是创新，创新就是将新的理念和设想通过新的产品、新的流程、新的市场需求，以及新的服务方式有效地融入市场中，进而创造出新的价值或财富的过程。

（二）冒险是创业精神的天性

没有甘冒风险和勇担风险的魄力，就不能成为创业者。中外无数创业者虽然成长环境、成长背景和创业机缘各不相同，但绝大多数都是在条件极不成熟和外部环境极不明晰的情况下，敢为人先，勇于做"第一个吃螃蟹的人"。

（三）合作是创业精神的精髓

社会发展到今天，行业分工越来越细，没有谁能一个人完成创业所需要完成的所有事情。真正的创业者都是善于合作的，而且还能将这种合作精神扩展到企业的每个员工。面临困境时，团队成员能团结一心，心往一处想，劲往一处使。

（四）执着是创业精神的本色

创业的道路是坎坷的，选择了创业就是选择了面对更多困难、迎接更多挑战，而创业精神就体现在战胜困难与挑战的过程中。因此，创业者必须坚持不懈，只有知难而进，在战胜困难中学会成长，才能抓住属于自己的机会。

二、影响创业精神的因素

（一）文化环境

创业者是生活于现实文化环境中的学习者。作为学习者，其生活所在区域的文化价值观就是其学习的重要内容之一，因此在商业文化氛围浓厚的地方，潜在的创业者容易产生创业精神。例如，早在南宋时期，温州的商业就十分发达，据时人程俱《北山集》载："其货纤靡，其人多贸。"这种独特的区域文化传统孕育了当今温州商人的创业精神。

（二）产业环境

不同的产业环境会对创业精神产生影响。对于垄断行业而言，企业缺少竞争，就容易抑制创业精神的产生；而在一个完全竞争的市场结构中，由于企业间优胜劣汰，竞争激烈，往往能激发创业精神。

（三）机制环境

创业精神产生于特定的机制环境中，竞争的机制环境有利于创业精神的产生。

（四）生存环境

在资源贫瘠的地方，人们为了改善生存状况而寻求发展机会，整合外界资源，更容易激发和形成创业精神。例如，我国历史上徽商、晋商的形成，最初都是源于生存环境的艰难。

三、创业精神的作用

创业精神能够激发人们进行创业实践的欲望，是一种内在的动力机制。它在很大程度上决定着一个人是否敢于投身创业实践活动，支配着人们对创业实践活动的态度和行为，并影响着态度和行为的方向及强度。

具体来讲，创业精神可渗透到三个领域产生作用：一是个人成就的取得，即个人如何创建自己的企业；二是大企业的成长，也就是大企业如何使其整个组织都重新焕发创业精神，创造更高速的成长，从而具有更强的竞争力；三是国家的发展，也就是如何实施创新驱动发展战略，全面建成小康社会，使国家更富强、人民更幸福、社会更和谐。

创新精神能够帮助个人、企业乃至整个国家或地区，在面对错综复杂的竞争环境时走向成功和繁荣。当前，世界产业结构正在发生转变，创业精神有利于我国加快经济发展方式，促进经济持续健康发展。

四、创业精神的培育

（一）培育创业人格

个性特征对创业者个人来说非常重要，尤其是独立性、坚持性、敢为性等，所以，人格塑造与创业精神培育相辅相成。大学生要树立心理健康意识，提高心理素质，增强适应能力，自觉培养坚忍不拔的意志品质和艰苦奋斗的精神。此外，还可以通过创业案例剖析创业者的人格特征等，掌握形成良好的心理素质与人格特征的途径和方法。

（二）培养创新能力

创新是创业精神的核心。大学生要通过保持个性发展和好奇心、求知欲，勇于突破前人、突破书本、突破难题，自觉培养科学精神，训练创新思维，提高创新能力。

（三）强化创业实践

"纸上得来终觉浅，绝知此事要躬行"。大学生应该利用课余时间参加一定的创业模拟和社会实践活动，增强对企业的了解和对社会的认知。通过在校内外参加创业竞赛活动和实习见习等，在实践中磨炼自己，培育创业精神。

拓展阅读

创 业 宣 言

［德国］阿尔贝特·施威茨尔

我怎会甘于庸碌，打破常规的束缚是我神圣的权利，只要我能做到。

赐予我机会和挑战吧，安稳与舒适并不使我心驰神往。

我不愿做个循规蹈矩的人，不愿唯唯诺诺麻木不仁，

我渴望遭遇惊涛骇浪，去实现我的梦想，

历经千难万险，哪怕折戟沉沙，也要争取成功的欢乐而冲浪。

一点小钱，怎能买动我高贵的意志，

面对生活的挑战，我将大步向前。

安逸的生活怎值得留恋，乌托邦似的宁静只能使我昏昏欲睡。

我向往成功，向往振奋和激动，

舒适的生活怎能让我出卖自由，怜悯的施舍更买不走人的尊严。

我已学会独立思考、自由的行动，

面对这个世界，我要大声宣布——这，是我的杰作！

第三节　大学生创业环境与创业优惠政策

一、大学生创业环境

（一）法律、政策、社会环境持续改善

第一，我国《宪法》明确规定："国家保护个体经济、私营经济等非公有制经济的合法的权利和利益。"这就为私营经济的存在和发展从法律上给予了保障。与此同时，其他有关非公有制经济发展的法律法规也逐渐制定并付诸实施。

第二，创业门槛不断降低。首先，对私营经济在市场进入方面的限制大多将逐渐取消；其次，一些经营手续办理程序得到简化，企业自主经营范围变得更为宽泛和自由。

第三，资本市场日趋健全和活跃。在融资方面，银行贷款、金融支持、融资担保、风险投资、产权交易等业务不断推陈出新。有关机构还启动了为创业者提供开业贷款担保和贴息的业务。

第四，各种创业载体和服务机构发展加快。如今，各类企业孵化器、工业园区、企业服务中心、风险投资机构、担保服务机构、信用评级机构、顾问咨询机构等正在快速发展，更有利于创业的启动与发展。

> **提示**
>
> 企业孵化器也称高新技术创业服务中心，它通过为新创办的科技型中小企业提供物理空间和基础设施，提供一系列的服务支持，进而降低创业者的创业风险和创业成本，提高创业成功率，促进科技成果转化，培养成功的企业和企业家。

第五，过时观念正在改变。如今，人们对私营经济的看法和态度已有了根本的改变，创业光荣、致富光荣已成为共识，一种鼓励、尊崇创新和创业的社会观念正在形成。

（二）社会经济和科技发展为创业者提供了广阔的发展空间

迅速发展的经济和科学技术不仅需要人们创业，呼唤着人们创业，而且，它也为创业者创造了前所未有的机遇，为创业者提供了一个前所未有的大舞台。

首先，知识经济为大学生提供了巨大的创业舞台。知识经济时代最重大、最根本的变化无疑是资金让位于知识，知识成为最宝贵的资源、最重要的资本，这无疑向一切富有知识与智慧的人提供了前所未有的机遇。例如，随着高科技的发展，大量的新兴行业不断涌现，这为受过良好教育并具有相当的专业知识的人才提供了无穷的机会。

其次，第三产业成为我国一个极具魅力的投资领域。随着我国市场经济的进一步发展，第三产业为创业者提供了许多大显身手的舞台。由于第三产业具有投资少、见效快的特点，因此十分适合大众创业。

二、大学生创业优惠政策

为支持大学生创业，国家和各级政府出台了许多优惠政策，涉及金融贷款、开业、税收、创业培训、创业指导等诸多方面。

（一）企业注册登记方面

1. 程序更简化

凡高校毕业生（毕业后两年内，下同）申请从事个体经营或申办私营企业的，可通过各级工商部门注册大厅"绿色通道"优先登记注册。其经营范围除国家明令禁止的行业和商品外，一律放开核准经营。对限制性、专项性经营项目，允许其边申请边补办专项审批手续。对在科技园区、高新技术园区、经济技术开发区等经济特区申请设立个体私营企业的，特事特办，除了涉及必须前置审批的项目外，试行"承诺登记制"。申请人提交登记申请书、验资报告等主要登记材料，可先予颁发营业执照，让其在 3 个月内按规定补齐相关材料。凡申请设立有限责任公司，以高校毕业生的人力资本、智力成果、工业产权、非专利技术等无形资产作为投资的，允许抵充 40％的注册资本。

2. 减免各类费用

除国家限制的行业外，工商部门自批准其经营之日起 1 年内免收其个体工商户登记费（包括注册登记、变更登记、补照费）、个体工商户管理费和各种证书费。对参加个私协会（个体劳动者协会、私营企业协会）的，免收其 1 年会员费。对高校毕业生申办高新技术企业（含有限责任公司）的，其注册资本最低限额为 10 万元，如资金确有困难，允许其分期到位。高校毕业生从事社区服务等活动的，经居委会报所在地工商行政管理机关备案后，1 年内免予办理工商注册登记，免收各项工商管理费用。

（二）金融贷款方面

1. 优先贷款支持，适当发放信用贷款

加大高校毕业生自主创业贷款支持力度，对于能提供有效资产抵（质）押或优质客户担保的，金融机构优先给予信贷支持。对于高校毕业生创业贷款，可以以高校毕业生为借款主体，由其拥有稳定收入或有效资产家庭或直系亲属家庭成员联合担保。对于资信良好、还款有保障的，在风险可控的基础上适当发放信用贷款。

2. 简化贷款手续

通过简化贷款手续，合理确定授信贷款额度，一定期限内周转使用。

3. 利率优惠

对创业贷款给予一定的优惠利率扶持，视贷款风险度不同，在法定贷款利率基础上可适当下浮或上浮。

（三）税收缴纳方面

凡高校毕业生从事个体经营，自工商部门批准其经营之日起 1 年内免交税务登记证工

本费。新办的城镇劳动就业服务企业（国家限制的行业除外），当年安置待业人员（含已办理失业登记的高校毕业生，下同）超过企业从业人员总数 60％的，经主管税务机关批准，可 3 年免纳所得税。劳动就业服务企业免税期满后，当年新安置待业人员占企业原从业人员总数 30％以上的，经主管税务机关批准，可减半缴纳所得税两年。

（四）企业运营方面

1. 员工聘请和培训享受减免费优惠

对大学毕业生自主创办的企业，自工商部门批准其经营之日起 1 年内，可在政府人事、劳动保障行政部门所属的人才中介服务机构和公共职业介绍机构的网站免费查询人才、劳动力供求信息，免费发布招聘广告等；可参加政府人事、劳动保障行政部门所属的人才中介服务机构和公共职业介绍机构举办的人才集市或人才、劳务交流活动，并适当减免费用；政府人事部门所属的人才中介服务机构免费为创办企业的毕业生、优惠为创办企业的员工提供一次培训、测评服务。

2. 人事档案管理免两年费用

对自主创业的高校毕业生，政府人事行政部门所属的人才中介服务机构免费为其保管人事档案（包括代办社保、职称、档案工资等有关手续）两年。

3. 社会保险参保有单独渠道

高校毕业生从事自主创业的，可在各级社会保险经办机构设立的专门缴费窗口办理社会保险参保手续。

案 例 点 评

任何从零开始的创业都是不容易的。创业者必须善于发现创业机会、整合创业资源，并具备勇于创新、敢当风险、团结合作、坚持不懈的创业精神，才能提高创业成功的概率。

能 力 训 练

1. 创业模拟

以五个同学为一个创业团队，模拟合伙开一个小吃店。另外，留下三个同学，一人模拟房东，另外两人模拟客人，给各创业团队的小吃店打分。小吃店启动资金为 20000 元。其中，房租在 3000 元～5000 元；店铺装修和设备费在 5000 元～10000 元；其他为现金储备。具体活动流程如下。

（1）各小组内部协商，确定组织架构和分工，包括店长、厨师、采购员、服务员等。

（2）各小组排出人员与房东谈判，以最低的房租租下店铺。

（3）各小组内部协商，确定经营的项目、店铺装修方式和营销策略等（要有特色，有创意）。

（4）将以上第（2）（3）条的结果记录在纸上。

（5）模拟客人的同学到各小组查看，并做出评价。

2. 创业人物访谈

以小组为单位进行创业人物访谈。具体操作步骤如下。

（1）3～5人为一组，每组选出一个负责人。

（2）自行确定访谈对象，并拟定访谈提纲，内容包括创业者的教育背景、成长环境、创业动机、创业历程、创业心得等。

（3）访谈结束后，每组撰写一份访谈报告，分析他们的创业动机、创业成功的因素及从他们身上获得的启发。

（4）将报告内容制作成PPT，在课堂上以小组为单位进行交流汇报。

通过上述问题可以了解自己是否具有创业的思想准备。

第九章

创业机会与创业风险

【内容提要】

创业机会与创业风险总是相伴而行的。创业者应尽可能识别创业机会中可能蕴含的风险，并制定相应的风险防范措施，这有利于创业机会的价值最大化，从而实现创业目标。本章主要介绍创业机会与创业风险的相关知识，以帮助创业者识别与评价创业机会，防范创业风险。

【知识目标】

① 理解创业机会的概念、特征与分类；

② 熟悉创业机会识别与评价的方法；

③ 熟悉适合大学生的各种创业机会；

④ 理解创业风险的概念与分类，掌握创业风险的防范措施。

【能力目标】

① 能够识别与合理评价身边的创业机会；

② 能够识别创业过程中的常见风险；

③ 能够针对创业过程中的常见风险提出应对措施。

扫一扫

注册公司流程

引导案例——史玉柱的两次创业

一、史玉柱与巨人集团

史玉柱，安徽人，1989 年研究生毕业后"下海"，在深圳研究开发 M6401 桌面中文电脑软件，获得成功。1992 年，史玉柱率 100 多名员工，落户珠海。珠海给了史玉柱的巨人集团很多照顾：划为高科技企业，税收全免；为巨人集团员工破例审批出国；户口一时转不过来的员工，给新办一个珠海户口。

巨人集团发展壮大之后，史玉柱开始不满于只做巨人汉卡，他开始做巨人电脑，巨人电脑还没做扎实，史玉柱又看上了财务软件、酒店管理系统。史玉柱曾去美国考察，问投资银行未来哪些行业发展速度最快，投资银行说是 IT 和生物工程。史玉柱回国后立即上马了生物工程项目。他涉足的其他行业还有服装和化妆品，摊子一下铺到了六七个事业部。

1993 年，巨人仅中文手写电脑和软件的销售额就达到 3.6 亿元，成为中国第二大民营高科技企业。作为支持，珠海市政府批给巨人一块地，巨人准备盖办公楼。盖 72 层的巨人大厦需要 12 亿资金，而史玉柱手中只有 1 亿现金。史玉柱将赌注压在了卖"楼花"（完工 25％以上的商品房）上。1993 年，珠海西区别墅在香港卖出十多亿"楼花"。可等到 1994 年史玉柱卖"楼花"的时候，中国宏观调控已经开始，对卖"楼花"开始限制，必须投资到一定数额才能拿到预售许可证，后来"楼花"的销售越来越规范，限制越来越多。史玉柱使出浑身的宣传本事，也只卖掉了 1 亿多"楼花"。

1995 年，巨人推出 12 种保健品，投放广告 1 个亿。史玉柱被《福布斯》列为大陆富豪第 8 位。脑黄金取代巨人汉卡成为巨人新的摇钱树。1995 年，仍然认为形势一片大好的史玉柱，又往巨人大厦地下三层花了一亿多元。

1996 年，巨人大厦资金告急，史玉柱贷不到款，决定将保健品方面的全部资金调往巨人大厦。此时，脑黄金每年已经能为巨人贡献一亿多利润。"我可以用脑黄金的利润先将巨人大厦盖到 20 层。卖掉这 20 层，再盖上面的。"让他没想到的是，保健品业务因资金"抽血"过量，再加上管理不善，迅速盛极而衰。

1997 年年初，巨人大厦未按期完工，国内购"楼花"者天天上门要求退款。媒体也"地毯式"地报道巨人财务危机。不久，只建至地面三层的巨人大厦停工，巨人集团名存实亡。

二、史玉柱与征途网络

2004 年 11 月，史玉柱创办的上海征途网络科技有限公司正式成立。在进入网游之前，史玉柱曾经向专家咨询，也曾专门拜会一些行业的主管领导。结论是，至少在未来 8 年或者更长的时间里，网络游戏的增长速度会保持在 30％以上。而在史玉柱看来，国人对娱乐的需求日益增长，中国游戏玩家的比例相对也较低，增长潜力巨大。因此，史玉柱断言：现在的网游肯定是一个朝阳产业。

史玉柱始终认为，网络游戏的成功靠的就是两个：钱和人。史玉柱不缺钱，多年的保健品业务积累和投资收益给史玉柱带来了巨大的资金积累。2004 年，放弃大型网络游戏研发的上海盛大的一个团队准备离开盛大并希望找一个合适的投资伙伴，并在与一个台湾的投资方接触。史玉柱听说此事之后，立刻找到这个团队见面，会谈之后，史玉柱投资 IT 的热情再度被点燃起来，决定投资。

在正式确定后，史玉柱自问：如果失败，其原因有可能来自哪些方面？一是产品，二是人员流失等。在一问一答中，史玉柱罗列出来了十几个项目要点，也一一找到了解决方法。

初做网游的史玉柱，无法全面同对手竞争，因此制定了一个"聚焦聚焦再聚焦"的策略。征途网络只做一款产品，只选择 MMORPG 类中的 2D 领域，史玉柱声称要做"2D 游戏的关门之作"。从现在的结果来看，史玉柱的聚焦策略取得了一定程度的成功，《征途》的在线人数已经领先于直接竞争对手。

为了网络游戏的项目，史玉柱预先估计到最高可能会亏损两个亿，因此就在账上准备了两亿元人民币。而实际上，前期四千万人民币投下去之后，《征途》很快就进入良性发展，在公测阶段便已经开始盈利。由此，史玉柱也就正式进入改变网游格局的征途。

第一节 创业机会

一、创业机会的概念与特征

创业机会是指在市场经济条件下，社会经济活动过程中形成和产生的一种有利于企业经营成功的因素，是一种带有偶然性并能被经营者认识和利用的契机。一般具有以下特征：

（1）普遍性。凡是有市场、有经营的地方，客观上就存在着创业机会。创业机会普遍存在于各种经营活动过程之中。

（2）偶然性。对一个企业来说，创业机会的发现和捕捉带有很大的不确定性，任何创业机会的产生都有"意外"因素。

（3）消逝性。创业机会存在于一定的时空范围之内，随着产生创业机会的客观条件的变化，创业机会就会相应地消逝和流失。

二、创业机会的分类

（一）按创业机会的来源分

问题型机会：由现实中存在的未被解决的问题所产生的创业机会。问题型机会在人们的日常生活和企业实践中大量存在，如顾客的抱怨、大量的退货、无法买到称心如意的商品、服务质量差等。

趋势型机会：在变化中看到未来的发展方向，预测到将来的潜力和机会。这种机会一般容易产生在重要领域改革或时代变迁的时期。在这种环境下，各种新的变革不断出现，但往往不被多数人所认可和接受，一般处于萌发阶段。能够及早地发现并把握这种机会的人，就有可能成为未来趋势的先行者和领导者。

组合型机会：将现有的两项以上的技术、产品、服务等因素组合起来，实现新的用途和价值而获得的创业机会。这种机会好比"嫁接"，对已经存在的多种因素进行重新组合，往往能达到与过去功能大不相同或者收益倍增的效果。

经典实例

1 美分垒起的大富翁

20世纪80年代末，美国斯坦福大学有一位名叫默巴克的普通学生，他利用闲暇时间承包了学生公寓的打扫工作。第一次打扫学习公寓时，默巴克在墙角、沙发缝、学生床铺下面扫出了许多沾满灰尘的硬币，这些硬币有1美分、2美分和5美分的。默巴克将这些硬币还给同学时，谁都没有表现出丝毫的热情。

此后，默巴克给财政部写信，反映小额硬币经常被人丢掉的事情。财政部很快就给默巴克回了信，信上说："每年有310亿美元的美分币在全国市场上流通，但其中的105亿美元正如你所反映的那样，被人随手扔到墙角和沙发缝中睡大觉。"看到这样的回信，如果换作一般人，也许只会发出一声感叹之后就完事了，但默巴克的脑子里却偏偏冒出了这样一个想法：如果能使这些硬币流通起来，利润该有多么可观！

两年之后，默巴克从斯坦福大学毕业了，他很快成立了自己的"硬币之星"公司，推出了自动换币机，与一些连锁超市建立合作关系，共同经营换币业务。这样一来，顾客只要将自己手中的硬币投入换币机，机器就会自动点数，打印收条，顾客可以凭收条到超市服务台领取纸币现金，而自动换币机将收取9%的手续费。默巴克的公司在美国8900家主要连锁超市中设立了10000台换币机，并成为纳斯达克的上市公司。

默巴克也从一个不名一文的穷光蛋变成了万人瞩目的大富翁。

（二）按目的—手段关系的明确程度分

识别型机会：市场中的目的—手段关系十分明确时，创业者可通过目的—手段关系的连接来辨识机会。例如，当商品供求之间出现矛盾或冲突，不能有效地满足需求时，就会出现大量的创业机会。常见的问题型机会大多属于这一类型。

发现型机会：目的或手段任意一方的状况未知，等待创业者去发掘机会。例如，一项技术被开发出来，但尚未有具体的商业化产品出现，因此需要通过不断尝试来挖掘市场机会。

创造型机会：目的和手段皆不明确，因此创业者要比其他人更具先见之明，才能创造出有价值的市场机会。在目的和手段都不明确的情况下，创业者想要建立起连接关系的难度非常大。但这种机会通常可以创造出新的目的—手段关系，这将为创业者带来巨大的利润。

三、创业机会的来源

美国凯斯西储大学谢恩教授提出了产生创业机会的四种变革，分别是技术变革、政治和制度变革、社会和人口结构变革、产业结构变革。

（一）技术变革

技术变革可以使人们去做以前不可能做到的事情，或者更有效地去做以前只能用不太有效的方法去做的事情。例如，网络电话协议技术使得传统的资本密集型的电话业务转化成为一种只需要少量资金就可运行的业务，为那些缺乏资本的创业者提供了新的机会。

（二）政治和制度变革

政治和制度变革革除过去的禁区和障碍，或者将价值从经济因素的一部分转移到另一部分，或者创造了更大的新价值。例如，环境保护和治理政策出台，会将那些污染严重、对环境破坏大的企业的资源转移到推进生态文明建设的创业机会上来。

（三）社会和人口结构变革

社会和人口结构变革，就是通过改变人们的偏好和创造以前并不存在的需求来创造机会。例如，西方国家的情人节、母亲节等诸多节日正在逐渐影响中国人的生活，因而创造了许多新的创业机会或价值增值。

（四）产业结构变革

产业结构变革是指因其他企业或者为主体顾客提供产品或服务的企业消亡，或者企业吞并或互相合并等原因而使行业结构发生变化，进而改变行业中的竞争状态。

📖 拓展阅读

德鲁克提出的创新机遇的七种来源

1. 意外之事

（1）意外的成功。与其他成功方式相比，意外的成功能提供更多创新的机遇，而且，它所提供的创新机遇风险最小，求索的过程也最不艰辛。但意外的成功几乎完全被忽视，更糟糕的是，管理人员往往因缺乏预见性而将其拒之门外。

（2）意外的失败。与成功不同的是，失败不能够被拒绝，而且几乎不可能不被注意，但是它们很少被看做是机遇的征兆。当然，许多失败都是失误，是贪婪、愚昧、盲目追求或者设计或执行不力的结果。但如果经过精心设计、规划及小心执行后仍然失败，那么这种失败常常反映了隐藏的变化，以及随变化而来的机遇。

2. 不协调

所谓"不协调"是指事物的状态与事物"应该"的状态之间，或者事物的状态与人们假想的状态之间的不一致、不合拍。不协调是创新机遇的一个征兆。引用地质学的术语来说，它表示下面有一个"断层"，这样的断层提供了创新的机遇。它产生了一种不稳定性，四两可拨千斤，稍作努力即可促成经济或社会形态的重构。

3. 程序需要

与意外之事或不协调一样，它也存在于一个企业、一个产业或一个服务领域的程序之中。程序需要与其他创新来源不同，它并不始于环境中的某一件事，而是始于需要完成的某项工作。它是以任务为中心，而不是以状况为中心的。它是完善一个业已存在的程序，替换薄弱的环节，用新知识重新设计一个旧程序等。

4. 产业和市场结构

产业和市场结构有时可持续很多年，从表面上看非常稳定。实际上，产业和市场结构相当脆弱，受到一点点冲击，它们就会瓦解，而且速度很快。产业和市场结构的变化同样也是一个重要的创新机遇。

5. 人口变化

人口变化是指人口规模、年龄结构、人口组合、就业情况、教育情况及收入的变化等。人口变化在所有外部变化中最为一目了然。相对而言，人口变化是最易预测的结果。

6. 认知的变化

从数学上说，"杯子是半满的"和"杯子是半空的"没有任何区别，但是这两句话的意义却完全不同，造成的结果也不一样。如果能从看见杯子是"半满"的变为看见杯子是"半空"的，那么这里就存在着重大的创新机遇。

7. 新知识

基于知识的创新是企业家精神的"超级巨星"。新知识即人们通常所指的创新。当然，并不是所有基于知识的创新都非常重要，有些的确微不足道。但是在创造历史的创新中，基于知识的创新占有很重要的分量。知识并不一定是科技方面的，基于知识的社会创新也同样甚至更重要。

四、创业机会的识别

（一）影响创业机会识别的因素

1. 先前经验

在特定的产业中，先前经验有助于创业者识别机会，这被称为"走廊原理"。它是指创业者一旦创建企业，他就开始了一段旅程，在这段旅程中，通向创业机会的"走廊"将变得清晰可见。创业者将比那些从产业外观察的人更容易看到产业内的新机会。

2. 认知因素

机会识别可能是一项先天技能或一种认知过程。有人认为创业者有"第六感"，能看到别人错过的机会。多数创业者以这种观点看待自己，认为自己比别人"更警觉"。警觉很大程度上是一种习得性的技能，拥有某个领域更多知识的人，比其他人对该领域内的机会更警觉。例如，一位计算机工程师就比一位律师对计算机产业内的机会和需求更警觉。

3. 社会关系网络

个人社会关系网络的深度和广度影响着机会识别。建立了大量社会与专家联系网络的人比那些拥有少量信息的人更容易得到机会和创意。一项针对65家初创企业的调查发现，半数创业者报告说，他们通过社会联系得到了他们的商业创意。

4. 创造性

创造性有助于产生新奇或有用的创意。从某种程度上讲，机会识别是一个创造过程，是反复不断地用创造性思维思考的过程。在听到更多奇闻轶事的基础上，你会很容易看到创造性包含在许多产品、服务和业务的形成过程中。

（二）识别创业机会的方法

1. 通过系统分析发现机会

多数机会都可以通过系统分析得以发现。人们可以从企业的宏观环境（政治、经济、法律、技术等方面）和微观环境（顾客、竞争对手、供应商等）的变化中发现机会。借助市场调研，从环境变化中发现机会，是机会发现的一般规律。

经典实例

日本汽车商识别并把握美国汽车市场机会

20世纪60年代初，日本汽车商利用政府、综合贸易商社、企业职能部门和美国市场研究公司广泛搜集信息。

通过市场调研，他们发现，美国人把汽车作为身份或地位象征的传统观念正在逐渐削弱，大多数人把汽车作为一种交通工具，更重视其实用性、舒适性、经济性和便利性；美国的家庭规模正在变小，核心家庭大量出现；美国汽车制造商无视环境变化，因循守旧，继续大批量生产大型豪华车，因而存在一个小型车空白市场。

于是，日本汽车商设计出满足美国顾客需求的美式日制小汽车，以其外形小巧、价格便宜、舒适平稳、耗油量低、驾驶灵活、维修方便等优势敲开了美国市场的大门。

2. 通过问题分析和顾客建议发现机会

进行问题分析，可以首先问"什么才是最好的"，一个有效并有回报的解决方法对创业者来说是识别机会的基础。这个分析需要全面了解顾客的需求，以及可能用来满足这些需求的手段。

另外，一个新的机会可能会由顾客识别出来，因为他们知道自己需要什么。这样，顾客就会为创业者提供机会。顾客的建议多种多样，但无论采用什么样的手段，一个讲究实效的创业者总是渴望从顾客那里征求想法。

经典实例

胡润的富豪榜

胡润，1970年出生在卢森堡，就读于英国杜伦大学。1990年，胡润到中国留学，后来就留在安达信会计师事务所上海分部工作，成了一名会计师。

但是，胡润遇到了一件麻烦事，每次休假回到英国，大家都会很好奇地问他中国怎么样。这个问题看似简单，不过还真是难以回答，关键是没有标准，偌大一个中国，五千年历史、十三亿人口，该说哪些方面呢？一个在中国留学的人，连这么简单的问题都回答不了，每次回国，胡润都要受到这种刺激。

1999 年，当时正好是中华人民共和国成立 50 周年，他灵机一动，想到：我介绍 50 个中国特别成功的人，不就可以让人知道新中国成立 50 年来的变化了吗？基于这样的想法，胡润后来推出了富豪榜。

3. 通过创造获得机会

这种方法在新技术行业中最为常见，它可能始于拟满足的市场需求，从而积极探索相应的新技术和新知识；也可能始于一项新技术发明，进而积极探索新技术的商业价值。通过创造获得机会比其他方法的难度都大，风险也更高，但如果成功，其回报也更大。这种情况下所产生的创新在人类所有具有重大影响的创新中，居于压倒性的主导地位。

五、创业机会的评价

对创业者来说，关键在于如何能够从众多机会中寻找出真正有价值的创业机会，并快速采取行动来把握机会。在此，我们介绍几种可用于评价创业机会价值潜力的一般方法。

（一）定性评价方法

斯蒂文森等人（1994 年）认为，对创业机会的充分评价需要考虑以下几个重要问题：

① 机会的大小、存在的时间跨度和随时间成长的速度等问题；

② 潜在的利润是否足够弥补资本、时间和机会成本的投资，带来令人满意的收益；

③ 机会是否开辟了额外的扩张、多样化或综合的商业机会选择；

④ 在可能的障碍面前，收益是否会持久；

⑤ 产品或服务是否真正满足了目标市场的真实需求。

隆杰内克等人（1998 年）提出了评价创业机会的五项基本标准：

① 对产的市场需求有明确的界定，推出的时机也是恰当的；

② 投资的项目必须能够维持持久的竞争优势；

③ 投资必须具有一定程度的高回报，从而允许一些投资中的失误；

④ 创业者和机会之间必须相互适合；

⑤ 机会中不存在致命的缺陷。

（二）定量评价方法

1. 标准打分矩阵法

标准打分矩阵法是通过选择对创业机会成功有重要影响的因素，并由专家小组对每一个因素进行打分，最后求出对于每个因素在各个创业机会下的加权平均分，从而可以对不同的创业机会进行比较。表 9－1 中列出了其中 10 项主要的评价因素，在实际使用时可以根据具体情况选择其中的全部或部分因素来进行评价。

表 9－1 标准打分矩阵

标　准	专　家　打　分			
	最好（3 分）	好（2 分）	一般（1 分）	加权平均分
易操作性				
质量和易维护性				
市场接受性				
增加资本的能力				
投资回报				
专利权状况				
市场大小				
制造的简单性				
口碑传播潜力				
成长潜力				

2. 温斯丁豪斯法

温斯丁豪斯法实际上是计算和比较各个机会的优先级。其计算公式如下：

$$机会优先级 = \frac{技术成功率 \times 商业成功率 \times （价格 - 成本） \times 投资生命周期收入}{总成本}$$

在该公式中，技术成功率和商业成功率以百分比（0～100％）表示；成本以单位产品成本计算；投资生命周期收入指可以预期的所有收入；总成本包括研究、设计、制造和营销等环节的成本之和。对于不同的创业机会，应将具体数值代入计算，特定机会的优先级越高，该机会越有可能成功。

3. 珀泰申米特法

珀泰申米特法是计算创业机会的成功潜力指标。对于每个因素来说，不同选项的得分可以从－2 分到＋2 分，通过对所有因素得分的汇总得到最后的总分，总分越高，说明特定创业机会成功的潜力越高。只有那些最后得分高于 15 分的创业机会，才值得创业者进行下一步的策划，低于 15 分的都应被淘汰。表 9－2 所示为珀泰申米特法评价表。

表 9－2 珀泰申米特法评价表

评价因素	得　分
对于税前投资回报率的贡献	
预期的年销售额	
生命周期中预期的成长阶段	
从创业到消费额高速增长的预期时间	

续表

评 价 因 素	得　分
投资回收期	
获得领先地位的潜力	
商业周期的影响	
为产品制定高价的潜力	
进入市场的容易程度	
市场试验的时间范围	
销售人员的要求	
总　　分	

4. 贝蒂的选择因素法

在贝蒂的选择因素法中，通过对 11 个选择因素的设定来对创业机会进行判断，如表 9-3 所示。如果某个创业机会只符合其中的 6 个或更少，则该创业机会的成功机会较小；相反，如果这个创业机会符合其中的 7 个或更多，那么该创业机会将有较大希望获得成功。

表 9-3　贝蒂的选择因素法判断表

选 择 因 素	是/否
这个创业机会现阶段是否只有你一人发现？	
初始的产品生产成本是否可以承受？	
初始的市场开发成本是否可以承受？	
产品是否具有高利润回报的潜力？	
是否可以预期产品投放市场和达到盈亏平衡点的时间？	
潜在的市场是否巨大？	
你的产品是否是高速成长的产品家族中的第一个成员？	
你是否拥有一些现成的初始用户？	
是否可以预期产品的开发成本和开发周期？	
是否处于一个成长中的行业？	
金融界是否能够理解你的产品和顾客对它的需求？	
总　　分	

5. 蒂蒙斯创业机会评价模型

蒂蒙斯总结出一个包含八类分项指标的创业机会评价模型，如表 9-4 所示。该评价模型提供了一些量化方式，使创业者可以对行业与市场、经济因素、收获条件、竞争优势、管理团队、创业家的个人标准、理想与现实的战略性差异、致命缺陷等问题作出判断，以及这些要素加起来是否可以组成一个有足够吸引力的商机。一些风险投资商、政府基金和创业大赛就是借用了该模型对创业项目进行评价。

表 9 - 4　蒂蒙斯创业机会评价模型

行业与市场	市场容易识别，可以带来持续收入
	顾客可以接受产品或服务，愿意为此付费
	产品的附加价值高
	产品对市场的影响力大
	将要开发的产品生命长久
	项目所在的行业是新兴行业，竞争不激烈
	市场规模大，销售潜力达到 1000 万～10 亿美元
	市场成长率在 30％～50％甚至更高
	现有厂商的生产能力几乎完全饱和
	在 5 年内能占据市场的领导地位
	拥有低成本的供货商，具有成本优势
经济因素	达到盈亏平衡点所需要的时间在 1.5～2 年以下
	盈亏平衡点不会逐渐提高
	投资回报率在 25％以上
	项目对资金的要求不是很高，能够获得融资
	销售额的年增长率高于 15％
	有良好的现金流量，能占到销售额的 20％～30％
	能获得持久的毛利，毛利率要达到 40％以上
	能获得持久的税后利润，税后利润率要超过 10％
	资产集中程度低
	运营资金不多，需求量是逐渐增加的
	研究开发工作对资金的要求不高
收获条件	项目带来的附加价值具有较高的战略意义
	存在现有的或可预料的退出方式
	资本市场环境有利，可以实现资本的流动
竞争优势	固定成本和可变成本低
	已经获得或可以获得对专利所有权的保护
	竞争对手尚未觉醒，竞争较弱
	拥有专利或具有某种独占性
	拥有发展良好的人际关系网络，容易获得合同
	拥有杰出的关键人员和管理团队

续表

管理团队	创业团队是一个优秀管理者的组合
	行业和技术经验达到了本行业内的最高水平
	管理团队的正直廉洁程度能达到最高水平
	管理团队知道自己缺乏哪方面的知识
创业家的个人标准	个人目标与创业活动相符合
	创业家可以做到在有限的风险下实现成功
	创业家能承受薪水减少等损失
	创业家渴望进行创业这种生活方式，而不只是为了赚大钱
	创业家可以承受适当的风险
	创业家在压力下状态依然良好
理想与现实的战略性差异	理想与现实情况相吻合
	管理团队已经是最好的
	在客户服务管理方面有良好的理念
	所创办的事业顺应时代潮流
	所采取的技术具有突破性，不存在许多替代品或竞争对手
	具备灵活的知应能力，能快速地进行取舍
	始终在寻找新的机会
	定价与市场领导者几乎持平
	能够获得销售渠道，或已经拥有现成的网络
	能够允许失败
致命缺陷	不存在任何致命缺陷

六、适合大学生的创业机会

（一）满足大学生学习和生活需求的产品和服务

大学生创业者对于学生市场的需求是最为了解的，这是多数大学生开始创业时首先考虑到的因素。创业者可以通过回顾自己在大学生活中遇到的问题或不满的地方，也可以通过对在校大学生进行问卷调查，从而了解大学生的各种重要需求，然后从中挑选出最适合自身资源的创业机会。校园代理是大学生常见的创业方式。

经典实例

大学生校园创业瞄准"社服"商机

朱伟，2017年6月大学毕业。大学期间，他曾加入过"轮滑协会"，发现很多学生组织和班级都想设计一套符合自己特色的统一服装，他想到武汉这么多高校，市场肯定很大。经过商讨后，朱伟与同班同学张鹏一起创业，成为了一个"个体户"，专门给大学生订做服装，包括运动装、正装、T恤，还可以团购体育用品。

相对于其他店，他们有很大的优势，一是可以提供上门服务，只需要报上尺码，订做或购买均可；二是他们有专业的成员帮忙设计Logo，所以更受学生青睐。由于价格低、质量有保证，他们的订做业务非常受欢迎。四个月左右时间，已经盈利五万多元，平均每月上万元，并且得到了某知名运动品牌公司的资金支持，他们希望在政策的支持下正式注册公司。

（二）特色零售店或服务项目

零售和服务行业对资金、技术和团队的要求较低，服务的对象又非常广泛。随着消费者需求的持续变化，创业机会层出不穷，每年都会有新的模式和新的企业迅速崛起，此行业适合多数大学生进行创业。零售和服务行业最需要的就是商业模式和服务的创新，创业者把自己的独特创意融入其中，就有可能开创出新的零售模式或特色服务项目。

（三）网上开店或网络服务

"80后""90后"的大学生对于互联网非常熟悉，互联网上的创业机会也异常丰富。最普通的网上创业就是开网店，在网上注册账户卖自有产品或代销。网上开店的秘诀在于透彻理解网上购物行为，通过合理规划产品的品类、高水平地展示产品、积极管理客户评价等方面来提高网店的利润。此外，大学生还可以创造出特色的网络服务，以低成本实现客户价值。例如，财客在线就是通过满足年轻人记账的需要而成功的。

（四）处于同质商品阶段的小产品的品牌化经营

成熟行业给大学生的创业机会比较少，毕竟行业格局已经形成，只有一些零散型的产业才有创业的机会，如那些处于商品化阶段的日常用品或农产品。这些小产品的行业内竞争层次很低，同质化的产品如果以相同的价格很难做大企业和打造品牌，企业的利润也很微薄。因此，创业者需要转换经营思路，进行品牌化运作，提升产品的档次，甚至加入一些创意元素。例如，可以将杯子、镜子、梳子、玩具等日用品打造成特色品牌。

经典实例

把小蜡烛做成大产业

陈索斌本科毕业于北京大学经济系，在美国加利福尼亚大学洛杉矶分校获得工商管理硕士，回国后在北京一家大公司工作。1993年，陈索斌靠着2万元资产，回青岛开始了他艰难的创业之路。

陈索斌通过调查发现，全世界每年蕴藏着120多亿美元的蜡烛制品需求量，仅欧美等国就占75％以上的份额，全球围绕蜡烛衍生出的装体配套烛台等产业约占这个市场37％的份额，单以为蜡烛配套的玻璃烛台为例，每年就可产生不低于30亿美元的贸易额。

他随即把蜡烛配套的玻璃制品作为主打，并成立了金王集团。陈索斌开始站在国际市场的高度规划金王的创业和发展蓝图。1995年在广交会上，他拿到了第一笔出口美国的订单。他们抓紧生产，然后把商品贴上金王标签发了出去。可没过多久，产品不仅被退了回来，客户还要求索赔，说金王贴了自己的商标，美国进口商卖给百货公司后，后者就会知道商品来源，下一次就把进口商甩掉了。

这一看似"合情合理"的说法被陈索斌牢牢地记在了心里。当时，这笔订单价值8000美元，是金王半年的利润。他无言争辩，但暗暗决定，不放弃自己的品牌，而是两条腿走路：一边用做贴牌赚取的加工费来维持和发展企业，一边用一部分利润进行科研，加大产品创新力度，而自主创新产品就用金王商标来做出口。

如今，金王的商标"Kingking"已在22个国家和地区正式注册。陈索斌和公司科研人员研制出了与传统蜡烛截然不同的"果冻蜡"（高透明、无污染，燃烧时间是普通蜡烛的20倍，成本却与传统石蜡相同）、晶莹别透的"水晶蜡"、随时间和温度变换各种颜色和气味的"魔术蜡"，这些被定义为"新型聚合物基质复合体烛光材料及其制品"的产品统统被申请了专利。

（五）开发具有技术含量的新产品

大学生创业者（尤其是理工科学生）可以开发新产品，以创新技术作为创业的关键资源，组建公司来生产和销售新产品（或提特服务）。新产品的开发单靠某个人是很难成功的，它需要一个团队来协作开发。

创业者如果自身无法开发新产品，可以寻找能合作创业的新产品开发者，实现能力互补。这种创业可以获得政府相关机构的大力支持，尤其是与政府政策相关的战略性新兴产业和其他重点产业，更是有可能成为政府关注与扶持的典型创业项目。

（六）国外最新成功模式的移植

发达国家的经济与技术走在我国的前面，它们曾经历过的创业机会也很可能在今天的中国出现。这需要用历史的眼光来看待经济和技术的发展，找出不同经济阶段的典型商业形态，从而借鉴发达国家成功把握这些机会的经验。

在高科技领域（尤其是互联网），这一发展模式更加明显，美国等先进国家最先开发出的新技术和新商业模式，国内创业者迅速跟进，在模仿中进行再创新。目前国内著名的互联网公司大多是从美国借鉴或模仿过来的，例如，当当网是从亚马逊网站得到启发的，腾讯是直接模仿MSN开发的，淘宝网则是从e-Bay借鉴而来的。

拓展阅读

创业的几个金点子

1. 代销店

如今，一些企业为了拓宽市场，减少费用支出，会以代销形式进行产品销售。创业者可以去找一些企业合作，开办一家代销店。开办代销店投资少、风险小，一般在确定营业场所之后，企业只向代理商收取一定的押金，再无其他大的投资。代销店经营的商品由合作企业负责送货上门，价格也由合作企业统一制定，售后服务也由合作企业负责。创业者只要做好销售，就可以得到企业固定的分成。此外，创业者还可以通过互联网这个平台来销售合作企业的商品，这样操作起来就更简单易行。

2. 校园二手货经营店

现在中国大学生的数量相当大，而且大学生的消费也相当惊人，大学生毕业后，很多东西无处可放，弃之可惜，因此，创业者可以在校园创办二手商品，解决毕业生的烦恼。创业者可以低价购进一些二手货品，然后经清洗、保养后，转手卖给其他在校学生或校外消费者。

3. 情侣礼品店

情侣礼品店虽然随处可见，但大多数都是传统礼品店，创业者只要寻找有新意、有特色的小礼物作为资源，就能吸引消费者的眼球。当精致的饰品被贴上爱的标签时，饰品本身的价格就不重要了。因此，只要商品有特色、有个性，就不怕没有消费者购买。

4. 解压玩具店

现在职场竞争激烈，人们的压力日益增大，当人们的压力无处发泄的时候，解压玩具可以帮人们解决这个问题，解压玩具让解压成了一件轻松快乐的小事。创业者可以选择一些能够帮助客户宣泄情绪的解压玩具。例如："捏泡泡"玩具可以仿真气泡纸按下时的触感和声音；又如仿真灯泡，当人使劲把它砸向地面、墙壁时，它会变成一滩，但几十秒后又会恢复原状；还有一种被称作"尖叫鸡"的解压玩具、只要用力按压，它就会发出逼真的惨叫声，消费者可以用捏"尖叫鸡"的办法来代替自己尖叫、怒吼。

第二节 创业风险

一、创业风险的概念

创业风险是指在创业过程中，由于创业环境的不确定性，创业机会与创业企业的复杂性，创业者、创业团队的能力与实力的有限性，而导致创业活动偏离预期目标的可能性及后果。

二、创业风险的分类

（一）按产生原因分

主观创业风险：在创业阶段，由于创业者的身体与心理素质等主观方面的因素导致创业失败的可能性。

客观创业风险：在创业阶段，由于市场的变动、政策的变化、竞争对手的出现、创业资金缺乏等客观因素导致创业失败的可能性。

（二）按影响程度分

系统创业风险：源于创业者或创业企业之外的，由创业环境变化带来的风险，如产品市场风险、资本市场风险等，一般无法对其进行控制或施加影响。

非系统创业风险：源于创业者或创业企业本身的商业活动和财务活动而引发的风险，如团队风险、技术风险、财务风险等，创业者或创业企业可以通过一定的手段进行预防和分散。

（三）按内容分

机会选择风险：创业者由于选择创业而放弃自己原先所从事的职业，所丧失的潜在晋升或发展机会的风险。

环境风险：由于创业活动所处的社会、政治、经济、法律环境等变化，或由于意外灾害导致创业者或创业企业蒙受损失的可能性，如战争、国际关系变化或有关国家政权更迭、政策改变、合作者违反契约等。

人力资源风险：由于人的因素对创业活动的开展产生不良影响或偏离经营目标的潜在可能性。创业者自身的素质和能力有限，创业团队成员的知识和技能水平不匹配，管理过程中用人不当，关键员工离职等因素是人力资源风险的主要诱因。

技术风险：由于技术方面的因素及其变化的不确定性而导致创业失败的可能性。技术成功的不确定性，技术前景、技术寿命、技术效果的不确定性，技术成果转化的不确定性等，都会带来技术风险。

市场风险：由于市场情况的不确定性导致创业者或创业企业损失的可能性，包括产品市场风险和资本市场风险两大类。

管理风险：管理运作过程中因信息不对称、管理不善、判断失误等影响管理水平而形成的风险。管理风险可能由管理者素质低下、缺乏诚信、权力分配不合理、不规范的家族式管理或决策失误等引起。

财务风险：创业者或创业企业在理财活动中存在的风险。对创业所需资金估计不足，难以及时筹措创业资金，创业企业财务结构不合理，融资不当，现金流管理不力等可能会使创业企业丧失偿债能力，导致预期收益下降，形成一定的财务风险。

（四）按创业与市场和技术的关系分

改良型风险：利用现有的市场和技术进行创业所存在的风险。这种创业风险最低，经济回报有限。一方面，会遭遇已有市场竞争者的排斥或进入壁垒的限制；另一方面，即便进入，想要占有一定的市场份额也非常困难。

杠杆型风险：利用新的市场、现有的技术进行创业所存在的风险。这种创业风险稍高，对一个全球性公司来说，这种风险往往是地理上的，常见于挖掘未开辟的市场，如彩电行业利用原有技术进入农村市场。

跨越型风险：利用现有市场、新的技术进行创业所存在的风险。这种创业风险较高，主要体现在创新技术的应用方面，往往反映了技术的替代，常见于企业的二次创业，领先者可获得一定的竞争优势，但模仿者很快就会跟上。

激进型风险：利用新的市场和技术进行创业所存在的风险。这种创业风险最高，如果市场很大，可能会带来巨大的机会。对于第一个行动者而言，其优势在于竞争风险较低，但是知识产权保护力度很弱，市场需求不确定。

三、创业风险的防范

（一）系统风险的防范

系统风险是由全局性的共同因素引起的，创业者或创业企业本身控制不了或无法施加影响，并难以采取有效措施予以消除。创业者或创业企业可以从以下三个方面做好防范。

1. 谨慎分析

创业者应对其所处的创业环境进行深入了解、谨慎分析。目前，我国实施更加积极的就业政策，贯彻鼓励创业的方针，在自主创业税费减免、小额担保贷款、创业地落户及场地、项目、技术、培训等方面，为大学生创业提供了一揽子优惠和鼓励政策，创造了更为宽松的创业环境。创业者首先应对创业环境进行正确的认识和了解，对创业环境进行合理评估，通过层层细化、逐级分析来熟悉创业的宏观环境和微观环境等，以求准确深入地解释创业过程中可能遇到的系统风险。

2. 正确预测

在创业风险中，有些风险是可以预测的，有些是不可预测的。创业者应尽可能运用所学知识和所掌握的资源，采用科学的方法对那些能够预测的风险进行深入分析，通过和团队成员探讨、请教外部专家等方法来预测创业环境的可能变化，以及变化会给创业企业带来的影响，尽量对创业的系统风险做到心中有数，以便制定相应的应对策略。

3. 合理应对

由于系统风险的不可分散性，创业者只能通过谨慎分析和正确预测来制定合理的应对措施，巧妙规避并尽可能降低对创业者自身或创业企业的不利影响。例如，预测到市场利率上升则尽量筹集长期资金，预测到未来经济低迷则尽可能持有较多现金等。

（二）非系统风险的防范

非系统风险是由创业者或创业企业自身因素引起的，只对该创业者或创业企业产生影响。因此，创业者或创业企业可以在某种程度上对其进行控制，并通过一定的手段予以预防和分散。

1. 机会选择风险的防范

机会选择风险是一种潜在风险，是由于选择创业而失去其他发展机会所可能带来的最大收益。因此，创业者在创业准备之初就应该对创业的风险和收益进行全面权衡，将创业目标和目前的职业收益进行比较，结合当下的创业环境、自己的生涯规划进行权衡分析。

如果认为创业时机已经成熟，刚好有一个绝佳的商业机会可以转化为创业项目，而且该项目又可以和自己的生涯规划相吻合，就要狠下决心，立即着手创业；否则就不要急于创业，而是先就业或者继续从事目前的工作，边工作边认真观察，学习所在公司各层领导的工作方法和技巧，并用心学习所在公司开拓市场的技巧，同时学会利用自己的工作机会建立良好的关系网络，待时机成熟再开始创业。

2. 人力资源风险的防范

人力资源是创业活动中的重要资源，由此产生的风险对创业企业来说往往也是致命的风险，所以一定要予以充分关注。

首先，创业者应不断充实自己，持续提高个人素质，使自己的知识和能力与创业活动相匹配；

其次，通过沟通、协调、激励、奖惩、评价、目标设定等多种手段管理团队，并在创业团队发展的不同阶段确定相应的管理内容，科学合理地对成员进行绩效评价；

最后，招聘那些具有良好职业道德和团队合作意识、拥有与岗位相匹配的技能的员工，通过在合同中明确权利义务关系和适当授权，以及通畅的人力资源管理系统，使关键员工的工作管理与非工作管理相结合。

3. 技术风险的防范

技术创新能够给创业者带来丰厚的回报，但掌控不好也可能会使创业者颗粒无收。因此，创业者一定要注意技术风险的防范。

第一，应加强对技术创新方案的可行性论证，减少技术开发与技术选择的盲目性，并通过建立灵敏的信息预警系统，及时预防技术风险；

第二，通过组建技术联合开发体或建立创新联盟等方式减少技术风险发生的可能性；

第三，提高创业企业技术系统的活力；

第四，高度重视专利申请、技术标准申请等保护性措施的采用，通过法律手段减少损失出现的可能性。

4. 管理风险的防范

通过提高管理者的素质，改变管理和决策方式，可以有效应对管理风险。具体来说，可以采取以下措施：

第一，努力提高核心创业成员的素质，树立其诚信意识和市场经济观念，并以此为基础搞好领导层的自身建设，建立能够适应企业不同发展阶段变革的组织机构；

第二，实行民主决策与集权管理的统一，合理分配企业的执行权，避免不规范的家族式管理影响创业企业的发展；

第三，明确决策目标，完善决策机制，减少决策失误。

5. 财务风险的防范

融资困难和资本结构不合理是很多创业企业典型的财务特征和主要财务风险的来源。

有效规避财务风险要求做到以下几点：

第一，创业者要对创业所需资金进行合理估计，避免筹资不足影响企业的健康成长和后续发展；

第二，要学会建立和经营创业者自身及创业企业的信用，提高获得资金的概率；

第三，创业者或团队一定要学会在企业的长远发展和当前利益之间进行权衡，设置合理的财务结构，从恰当的渠道获得资金；

第四，管理创业企业的现金流，避免因现金流断裂带来财务拮据甚至破产清算的局面。

经典实例

尽量避免风险，保住本金

股神巴菲特是一个善于规避风险的高手：1956 年，26 岁的巴菲特靠亲朋凑来的 10 万美元白手起家；60 余年后，巴菲特的身价已位居全球首位。

今天看来，巴菲特的故事无异于神话。但仔细分析巴菲特的成长历程，他并非那种善于制造轰动效应的人，而更像一个脚踏实地的平凡人。在巴菲特的投资名言中，最著名的无疑是这一条："成功的秘诀有三条：第一，尽量避免风险，保住本金；第二，尽量避免风险，保住本金；第三，坚决牢记第一、第二条。"为了保证资金安全，巴菲特总是在市场最亢奋、投资人最贪婪的时刻保持清醒的头脑而急流勇退。1968 年 5 月，当美国股市一片狂热的时候，巴菲特却认为再也找不到有投资价值的股票了，他因此卖出了几乎所有的股票并解散了公司。结果在 1969 年 6 月，股市大跌，渐渐演变成了股灾，到 1970 年 5 月，每种股票都比上年初下降了 50%，甚至更多。

巴菲特的稳健投资，绝不干"没有把握的事情"的策略使他逃避过一次次股灾，也使他能在机会来临时资本迅速增值。

四、创业者风险承担能力评估

创业者风险承担能力是指创业者所能承受的最大风险。影响创业者风险承担能力的因素主要有以下四个方面。

（一）特定时间段所要承担的风险

从创意到商业构想，再到创业企业的建立，不同阶段的创业风险大小会有所不同。一般来说，随着时间的推移和创业活动的深入，创业者面临的风险会逐渐增大。创业者首先要能够根据风险的来源及其对创业活动的影响程度，估计出在不同时间段可能要承受的风险。

（二）可用于承担风险的资金

一般来说，创业者的年龄和家庭状况会对创业者用于承担风险的资金有所影响。刚毕业的大学生因为很少有创业资金的积累，其用于承担风险的资金较少；同样，家庭比较困难的创业者会更多考虑到家庭基本生活对资金的需求，以及较少的家庭支持等，其用于承担风险的资金一般也会较少。正常情况下，用于承担风险的资金数量和创业者的风险承担能力成正相关关系。

（三）从其他渠道取得收入的能力

从其他渠道取得收入的能力越强，创业失败对创业者的情绪和生活水平的影响就越小，创业者能够用来偿还创业失败所导致的债务的能力就越强（采用公司制作为企业法律形式的创业活动除外，因为公司制企业是有限责任，只以创业者投入企业的资金为限对公司债务承担责任），其风险承担能力也就越强。因此，从其他渠道取得收入的能力和创业者的风险承担能力也成正相关关系。

（四）危机管理能力

创业者的危机管理能力会影响到创业风险发生时采取的风险抑制措施的效果，从而影响到损失的大小。危机管理能力越强，风险因素导致风险事件发生并进而可能形成风险损失时，创业者就越能及时采取有效的风险防范措施对损失状况进行抑制，避免损失的进一步扩大，减少损失所产生的危害。所以，创业者的危机管理能力越强，其风险承担能力就越强，二者也成正相关关系。

拓展阅读

网上创业的机会与风险分析

随着互联网的高速发展，很多"80后""90后"渴望并试图通过网络营销，用电子商务缔造自己创业的"梦工厂"。但是互联网创业风险与机遇并存，一定要谨慎。

1. 网上创业机会分析

1）市场巨大

首先，网络市场是个全球性的大市场。在这个市场内，不需要任何中介，就能将产品和服务信息传送给全球任何一个角落的顾客。

其次，这个规模巨大的市场，还在快速增长着。

最后，网络营销和电子商务具有方便性、交互性、高效性、经济性，在满足消费者个性化需求方面具有传统经营方式不可比拟的优越性。

2）成本低廉

首先，网上创业开办费用低。相对于"门面"少则几千元、多则几万元的租金费用来说，网络空间的租金可以忽略不计。

其次，采购成本低廉。通过阿里巴巴等 B2B 平台，小批量进货或者代发，可降低库存积压与资金占用成本。

最后，营销成本低廉。通过网络收集市场信息、发布企业信息、开展售后服务活动、发布广告，成本比传统的营销方式要低得多。

3）营销方便

Internet 的各种功能都能作为营销工具，如网站、搜索引擎、电子邮件、即时通信工具、网络广告等。

2. 网上创业风险分析

1）竞争激烈

由于网上创业资金门槛低，进入容易，大量的创业者已经进入了这个领域，一些传统企业也纷纷将市场扩展到网络中，这使新进入者面临着巨大的竞争压力。

2）法律与信用环境有待提高

现阶段，我国网上经营的法律制度还不健全。电子合同、在线支付、产品交付等问题虽有了初步的法律规范，但还没有做到全面的法律保护。个人隐私权保护、欺诈等问题困扰着消费者，使其不敢大胆地在网上购物。

3）物流成本过高

相比实体运营，网店经常需要支付额外的快递费等物流费用，而且目前已有的物流配送公司经常存在物流配送效率低且不规范的问题。

4）电子商务系统安全风险

黑客攻击、计算机病毒等会造成支付信息、订货信息、销售信息、谈判信息、机密的商务往来文件等商务信息被窃、篡改和破坏。机器失效、程序错误、错误操作、错误传输都会造成信息失误或失效，给创业者带来不可挽回的损失。

案 例 点 评

在中国经济改革的浪潮中，史玉柱适时抓住了创业机会，无疑是具有传奇色彩的创业者之一。然而，在第一次创业时，史玉柱却因为没有处理好创业风险而导致"巨人危机"；在创建征途网络时，史玉柱提前找出了各种创业风险，并一一找到了解决的方法，从而保证了创业过程的顺利。

能 力 训 练

1. 识别身边的创业计划

仔细观察、认真思考，寻找身边的创业机会。具体操作步骤如下：3～5人一组，每组通过头脑风暴法想出尽可能多的创业机会，并以书面形式一一列出。

创业机会来源可考虑以下几个方面：个人生活经历；偶然的发现（日常生活中、旅行中……）；个人兴趣爱好；个人的家庭环境、家庭成员从事的职业及相关的行业背景等；国家政策导向；产业结构及技术的变革。

2. 评估创业风险

随着户外运动的兴起，新兴户外运动品牌如雨后春笋般出现，许多传统运动服装企业也嗅到了商机，纷纷开发了户外系列服装。选择一个你喜欢的户外运动品牌，思考：如果通过加盟该品牌的方式进行创业，需要注意哪些风险？应采取哪些防范措施？（主要对加盟前、加盟过程中和加盟后的风险进行评估。）

具体操作步骤如下：

（1）3～5人为一组，每组选出一个负责人。

（2）小组成员就上述资料中提出的问题进行讨论，写一份约600字的分析报告。

（3）小组负责人上台汇报讨论的结果。

第十章

编写创业计划书

【内容提要】

对于众多创业者来说，创业计划书是进行融资的必备文件。近年来，创业融资的程序日益规范，作为投资公司进行项目审批的正式文件之一，编写创业计划书已经成为越来越多创业者的"必修课程"。本章将从创业计划书的作用、结构出发，对如何制作一份高质量的创业计划书进行详细阐述

【知识目标】

① 了解创业计划书的作用，熟悉创业计划书的基本结构；
② 了解编写创业计划书的准备工作；
③ 掌握创业计划书各项具体内容的编写方法与检查要点。

【能力目标】

① 能够独立或与人合作编写一份完整的创业计划书；
② 能够对创业计划书进行检查与修改。

引导案例——BP+帮创业者融资 2 个亿

2014 年 9 月，李克强总理在夏季达沃斯论坛上给创业者们"打了一针鸡血"。"大众创业，万众创新"的观点一提出，身边的朋友纷纷辞职创业，与创业相关的创业服务生意也随之而来。以服务企业 BP 为切入点的 BP+正是这群"淘金者"中的的一员，其创始人崔大宝是一位有着丰富经验的连续创业者，曾创立国内首款互联网姨妈枣品牌"枣到了"，一度成为互联网最受女性欢迎的品牌之一

BP 的全称是 Business Plan，中文称为商业计划书。对于创业者来说，这是敲开投资人大门的"敲门砖"，然而遗憾的是，大多数创业公司没能迈好这第一步。由于不专业、不了解、没时间等原因，BP 做得糟糕的不止一家创业公司。

崔大宝说，写 BP 首先要尝试理解投资人的需求及关注点，并且要努力让人有理由相信你的公司是个很好的投资标的。你需要提供的是事实、数据、背景信息以及能证明这项

投资潜在回报的报告，商业逻辑的清晰呈现更是核心关键。而这些对于崔大宝和他的团队来说都是擅长的。据崔大宝介绍，他的团队是由有着7年以上管理经验，并有投资分析、品牌设计、行业研究等背景的一群人组成的，其联合创始人张平和莫伟佳更是有着多年品牌咨询和战略咨询经验。

据崔大宝介绍，截至2017年7月，BP＋累计服务了100多家创业公司，帮助多家公司拿到了近2亿元的融资，达成了7位数的营收。而在BP＋目前提供的业务中，除BP以外，崔大宝和他的团队还为创业公司提供了智库、报道和咨询等一系列服务。

第一节 创业计划书概述

一、创业计划书的概念

创业计划书又称商业计划书，是指创业者就某一具有市场前景的新产品或服务向风险投资者游说，以取得风险投资的商业可行性报告。

创业计划书是创业者叩响投资者大门的"敲门砖"，是创业者计划创立的业务的书面摘要，一份优秀的创业计划书往往会达到事半功倍的效果。

二、创业计划书的作用

（一）创业计划书是创业者把握企业发展的总纲领

创业者通过制作创业计划书，能够明确创业方向，理清创业思路。创业计划书的写作是一个长期的过程，创业者需要根据企业的实际情况进行不断的调整和完善。在这一过程中，创业者或者改变销售策略，或者更新经营思路，或者认识到某一方面的错误与不足，甚至改变了总目标下的某一分目标，这些都有利于企业的良性发展。总之，对创业者来说，创业计划书无异于总纲领和总路线。

（二）创业计划书是创业团队及合作者共同奋斗的动力和期望

创业计划书是创业者对理想的现实阐述，是理想与现实的连接桥梁。创业企业的预期目标、战略、进度安排、团队管理等方面都是创业者理想的具体化图景，是创业团队奋斗的动力。明细的创业计划有助于统一思想和路线，有助于创业团队成员步调一致、有的放矢。创业计划书是合作者的"兴奋剂"，能让创业者及其合作者紧密团结在一起，同甘共苦，打拼未来。创业计划书还是亲缘纽带的"黏合剂"，因为优秀的创业计划书可以让创业者赢得亲友的信任与支持，增强创业者在艰难的创业路上的信心与勇气。

（三）创业计划书是投资者决定是否投资的重要参考

创业计划书通常被喻为"敲门砖"。在一份详细完备的创业计划书中，往往包含了投资者所需要的信息：创业企业的现实业绩和发展远景，市场竞争力和优劣势，企业资金需求现状和偿还能力，以及创业者及其团队的能力和阵容等。这些都是投资者关心的重点，是其衡量创业企业实力和潜力的依据，并以此作为是否对创业企业进行投资的重要参考。

（四）创业计划书为企业经营活动提供依据与支撑

创业计划书是为企业发展所做的规划，企业的创立与成长需要由创业计划书引领。创业计划书的主要构思围绕企业，主要内容更是离不开企业，诸如资金规划、财务预算、产品开发、投资回收、风险评估等，步骤都与实现目标及企业发展休戚相关。因此，创业计划书是企业经营活动的有力依据和有效支撑，对创业行动具有指导意义。

三、创业计划书的基本结构

一份完整的创业计划书由封面、目录、正文和附录四部分组成。

（一）封面

封面也称标题页，可以放一张企业的项目或产品彩图或企业 Logo，但需留出足够的版面排列以下内容：创业计划书编号、标题、企业名称、项目名称、联系人及联系方式、公司主页、日期等。其中，标题明确了创业项目的名称，体现了创业企业的经营范围，标题一般在封面以醒目的字体标示出来，如《××创业计划书》。

（二）目录

目录是正文的索引，需要按照章节顺序逐一排列每章大标题、每节小标题，以及各章节对应的页码。初步写完创业计划书后，要注意确认目录页码与内容的一致性。

（三）正文

正文是创业计划书的主要内容，包括摘要、主体和结论三大部分。

1. 摘要

摘要是企业的基本情况、竞争能力、市场地位、营销战略、管理策略，以及创业项目的投资前景及风险预测等方面的综合概述。摘要既是创业计划书的引文，旨在引起读者的阅读兴趣，又是创业计划书的总纲，提纲挈领，让读者对创业计划书的内容有一个整体的认知。因此，摘要是整个计划书的精华和亮点，也是整个计划书的灵魂。

2. 主体

主体是对摘要的具体展开。为了让读者一目了然，一般采取章节式、标题式的方式逐一描述。主体的内容具体包括企业介绍、市场分析、产品(服务)介绍、组织结构介绍、前景预测、营销策略描述、生产计划展示、财务规划和风险分析等。只要执笔者能够条分缕析，可以自行调整各章节的具体顺序。

3. 结论

结论是整个创业计划书内容的总结式概括。它和摘要首尾呼应，体现了文本的完整性。

（四）附录

附录是对主体部分的补充。受篇幅限制，不宜在主体部分过多描述的，不能在一个层面详细展示的，或需要提供参考资料、数据的内容，一般放在附录部分，以供参考。

创业计划书的附录一般包括以下内容：企业营业执照；审计报告；相关数据统计；财务报表；新产品鉴定；商业信函、合同等；相关荣誉证书等。

拓展阅读

编写创业计划书的六个 C（六要素）

第一个 C 是 Concept，概念。在计划书里面写出思路，让别人可以很快地知道你卖的是什么。

第二个 C 是 Customers，顾客。有了卖的东西以后，接下来要考虑卖给谁，谁是顾客，要明确顾客的范围。例如，假定女人都是顾客，那 50 岁以上的女人和 5 岁以下的女孩是否都是顾客，这一点需要界定清楚，即要明确适合的年龄层。

第三个 C 是 Competitions，竞争者。东西有没有人卖过？如果有人卖过，他是在哪里售卖？有没有其他的东西可以取代？你与这些竞争者的关系是直接的还是间接的？

第四个 C 是 Capabilities，能力。要卖的东西自己会不会做，懂不懂？例如开餐馆，如果厨师不做了找不到人，自己会不会炒菜？如果没有这个能力，至少合伙人要会做，再不然也要有鉴赏的能力，不然最好不要做。

第五个 C 是 Capital，资本。资本可以是现金，也可以是资产，或是可以换成现金的东西。资本在哪里？有多少？自有的部分有多少？可以借贷的有多少？这些都要很清楚。

第六个 C 是 Continuation，永续经营。当事业做得不错时，将来的计划是什么？

第二节 编写创业计划书的准备工作

一、确定创业计划书编写人员

创业计划书应该由创业者自己来编写。创业计划书是创业者能力和构思的具体体现，亲自编写创业计划可以帮助创业者理清思路，把创业的激情融入计划书之中，有利于增添计划书的感染力。但是，创业计划书的编写非常复杂，是各方面知识的结晶（如市场营销知识、企业管理知识、财务规划知识、人力资源知识、调查与预测知识等），任何一个创业者都不可能是各方面的专家，所以为了尽可能使创业计划书更加符合现实，更加具有可操作性，在编写过程中，创业者应该向其他人员咨询。

二、确定创业计划书的范围

在编写创业计划书时，创业者必须从不同角度进行广泛而深入的思考，以确定创业计划书的范围。

（1）创业者的角度。创业者自身比任何人都了解创业企业的创造力和技术，因此，创业者首先必须清晰地表达出创业企业经营的产品或服务，以及其特色和卖点。

（2）市场的角度。创业者必须以消费者的眼光来审视企业的经营运作，应该采取一种以消费者为导向的市场营销策略，这就需要进行大量的市场调查工作，必要时还需请教市场营销专家。

（3）投资者的角度。创业者应该尝试用投资者的眼光来考察企业的生产经营，投资者往往特别关注计划中的财务规划。如果创业者不具有财务分析和预测的能力，就应该聘请外部的财务顾问提供帮助。

三、搜集相关信息

编写创业计划书时需要搜集多种信息，主要包括市场信息、运营信息和财务信息等。

（一）市场信息

产品或服务的潜在市场信息对创业者尤为重要。为了判断市场规模，创业者需要明确自己的目标市场。为了更准确地了解真实的市场信息，创业者往往要花费较多的资源去进行市场调查。

（二）运营信息

在编写创业计划书的过程中，可能需要以下运营信息：地点；生产制造；原材料；设备；劳动技能；生产或办公场所的大小；其他相关的开支。

（三）财务信息

财务信息的主要作用是说服投资者对该企业进行投资。主要的财务信息包括：资金的需求和来源；未来的销售情况；资金的周转；投资收益率；投资回收周期；风险资本的退出日期等。

四、准备一份优秀的创业计划书作参考

创业计划书的编写有较大的难度，单纯看几本参考书并不能马上解决问题，最好找一份类似的、已经成功的创业计划书作为参考，然后按照提纲来编写。当然，我们只能是借鉴，绝对不能照搬照抄，因为每一个企业都应该有自己的特色。

拓展阅读

七招看你的创业计划是否可行

（1）你看到过别人使用过这种方法吗？一般来说，一些经营红火的公司的经营方法比那些特殊的想法更具有现实意义。在有经验的企业家中流行着这样一句名言：还没有被实施的好主意往往实施不了。

（2）你真正了解你所从事的行业吗？许多行业都要求选用从事过这个行业的人，并对其行业内的方方面面有所了解。否则，你就得花费很多时间和精力去调查诸如价格、销售、管理、行业标准、竞争优势等。

（3）你能否用语言清晰地描述出你的创业构想？根据成功者的经验，如果不能将这些想法概括成自己的精练的语言，说明你还没有就该构想完整详细地思考清楚！

（4）你的设想是为自己还是为别人？你是否打算在今后五年或更长时间内，全身心地投入到这个计划的实施中去？

（5）你的想法经得起时间考验吗？当未来的某项计划真正得以实施时，你会感到由衷的兴奋。但过了一个星期、一个月甚至半年之后，将是什么情况？它还那么令人兴奋吗？或者已经有了完全不同的另外一个想法来替代它？

（6）你有没有一个好的人际关系网络？开始办企业的过程实际上就是一个组织供应商、承包商、咨询专家、雇员的过程。为了找到合适的人选，你应该有一个服务于你的个人关系网。

（7）明白什么是潜在的回报。每个人投资创业，其最主要的目的就是赚最多的钱。可是，在创业设想中隐含的绝不仅仅是钱，你还要考虑成就感、爱、价值感等潜在回报。如果没有意识到这一点，那就必须重新考虑你的计划。

第三节　创业计划书的编写与检查

一、编写创业计划书的原则

一份好的创业计划书必须呈现竞争优势与投资者的利益，同时也要具体可行，并提出尽可能多的客观数据来加以佐证。编写过程中应具体把握以下原则。

（一）市场导向原则

利润来自于市场的需求，没有明确的市场需求分析作为依据，所编写的创业计划书将是空泛的、无意义的。因此，创业计划书应以市场导向的观点来编写，要充分显示对市场现状的把握与未来发展的预测，说明市场需求分析所依据的调查方法与事实依据等。

（二）文字精练原则

创业计划书应避免那些与主题无关的内容，要开门见山、直切主题并清晰明了地把自己的观点亮出来。风险投资者没有时间，也不愿意花过多的时间来阅读一些毫无意义的东西。文字精练、观点明确，才能引起投资者的注意和兴趣，从而提高融资成功的概率。

（三）前后一致原则

创业计划书的内容复杂繁多，容易出现前后不一、自相矛盾的现象。如果出现这种情况，会让人很难明白，甚至对计划产生怀疑。所以，整个创业计划书前后的基本假设或预估要相互呼应，保持一致。

（四）呈现竞争优势原则

编写创业计划书的重要目的之一是为投资人或贷款人提供决策依据，借以融资。因此，创业计划书中要呈现出具体的竞争优势，显示经营者创造利润的强烈愿望，并明确指出投资者预期的报酬。但同时也应该说明可能遇到的风险或威胁。

（五）便于操作原则

创业计划书是创业者拟定的创业行动蓝图，因此，它必须具有很强的可操作性，以便于实施。特别是其中的营销计划、组织结构、管理措施、应对风险的方法和策略等，必须具有可行性和可操作性。

（六）通俗易懂原则

创业计划书中应尽量避免使用技术性很强的专业术语，过多的专业术语会影响投资者阅读的兴趣。即使不得已要使用专业术语，也应该在附录中加以解释和说明。

（七）客观实际原则

创业计划书中的所有内容必须实事求是，即使是财务规划也要尽量客观、实际，切勿凭主观意愿进行估计。创业者必须事先进行大量的调查和科学分析，尽量陈列出客观、可供参考的数据与文献资料。

二、创业计划书具体内容的编写

（一）封面设计

封面是创业计划书的脸面，如同大学生的求职简历，它首先呈现在读者面前，因此一定要有独特的风格。创业计划书的封面重在设计，要求设计者要有一定的审美能力和艺术天赋。封面一般以简约、明确为主，忌晦涩怪异。例如，图 10-1 所示的封面既突出了创业项目，又具有一定的审美观和艺术性，能使阅读者产生最初的好感，形成良好的第一印象。

图 10-1 时尚阳光餐饮店创业计划书封面

（二）企业介绍

企业介绍如同自我介绍，目的就是让投资者认识该企业。企业介绍中会涉及企业的基本概况（名称、组织形式、注册地址、联系方式等）、发展历史与现状、所提供的产品或服务的竞争力、未来的发展规划和目标等。其中，企业目标是企业要达到的效果，是企业发展的动力，在创业计划书中是亮点所在，因此必须下功夫写好。

（三）市场分析

市场分析在整个创业计划书中起着举足轻重的作用，主要包括目标市场分析、行业分析、竞争对手分析等内容。

1. 目标市场分析

目标市场概念由著名的市场营销学者麦卡锡提出。他认为应当按消费者的特征把整个潜在市场分成若干部分，根据产品本身的特性选定其中部分消费者作为一个特定的群体，这一群体被称为目标市场。例如，对手机消费群体的分析如下：手机更新换代异常频繁，但手机又有诸多消费群体。高端人士青睐外观精巧、质量上乘、功能先进的手机；商务人士喜欢具备多样化的商务功能的手机；学生一族追求时尚型手机；而普通百姓则以结实耐用的手机为首选。

对目标市场的分析，应从以下几个方面入手：

（1）你的细分市场是什么？

（2）你所拥有的市场有多大？

（3）你的市场份额是多少？

（4）你的目标顾客群是哪些或哪类人？

（5）你的五年生产计划、收入和利润是多少？

（6）你的营销策略是什么？

详细的目标市场分析能够帮助投资者判断企业目标的合理程度及他们承担的风险的大小。在对目标市场进行分析时，创业者需要阐明这样的观点：企业处在一个足够大、发展前景非常广阔的市场中，并有足够的能力应对来自各方面的竞争。

拓展阅读

目标市场的选择策略

目标市场的选择策略即关于企业为哪个或哪几个细分市场服务的决定。通常有以下五种模式可供参考：

（1）市场集中化。企业选择一个细分市场，集中力量为之服务。集中营销使企业深刻了解该细分市场的需求特点，采用针对性的产品、价格、渠道和促销策略，从而获得强有力的市场地位和良好的声誉，但同时隐含较大的经营风险。

（2）产品专门化。企业集中生产一种产品，并向所有顾客销售这种产品。例如，服装厂商向青年、中年和老年消费者销售高档服装，而不生产消费者需要的其他档次的服装。这样，企业在高档服装方面树立了很高的声誉，但一旦出现其他品牌的替代品或消费者流行的偏好转移，企业将面临巨大的威胁。

（3）市场专门化。企业专门服务于某一特定顾客群，尽力满足他们的各种需求。例如，服装厂专门为老年消费者提供各种档次的服装。企业专门为某一顾客群服务，能建立良好的声誉，但是一旦这个顾客群的需求量和特点发生突然变化，企业就要承担较大风险。

（4）有选择的专门化。企业选择几个细分市场，每一个市场对企业的目标和资源利用都有一定的吸引力，但各细分市场彼此之间很少或根本没有联系。这种策略能分散企业的经营风险，即使某个细分市场失去了吸引力，企业还能在其他细分市场盈利。

（5）完全市场覆盖。企业力图用各种产品满足各种顾客群体的需求，即以所有的细分市场作为目标市场。一般只有实力强大的大企业才能采用这种策略。例如，IBM 公司在计算机市场、可口可乐公司在饮料市场开发众多产品，满足各种消费需求。

2. 行业分析

行业是企业要进入的市场。在创业计划书中，创业者要分析所入行业的市场全貌及关键性的影响因素。行业分析需要从以下几个方面来进行：

（1）该行业现状：处于萌芽期还是成熟期？发展到了何种程度？总销售额是多少？总收益如何？

（2）该行业的发展趋势：未来走向如何？

（3）该行业的影响因素：国家的政策导向、社会文化环境、竞争者的现状等。

（4）该行业市场上的所有经济主体概况：竞争者、消费者、供应商、销售渠道等。

在进行行业分析时，应该对所选行业的基本特点、竞争状况及未来趋势有准确的把握，这些是建立在对所选行业充分了解的基础之上的。创业者只有做到这一点，才能了解行业发展规律，认清行业发展方向，确立企业发展目标。

3. 竞争对手分析

竞争对手是这样一类企业：它们在市场上和你的企业提供着相同或类似的产品和服务，并且在配置和使用市场资源过程中与你的企业具有一定的竞争性。如何打败竞争对手，如何在竞争中胜出是每个企业家都需要考虑的问题。

信息搜集是进行竞争对手分析的前提。企业内部信息库、传统媒体、互联网、商业数据库、咨询机构、服务机构、人际关系网络等都是搜集竞争对手信息的重要途径。当你获得竞争对手们的基本情况、产品情况、营销策略、技术含量、商界信誉等信息后，做好了相关准备工作，你的创业计划书就会有据可循、表述充分。

进行竞争对手分析时，应该从以下几个方面入手：

（1）你的竞争对手有哪些？你的主要竞争对手有哪些？你最大的竞争对手是谁？

（2）你的竞争对手的优势在哪里？有什么新动向？

（3）竞争中你具备哪些优势和劣势？优势如何发扬，劣势如何消除？

（4）你能否承受竞争所带来的压力？

（5）你将采取什么的策略来战胜竞争对手？

拓展阅读

波特五力分析模型

迈克尔·波特于20世纪80年代初提出了波特五力分析模型，用以分析竞争战略和竞争环境。这五力分别是：供应商的讨价还价能力、购买者的讨价还价能力、潜在竞争者进入的能力、替代品的替代能力和行业内竞争者目前的竞争能力。

该模型理论建立在以下三个假定基础之上：制定战略者可以了解整个行业的信息；同行业之间只有竞争关系，没有合作关系；行业的规模是固定的，只能通过夺取对手的份额来占有更大的资源和市场。实际上，这三个假定是不现实的。因此，该模型在较大意义上是一种理论思考工具，而非可操作的战略工具。

（四）产品（服务）介绍

在进行投资项目评估时，投资人最关心的问题之一就是：企业的产品（服务）能否及在多大程度上解决现实生活中的问题，或者，企业的产品（服务）能否帮助顾客节约开支、增加收入。因此，产品（服务）介绍是创业计划书中必不可少的一项内容。

产品介绍包括产品的名称、特性、市场竞争力、研发过程、品牌、专利、市场前景等。其中，产品的特性是不同产品之间或同类产品之间相互区别的标志，所以一定要详细且通俗易懂地表述出你提供的产品或服务与同类产品或服务相比有哪些独特之处。如果产品还在设计之中，最好提供相应的设计方案并证明自己的生产能力；如果产品已经生产出来了，就要附上原型介绍及图片；如果产品是创新型产品，创新就成了该产品的特性。

在产品（服务）介绍部分，通常要回答以下问题：

（1）顾客希望从企业的产品或服务中得到什么？

（2）与竞争对手相比，企业提供的产品或服务有哪些优势与劣势？企业采取何种办法取长补短？

（3）企业拥有哪些专利与许可？企业为自己的产品采取了哪些保护措施？

（4）企业对新产品或服务有何规划？

（5）企业的产品或服务定价为何能给企业带来长效利润？

（6）该产品或服务如何拥有稳定的顾客群？顾客群一旦缺失，企业该如何应对？

需要注意的是，任何一个创业者在创业之初都会对自己提供的产品或服务充满信心，因此在创业计划书的写作中难免会有许多赞美之词。但是，企业的种种承诺都是需要兑现的，因此，对产品或服务的介绍一定要实事求是，不能夸夸其谈。

（五）人员及组织结构说明

企业管理的好坏直接决定了企业经营风险的大小，而高素质的管理人员和良好的组织结构则是管理好企业的重要保证。因此，风险投资者会特别注重对企业管理人员及组织结构的评估。

1. 企业管理人员介绍

企业管理人员一般是董事会成员及主要营销人员。董事会成员决定企业的发展，营销人员关乎企业的效益，因此，有必要介绍他们的详细资历和背景，以及他们的职责和能力。具体来讲，企业管理人员介绍包括个人基本信息（姓名、年龄、政治面貌等）、工作履历、受教育程度、主要经历、道德素养和综合素质。

在介绍过程中，要重点描述关键管理人员的才能和职责。这些人员如同领头奔跑的马，起着带队引领、示范表率的作用。创业管理团队的高效率能激发投资者的信心。一方面，创业者需要建立起一个团结向上、责权明晰的团队；另一方面，在创业计划书的写作中要凸显团队风采。

2. 组织结构介绍

组织结构即企业管理架构。组织结构类型很多，但初创企业组织结构相对比较简单，一般来说，员工就是股东。组织结构的关键是分工明确，各司其职。此部分内容具体包括：企业的组织结构图；各部门的功能与责任；各部门的负责人及主要成员；企业的报酬体系；企业的股东名单，包括认股权、比例和特权；企业的董事会成员；各位董事的背景资料等。

（六）市场预测

市场预测就是运用科学的方法，对影响市场供求变化的诸多因素进行调查研究，分析和预见其发展趋势，掌握市场供求变化的规律，为经营决策提供可靠的基础。

首先，市场预测要对需求进行预测：市场是否存在对这种产品的需求？需求程度是否可以给企业带来所期望的利益？新的市场规模有多大？需求发展的未来趋向及其状态如何？有哪些因素会影响需求？其次，市场预测还要包括对市场竞争情况——企业所面对的竞争格局进行分析：市场中主要的竞争者有哪些？是否存在有利于本企业产品的市场空白？本企业预计的市场占有率是多少？本企业进入市场会引起竞争者怎样的反应？这些反应对企业会有什么影响？

在创业计划书中，市场预测应包括：市场现状综述、市场需求预测、竞争厂商概况、目标顾客和目标市场、本企业产品的市场地位等。

创业者对市场的预测应建立在严密、科学的市场调查基础上。企业所面对的市场本来就有变幻不定、难以捉摸的特点，因此，创业者应尽量扩大收集信息的范围，重视对环境的预测并采用科学的预测手段和方法。创业者应牢记的是，市场预测不是凭空想象，对市场错误的认识是企业经营失败的最主要原因之一。

（七）营销策略叙述

营销是企业经营中最富挑战性的环节，影响营销策略的主要因素有消费者的特点、产品的特性、企业自身的状况、市场环境方面的因素等，而最终影响营销策略的则是营销成本和营销效益。

在创业计划书中，营销策略应包括：市场机构和营销渠道选择，营销队伍建设和管理，促销计划和广告策略，价格决策等。

对于处于不同发展阶段的企业来说，其营销策略是不同的。对于初创企业来说，由于产品和企业的知名度低，很难进入其他企业已经稳定的销售渠道中去，因此企业不得不暂时采取高成本、低效益的营销战略，如上门推销、大打商品广告、向批发商和零售商让利或交由代理企业销售等；而对发展中的企业来说，一方面可以利用原来的销售渠道，另一方面也可以开发新的销售渠道以适应企业的发展。

（八）生产计划说明

生产计划作为创业计划书的重要组成部分，其作用在于使投资者了解企业的研究进度和所需资金。在这一部分，创业者应该明确业务流程。在业务流程中，创业者一定要明确其中的关键环节，要写明企业的基本运营周期及间隔时间，更要将季节性生产任务和生产中会遇到的问题及解决方案解释清楚。

具体来说，创业计划书中的生产计划应包括以下内容：厂房基本情况，包括地址、基础设施和基本配置情况；产品制造和技术设备现状；生产流程及关键环节介绍；新产品投产计划；生产经营成本分析；质量控制和改进计划及能力。

（九）财务规划描述

一份好的财务规划可以帮助企业降低经营风险，增强企业的评估价值，提高企业获取资金的可能性。如果说创业计划书是创业者在筹资过程中所做事情的整体概括，那么财务规划就是创业计划书的"臂膀"，为创业计划书提供有力的支撑。财务规划一般包括以下内容。

1. 历史经营状况数据

这里针对的是既有企业，初创企业不会涉及此类问题。企业在过去几年的经营状况是未来发展的重要参考，投资者会以此作为抉择的重要依据。创业者应提供过去三年的现金流量表、资产负债表和损益表。其中，现金流量表是企业的生命线，企业无论在初创期还是扩张期都要对流动资金有预先的计划并在使用中进行严格控制；资产负债表表现企业在某一时刻的状况，是投资者用来衡量企业的经营状况及投资回报率的重要依据；损益表是企业盈利状况的写照，它反映了企业在运作一段时间后的经营成果。

2. 未来财务整体规划

未来的财务规划是建立在生产计划和营销计划基础之上的。严格来说，创业计划书中的前述内容都可作为企业制定未来财务规划的依据。有理有据，有适当的假设，是做好财务规划的前提。创业者要做的工作是：论述未来3～5年内的生产运营费用和收入状况，将具体财务状况以财务报表的形式展示出来。

要写好财务规划，创业者必须要回答以下问题：

（1）单件产品的生产成本是多少？利润是多少？

（2）产品定价是多少？在固定时间段内产品的销售量有多少？

（3）雇佣哪些人生产、加工、销售产品？工资预算是多少？

提示

财务规划需要财会方面的专业知识，要做到规划精细、账款明晰，最好由这方面的专业人员来撰写。专业人员能够避免财务报表漏洞百出，也能增强投资者的信任感。因此，创业管理团队中有熟悉财务的成员是非常必要的。

（十）风险分析

没有风险分析的创业计划书是不完整的，因为创业本身就带有一定的冒险性，创业过程中的风险通常会让人始料不及。风险分析不仅能减轻投资者的疑虑，让他们对企业有全方位的了解，更能体现管理团队对市场的洞察力和解决问题的能力。在这一部分，创业者可以从以下几个方面进行阐述。

1. 市场风险

市场风险包括生产中可能遇到的问题、销售者未知的因素、竞争中难以预料的方面、顾客的不同需求与反馈等。

2. 技术风险

技术风险主要是技术研发中的困境，如技术力量不够强大、研发不到位、员工熟练程度不高、经验不足、研发资金短缺等。

3. 资金风险

创业者需要阐明可能出现的资金周转不畅和资金断流等问题，也要讲明万一企业遭遇清算的后果及遭遇清算后有无偿还资金的能力。

4. 管理风险

创业者要实事求是，不能刻意隐瞒管理方面的缺陷和漏洞，而要如实反映情况，诸如人手不足、经验欠缺、资源匮乏等。

5. 其他风险

企业的其他风险有很多，如政策的不确定性、经营中的突发状况、财务上的不确定因素等，都可以归入此类。

创业者的任务是，在对市场、技术、资金、管理等各方面风险进行分析之后，将这些风险及相应的解决方案用清晰的文字在创业计划书中反映出来。主动识别和讨论风险会极大地增加企业的信誉，使投资者更有信心。

三、创业计划书的检查

由于创业计划书要准确回答投资者的疑问，争取投资者对创业企业的信心，因此，在创业计划书编写完成后，可以从以下几个方面对创业计划书进行检查：

（1）检查创业计划书逻辑是否清晰，论据是否充分，表达是否通俗易懂，语法是否正确，用词是否恰当。

（2）是否备有索引和目录，以便投资者可以较容易地查阅各个章节。

（3）是否编写了摘要并放在了最前面。如果已编写，检查摘要是否写得简明扼要、引人入胜。

（4）是否显示出你具有管理公司的经验。否则，一定要明确地说明你已经找了一位经营大师来管理你的公司。

（5）是否显示了你有能力偿还借款，从而增强投资者的信心。

（6）是否显示出你已进行过完整的市场分析，要让投资者坚信你在计划书中阐明的产品需求量是真实的。

（7）能否打消投资者对产品或服务的疑虑。如果需要，可以准备一件产品模型。

📖🔍 **拓展阅读** ■■■■■■■■■■■■■■■■■■■■■■

大学生创业计划书中的常见问题

（1）主题不够鲜明集中，想法很多，但是不善于收敛，或许是发散性思维使用很顺手，一旦需要按照可行性方向加以评价和收缩时，就有点难以取舍了。

（2）筹资方案不明确，不知道从哪里得到必需的资金，很多情况下就是创业团队自己"凑份子"，这些资金的来源和规模使人缺乏信心。

（3）财务分析能力非常薄弱，在计算成本时考虑得不够全面，有关税费、财务及人工物料等成本要么漏算，要么计算不合理，而在预期收益上却完全不考虑风险，所计算的收益皆是基于理想的情况下的，计算出来的收益率高于市场的实际水平。

（4）在生产、销售等环节的程序控制和细节管理等几乎完全没有考虑，忽视这些常规性的工作，对细枝末节考虑不足，给人的印象是只要策划做好了，所有的常规运作就可以放心大胆地撒手，不管不问。

（5）创业组织的结构、体制构建不明晰，类似无限连带责任的合伙制，但是并没有从法律上加以明确说明，全屏"哥们义气"，对于长远发展过程中必然遭遇的产权明晰、责任划分等问题未予考虑。

（6）在项目设计上浪漫色彩偏重，一些看似亮丽实质无谓的品牌包装、形象设计不舍得删改，项目名称和标识很难联想到所在行业和市场定位，让人感觉晦涩、牵强。

案 例 点 评

创业计划书是创业者对企业发展的整体规划，它不仅是企业融资所必须具备的基本工具，更能够使创业者通过计划书的编写重新审视企业的经营情况，深入了解企业的核心竞争力，评估企业的发展策略。一份内容全面、丰富的创业计划书，可以让投资人通过创业计划书就看到一个整装待发的创业者。

能 力 训 练

以小组的方式组建创业团队，拟定一个感兴趣的创业项目，并根据本章所学内容为该项目编写创业计划书。具体实施步骤如下：

（1）4～6人为一组，每组选出一个负责人。

（2）以小组为单位，寻找与自己所学专业相关的创业项目，或者从自己生活的环境中寻找创业项目。组长负责创业项目的最终确定。

（3）从网上搜索几篇优秀的创业计划书作为参考。

（4）各小组成员讨论创业计划书的基本结构与目录，组长负责最后敲定。

（5）组长对小组成员进行分工，每个成员编写创业计划书的一部分或几部分，最后由组长进行统稿并修改。

（6）创业计划书完成后，可以小组之间交换阅读，指出对方的优点及不足之处，相互促进。